Colloquial Russian

The Colloquial Series

*Colloquial Albanian
*Colloquial Arabic of Egypt
*Colloquial Arabic (Levantine)
*Colloquial Arabic of the Gulf and Saudi Arabia
*Colloquial Chinese
*Colloquial Czech
*Colloquial Dutch
*Colloquial English
*Colloquial French
Colloquial German
Colloquial Greek
*Colloquial Hungarian
*Colloquial Italian
*Colloquial Japanese
*Colloquial Persian
*Colloquial Polish
Colloquial Portuguese
*Colloquial Romanian
*Colloquial Russian
*Colloquial Serbo-Croat
Colloquial Spanish
*Colloquial Swedish
*Colloquial Turkish

*Accompanying cassette available

Colloquial Russian

Svetlana le Fleming and Susan E. Kay

London and New York

First published 1993
by Routledge
11 New Fetter Lane, London EC4P 4EE

Simultaneously published in the USA and Canada
by Routledge
a division of Routledge, Chapman and Hall, Inc.
29 West 35th Street, New York, NY 10001

Phototypeset by Transet Typesetters Ltd, Coventry, England
Printed by The Guernsey Press Co. Ltd, Guernsey, Channel Islands

British Library Cataloguing-in-Publication Data
A catalogue record for this book is available from the British Library

Library of Congress Cataloging-in-Publication Data
Le Fleming, Svetlana.
Colloquial Russian / Svetlana le Fleming and Susan E. Kay.
p. cm. — (Colloquial series)
'Accompanying cassettes available'—Series t.p.
Includes index.
1. Russian language—Conversation and phrase books—English.
2. Russian language—Textbooks for foreign speakers—English.
3. Russian language—Spoken Russian. I. Kay, Susan E., 1947–
II. Title.
PG2121.L36 1993
491.783'421—dc20 93–16782
CIP

ISBN 0–415–05784–1 (book). — ISBN 0–415–05785–X (cassettes). —
ISBN 0–415–05786–8 (book/cassettes pack)

Contents

Introduction

Colloquial Russian is intended for students working on their own or with a teacher. It covers the situations, vocabulary and grammar required to take students up to GCSE level and in the later chapters it also includes some of the additional structures required at a more advanced level, e.g. participles and gerunds.

Each lesson begins with a text followed by a dialogue. These introduce all the new structures and vocabulary dealt with in that lesson so it is essential to tackle them first, with the help of the vocabulary lists which follow the dialogue. Each lesson, as well as introducing new grammatical structures, also has a theme and will teach the student how to deal with a particular situation or situations in Russian. Only the new vocabulary is explained in each lesson. There is a cumulative vocabulary at the back of the book but it is important to try to master the vocabulary for each chapter before moving on to the next.

After the dialogue there are communicative and situation-based exercises which give practice in using and understanding the new vocabulary: multiple choice questions, questions on the text, related questions directed at the student and role play. Additional short pieces are associated with the theme of the chapter, such as forms to complete, advertisements, a map, a timetable, a menu, etc. and vocabulary-building exercises. This section is particularly useful for students working towards GCSE and teachers will find plenty of material for oral and group work.

Next in each lesson is a grammar section in which the new structures introduced in that lesson are explained. Explanations are strictly related to the material in the lesson and are, therefore, not exhaustive: they do not, for example, cover exceptions which do not appear in the book. It will probably be helpful to glance forward to these explanations when translating the text and dialogue and then work through the section more methodically before attempting the grammar exercises which follow. Finally, there is an English–Russian translation devised to test both vocabulary and structures encountered in the lesson. There is a key to both grammar and translation exercises in the back of the book so that students working on their own can monitor their progress.

At the end of the book is a Grammar summary. This presents the main grammatical forms dealt with in the book in tables for easy reference. Also for reference at the back of the book is a two-way vocabulary and an index to the grammatical points covered in each lesson.

The tapes which may be purchased to accompany the book will not only help the student with pronunciation but also develop oral and aural skills. The symbol ▣ indicates which material is on the cassettes.

We should like to acknowledge the invaluable assistance in the preparation of this course of Naomi Kay and of the students of the University of Northumbria at Newcastle who were enthusiastic and constructive guinea pigs for its various draft versions.

Introduction to the Russian language

The alphabet

The alphabet used for Russian has many similarities with the Greek alphabet. This is because it was devised by missionaries from the Greek Orthodox Church. If an earlier form of written Russian existed before the conversion to Christianity in the tenth century, it has not been preserved. The alphabet is known as 'Cyrillic' in honour of the missionary St Cyril, who was once thought to have invented it.

The sounds which the alphabet represents are the same or very similar to sounds which also exist in English.

Russian letter			Closest English equivalent	
1	А	а	a	as in f*a*ther
2	Б	б	b	
3	В	в	v	
4	Г	г	g	as in *g*irl
5	Д	д	d	
6	Е	е	ye	as in *ye*s
7	Ё	ё	yo	as in *yo*nder
8	Ж	ж	zh/s	as in trea*s*ure
9	З	з	z	
10	И	и	ee	as in f*ee*t
11	Й	й	y	as in bu*y*
12	К	к	k	
13	Л	л	l	
14	М	м	m	
15	Н	н	n	
16	О	о	o	as in *o*r
17	П	п	p	
18	Р	р	r	
19	С	с	s	
20	Т	т	t	
21	У	у	oo	as in sh*oo*t
22	Ф	ф	f	
23	Х	х	ch	as in lo*ch*
24	Ц	ц	ts	as in bi*ts*
25	Ч	ч	ch	as in *ch*imp

26	Ш	ш	sh	as in ru*sh*
27	Щ	щ	shch	as in pu*shch*air
28		ъ	hard sign	
29		ы	y	as in marr*y*
30		ь	soft sign	
31	Э	э	e	as in n*e*t
32	Ю	ю	yu/u	as in *u*se
33	Я	я	ya	as in *ya*rd

Learning the alphabet letter by letter

Use the following practice words, many of which are similar to English words, to familiarize yourself with the Russian alphabet. If you have the cassettes, you can also listen to the words. It will be useful to study this section in conjunction with the tapes as the English equivalents are only approximate. These practice words are stressed to tell you which syllable to put most emphasis on when the word has more than one syllable. The letter ë is always stressed.

Russian letter	English equivalent	Practice word	Meaning
т	t		
о	o as in *o*r		
м	m	том	volume ('tome')
а	a as in f*a*ther	áтом	atom
р	r	мотóр	motor
п	p	порт	port
с	s	спорт	sport
		стоп	stop
		пáспорт	passport
е	ye as in *ye*s	метр	metre
э	e as in n*e*t	э́ра	era
к	k	э́кспорт	export
		оркéстр	orchestra
н	n	ресторáн	restaurant
и	ee as in f*ee*t	и́мпорт	import
л	l	лáмпа	lamp
		киломéтр	kilometer
б	b	балéт	ballet
		билéт	ticket
д	d	дóктор	doctor
у	oo as in sh*oo*t	тури́ст	tourist
		студéнт	student
ф	f	футбóл	football

		фрукт	fruit
г	g	грамм	gram
		програ́мма	programme
		килогра́мм	kilogram
з	z	коммуни́зм	communism
й	y as in bu*y*	музе́й	museum
		тролле́йбус	trolleybus
		май	May
		мой	my
ж	zh/s as in trea*s*ure	журна́л	journal
в	v	волейбо́л	volleyball
		Во́лга	Volga
ц	ts as in bi*ts*	центр	centre
		конце́рт	concert
ю	yu/u as in *u*se	ю́мор	humour
		сюже́т	subject
ш	sh as in ru*sh*	шок	shock
щ	shch as in pu*shch*air	това́рищ	comrade
ё	yo as in *yo*nder	ёлка	fir tree
х	ch as in lo*ch*	э́хо	echo
я	ya as in *ya*rd	як	yak
ы	y as in marr*y*	му́зыка	music
ч	ch as in *ch*imp	чемпио́н	champion
		чай	tea

ь soft sign

The soft sign does not have a sound of its own. It tells you how to pronounce the consonant which precedes it. Consonants followed by a **ь** are softened or 'palatalized'. That means that they are pronounced with the middle of the tongue rising towards the roof of the mouth:
стиль 'style'; **фильм** 'film'.

ъ hard sign

Similarly, the hard sign does not represent a sound of its own. Make a slight break in the word where the hard sign comes:
объе́кт 'object'.

Pronunciation

You will be surprised how easily you can read Russian aloud once you have mastered the alphabet. The transition from recognizing individual letters to being able to read whole words is much easier in Russian than in English. If you pronounce Russian words letter by letter, as they are written, you will come very close to a correct pronunciation. However, there are some additional points you must take note of if you wish to perfect your pronunciation. They are described below. If you have the tapes, make a particular point of listening for them.

Stress and vowel reduction

Stress marks are used throughout this book to show you which syllable to emphasize in your pronunciation of each word. This phenomenon of stress is not peculiar to Russian. English words also have a stressed syllable. For example, 'el' is pronounced differently in 'éligible', where it is stressed, and 'trável', where it is not stressed. In Russian the emphasis on the stressed syllable is even greater than in English. The unstressed syllables, in consequence, suffer greater reduction.

Reduction of vowels

Vowels in stressed syllables are pronounced with their full value, normally exactly as they are written. Vowels in unstressed syllables are articulated less strongly and this changes the pronunciation of some vowels quite considerably. For example:

Unstressed 'o'

An unstressed '**o**' is reduced to either
(a) a weak '**a**' sound if the '**o**' is at the beginning of the word or in the syllable immediately before the stress, e.g. **объéкт**, **motóр**, **троллéйбус** or
(b) an even weaker '**e**' (as in fath*e*r) in all other unstressed syllables, e.g. **áтом**, **ю́мор**, **э́хо**, **пáспорт**.

Unstressed 'e' and 'я'

When they are not stressed '**e**' and '**я**' are usually pronounced more like a weak '**и**', e.g. **óпера** 'opera', **ресторáн** 'restaurant', **язы́к** 'language'.

At the end of a word they often sound more like the '**e**' in fath*e*r, e.g. **дóброе** 'good', **фами́лия** 'surname'.

Other vowels are not so greatly affected when they are in unstressed syllables, generally being pronounced like a weak version of themselves.

Because stress can affect the pronunciation of a Russian word to such a significant extent, it is important to adopt good habits from the very beginning, always making every effort to stress words correctly when reading and always learning new words with the correct stress. When the ending on a Russian word changes, the position of the stress may also change. For example, the stress may be on different syllables in the plural and singular forms of a noun or be in a different position in different parts of the same verb. Some common stress patterns are included in the Grammar Summary at the end of this book. It is not necessary to put stress marks on Russian words when writing unless this helps with the learning process. Russians do not use stress marks when they write.

Pronunciation of the vowel 'ы'

There is no exact equivalent sound in English. It is pronounced like 'i' in 'sit' but the tongue is drawn further back: **язы́к, му́зыка**.

Pronunciation of certain consonants

Some Russian consonants, while very similar to sounds in English, are pronounced in a slightly different way.

The Russian letter **р** (the 'r' sound) is rolled. The tongue vibrates against the front of the palate: **Росси́я** 'Russia'.

Т, **д** and **н** are pronounced like English 't', 'd' and 'n' except that the tip of the tongue is against the upper teeth, its tip pointing downwards and not with the tongue further back as in English: **том**, **порт**, **до́ктор**, **рестора́н**.

В is pronounced like English 'v' but with the lower lip behind the upper teeth: **Во́лга**.

Л is pronounced like English 'l' but with the back of the tongue low and the tip against the upper teeth: **ла́мпа**.

Ш is pronounced like the 'sh' in 'rush' and **ж** like 's' in 'treasure' but with the lower jaw extended: **шок**, **журна́л**.

Soft consonants

The effect of a soft sign **ь** on the consonant which precedes it has already been mentioned. Certain vowels have the same effect. They are **е**, **ё**, **и**, **ю**, **я**. Consonants followed by these vowels are pronounced in the same way as consonants followed by a soft sign, i.e. with the middle of the tongue rising towards the roof of the mouth: **биле́т**.

Most Russian consonants have both this soft form and a hard form which is pronounced with the tongue lower in the mouth. The difference in sound is most noticeable with the consonants **л** and **т**: **журна́л**, **стиль**; **спорт**, **мать** 'mother'.

A small number of Russian consonants have only a hard or only a soft form. **Ж**, **ш**, **ц** are always hard. After them **и** sounds like **ы**, **е** sounds like **э** and a soft sign **ь** is ignored: **цирк** 'circus', **центр**.

ч and **щ** are always soft and after them **а** sounds like **я** and **у** like **ю**: **чай**.

Consonants at the ends of words

At the end of a word

д is pronounced like **т**: **шокола́д** 'chocolate' (pronun. **шокола́т**)
г is pronounced like **к**: **друг** 'friend' (pronun. **друк**)
в is pronounced like **ф**: **Горбачёв** 'Gorbachev' (pronun. **Горбачёф**)
з is pronounced like **с**: **джаз** 'jazz' (pronun. **джас**)
ж is pronounced like **ш**: **бага́ж** 'luggage' (pronun. **бага́ш**)
б is pronounced like **п**: **гриб** 'mushroom' (pronun. **грип**).

This is because **д**, **г**, **в**, **з**, **ж**, **б** are voiced consonants, i.e. when they are pronounced the vocal chords vibrate. **Т**, **к**, **ф**, **с**, **ш**, **п** are voiceless consonants. They are pronounced with exactly the same shaped mouth and tongue position as their voiced partners but without the vibration of the vocal chords. Consonants at the ends of words in Russian are always pronounced as if they are voiceless, irrespective of how they are written.

When there is a combination of two or more consonants in Russian they are either all pronounced as if voiced or all pronounced as if voiceless. The character of the *last* consonant in the combination determines how the others are pronounced. If it is voiced the others will be voiced: **футбо́л** (pronun. **фудбо́л**). If it is voiceless the others will be voiceless: **во́дка** 'vodka' (pronun. **во́тка**). This occurs not just within a word but where two words are pronounced without a pause between them: **в кино́** 'to the cinema' (pronun. **ф кино́**).

The handwritten alphabet

А	а	А а	Р	р	Р р
Б	б	Б б	С	с	С с
В	в	В в	Т	т	Т т
Г	г	Г г	У	у	У у
Д	д	Д д	Ф	ф	Ф ф
Е	е	Е е	Х	х	Х х
Ё	ё	Ё ё	Ц	ц	Ц ц
Ж	ж	Ж ж	Ч	ч	Ч ч
З	з	З з	Ш	ш	Ш ш
И	и	И и	Щ	щ	Щ щ
Й	й	Й й	Ъ	ъ	ъ
К	к	К к	Ы	ы	ы
Л	л	Л л	Ь	ь	ь
М	м	М м	Э	э	Э э
Н	н	Н н	Ю	ю	Ю ю
О	о	О о	Я	я	Я я
П	п	П п			

1 Do not omit the small hook at the beginning of the letters **м, л, я**:

билéт билет **дя́дя** дядя

2 Put a line over **т** and under **ш**:

том том **шок** шок

3 The only 'tall' letters are **б** and **в**. The letters **л, н, к** are the same size as the letter **а**:

балéт балет **волейбóл** волейбол **кинó** кино

Practising writing letter by letter

Russian letter			Practice word	
Т	т	т		
О	о	О о		
М	м	М м	том	том
А	а	А а	а́том	атом
Р	р	Р р	мото́р	мотор
П	п	П п	порт	порт
С	с	С с	спорт	спорт
			стоп	стоп
			па́спорт	паспорт
Е	е	Е е	метр	метр
Э	э	Э э	э́ра	эра
К	к	К к	э́кспорт	экспорт
			орке́стр	оркестр
Н	н	Н н	рестора́н	ресторан
И	и	И и	и́мпорт	импорт
Л	л	Л л	ла́мпа	лампа
			киломе́тр	километр
Б	б	Б б	бале́т	балет
			биле́т	билет
Д	д	Д д	до́ктор	доктор
У	у	У у	тури́ст	турист
			студе́нт	студент
Ф	ф	Ф ф	футбо́л	футбол
			фрукт	фрукт
Г	г	Г г	грамм	грамм
			програ́мма	программа
			килогра́мм	килограмм
З	з	З з	коммуни́зм	коммунизм
Й	й	Й й	музе́й	музей
			тролле́йбус	троллейбус
			май	май
			мой	мой
Ж	ж	Ж ж	журна́л	журнал
В	в	В в	волейбо́л	волейбол
			Во́лга	Волга

Ц	ц	Ц ц	центр	центр
			концéрт	концерт
Ю	ю	Ю ю	ю́мор	юмор
			сюжéт	сюжет
Ш	ш	Ш ш	шок	шок
Щ	щ	Щ щ	товáрищ	товарищ
Ё	ё	Ё ё	ёлка	ёлка
Х	х	Х х	э́хо	эхо
Я	я	Я я	як	як
Ы	ы	ы	мýзыка	музыка
Ч	ч	Ч ч	чемпиóн	чемпион
			чай	чай
Ь	ь	ь	стиль	стиль
			фильм	фильм
Ъ	ъ	ъ	объéкт	объект

Alphabet recognition

Test your knowledge of the alphabet by trying to work out the meaning of the following words:

Sporting terms

тéннис, футбóл, баскетбóл, хоккéй, матч, гол, фи́ниш, спортсмéн, чемпиóн, стадиóн, атлéтика

Out and about

парк, порт, теáтр, ресторáн, кафé, университéт, институ́т, зоопáрк, банк, центр, бульвáр

Things you might order in a café

кóфе, лимонáд, вóдка, бифштéкс, фру́кт, суп

Entertainment

теáтр, концéрт, óпера, балéт, фильм, му́зыка, прогрáмма, рáдио

Useful words for a tourist

пáспорт, тури́ст, трáнспорт, автóбус, троллéйбус, такси́, аэропóрт, багáж

Cities of the world

Лóндон, Москвá, Петербу́рг, Нью-Йóрк, Амстердáм, Эдинбу́рг, Глáзго, Берли́н

Countries of the world

А́нглия, Росси́я, Амéрика, Фрáнция, Германия, Австрáлия, Итáлия, Шотлáндия

1 Уро́к пе́рвый

In this lesson you will learn how to:

- Identify yourself – your name, nationality, profession and address
- Ask simple questions
- Describe things using 'my', 'your' and adjectives
- Use the prepositional case

Аэропо́рт. Па́спортный контро́ль 

— До́брое у́тро!
— Здра́вствуйте! Ваш па́спорт, пожа́луйста!
— Вот мой па́спорт.
— Как ва́ша фами́лия?
— Моя́ фами́лия – Грин. Пи́тер Грин.
— Грин? Э́то англи́йская фами́лия?
— Да, я англича́нин.
— Ваш а́дрес в Москве́?
— Мой а́дрес? Гости́ница «Росси́я».
— Гости́ница «Росси́я»? Э́то хорошо́, в це́нтре! Вы тури́ст?
— Нет, я не тури́ст, я бизнесме́н.
— Англи́йский бизнесме́н? Э́то ва́ша профе́ссия?
— Моя́ профе́ссия? Нет, я инжене́р.
— А где ва́ша ви́за?
— Ви́за? Ви́за в па́спорте.
— Ах да! Вот ва́ша ви́за! Ну хорошо́! Вот ваш па́спорт.
— Спаси́бо!
— Пожа́луйста!

— Ваш па́спорт, пожа́луйста! Как ва́ша фами́лия?
— Моя́ фами́лия Петро́ва. Мари́на Петро́ва.

— Петро́ва? Э́то ру́сская фами́лия. Вы ру́сская?
— Да, мой оте́ц – ру́сский, моя́ мать – англича́нка.
— Интере́сно! Вы тури́стка?
— Нет, я студе́нтка, студе́нтка МГУ.
— Студе́нтка МГУ? Э́то хорошо́! Ваш а́дрес в Москве́?
— Моско́вский университе́т, МГУ.
— Хорошо́! Вот ваш па́спорт! До свида́ния!
— До свида́ния!

Слова́рь – Vocabulary

а	and, but	**МГУ**	Moscow State University
а́дрес	address	**мой, моя́, моё**	my
англи́йск||ий, -ая, -ое	English	**Моско́вский университе́т**	Moscow University
англича́н||ин (-ка)	Englishman (woman)	**не**	not
ах!	oh!	**нет**	no
бизнесме́н	businessman	**ну**	well
ваш, ва́ша, ва́ше	your	**оте́ц**	father
ви́за	visa	**па́спортный контро́ль**	passport control
вот	here is	**профе́ссия**	profession
вы	you	**ру́сск||ий, -ая**	Russian (man); Russian (woman)
где	where	**студе́нт, -ка**	(male, female) student
гости́ница	hotel	**тури́ст, -ка**	(male, female) tourist
да	yes	**фами́лия**	surname
и	and	**хорошо́**	it is good!
инжене́р	engineer	**э́то**	this
интере́сно	it is interesting	**я**	I
интере́сн||ый, -ая, -ое	interesting		
как	how		
мать	mother		

до́брое у́тро!	good morning!	**спаси́бо!**	thank you
здра́вствуйте!	how do you do? hello!	**пожа́луйста!**	please, not at all
до свида́ния!	goodbye	**как ва́ша фами́лия?**	what is your surname?

Other useful nationalities (**национáльности**):
америкáнец, америкáнка: American (man, woman); **испáнец, испáнка**: Spaniard (man, woman); **нéмец, нéмка**: German (man, woman)

Language in action

Да или нет? Yes or no?

1 Using the information in the text, decide whether the following statements are true or false. Answer **да** if the statement is true, **нет** if it is false.

Гости́ница «Росси́я» в цéнтре? Пи́тер Грин – англи́йский тури́ст? Пи́тер Грин – рýсский инженéр? Петрóва – рýсская фами́лия? Мари́на – тури́стка? Мари́на – студéнтка МГУ? Грин – рýсская фами́лия? Пи́тер Грин – англичáнин?

2 Choose the correct phrase to complete the sentence:

Пи́тер Грин (англи́йский студéнт, рýсский бизнесмéн, англи́йский инженéр).
Гости́ница «Росси́я» (в Лóндоне, в Москвé, в Кремлé).
Мари́на Петрóва (англи́йская тури́стка, рýсский инженéр, студéнтка).
Грин (англи́йский пáспорт, рýсская фами́лия, англи́йская фами́лия).
МГУ (Москóвский Кремль, Москóвский университéт, москóвская гости́ница).
Мари́на и Пи́тер (в Кремлé, в университéте, в Москвé).

Вопрóсы – Questions

Answer the following questions about yourself in Russian. Try to answer in complete sentences:
Как вáша фами́лия?; (to a woman) Вы англичáнка?; (to a man) Вы англичáнин? Вы инженéр?; (to a woman) Вы студéнтка?; (to a man) Вы студéнт? Вы студéнт(ка) в университéте? Где ваш университéт? Ваш отéц англичáнин? Вáша мать англичáнка?

Импровизáция – Improvisation

Use phrases from the dialogue above to improvise your role:

— Здрáвствуйте!
— *Say good morning.*

— Где ваш па́спорт и ва́ша ви́за?
— *Reply that your passport is here and that the visa is in the passport.*
— Вы англича́нин (англича́нка)? Как ва́ша фами́лия?
— *Reply that you are English and give your surname.*
— Ваш оте́ц англича́нин?
— *Reply that your father is an Englishman, a businessman in London and that your mother is English.*
— Вы студе́нт(ка)? Ваш а́дрес в Москве́?
— *Reply that you are not a student but a tourist and that your address in Moscow is the Hotel Russia. Ask if the hotel is in the centre where the Kremlin and Red Square (Кремль и Кра́сная пло́щадь) are.*
— Да, в це́нтре. Там хорошо́. Вот ваш па́спорт. До свида́ния.
— *Say thank you and goodbye.*

Грамма́тика – Grammar

Omission of 'am', 'are', 'is'

In Russian the present tense of the verb 'to be' is usually omitted. Thus the sentence 'Where is your visa?' is translated **Где ва́ша ви́за?** – literally 'Where your visa?' Between two nouns a dash can be used in place of the verb: **Моя́ фами́лия – Грин** 'My surname is Green'.

The word **вот** translates as 'here is/here are' and **это** as 'this is/it is' or 'these are/they are': **вот мой па́спорт** 'here is my passport'; **э́то ва́ша профе́ссия** 'it is your profession'; **э́то я** 'it is I'.

Note the use of **не** in the negative form: **я не тури́ст** 'I am not a tourist'; **э́то не моя́ профе́ссия** 'it is not my profession'.

Absence of 'a' and 'the'

There is no definite article (the word 'the') or indefinite article (the words 'a' or 'an') in Russian. **Я англича́нин** means either 'I am **an** Englishman' or 'I am **the** Englishman' and you have to select the appropriate translation according to the context.

Interrogative sentences

You can ask a question in Russian simply by putting a question mark at the end of a statement or by changing your intonation if you are speaking: **э́то ва́ша профе́ссия** 'it is your profession'; **э́то ва́ша профе́ссия?** 'is it your profession?'

Gender of nouns

Russian has three genders: masculine, feminine and neuter. Nouns denoting male people or animals are masculine and those denoting female people or animals are feminine. Unlike English, not all nouns denoting inanimate objects are neuter. Some are masculine and some are feminine. The gender of a noun in Russian can generally be determined by its last letter. Nouns ending in a consonant are masculine: **па́спорт** 'passport'; **а́дрес** 'address'; **университе́т** 'university'. Nouns ending in **-а** or **-я** are feminine: **фами́лия** 'surname'; **ви́за** 'visa'; **профе́ссия** 'profession'. Nouns ending in **-о** are neuter: **у́тро** 'morning'. Some nouns ending in **-ь** are feminine, others are masculine so their gender has to be learnt: **пло́щадь** 'square' – feminine; **кремль** 'kremlin' – masculine. Note that there are two forms of the words 'tourist' and 'student': **тури́ст** 'male tourist'; **тури́стка** 'female tourist'; **студе́нт** 'male student'; **студе́нтка** 'female student'.

Possessive adjectives

The words for 'my' and 'your' change according to the gender of the nouns they are describing: **мой па́спорт** 'my passport'; **моя́ фами́лия** 'my surname'; **моё у́тро** 'my morning'. The form **мой** is used with a masculine noun, the form **моя́** with a feminine noun and the form **моё** with a neuter noun. **Ваш па́спорт** 'your passport'; **ва́ша фами́лия**; 'your surname'; **ва́ше у́тро** 'your morning'. The form **ваш** is used with a masculine noun, the form **ва́ша** with a feminine noun and the form **ва́ше** with a neuter noun.

Adjectives

All adjectives change their endings according to the gender of the nouns they are describing: **интере́сный уро́к** 'interesting lesson'; **интере́сная профе́ссия** 'interesting profession'; **интере́сное у́тро** 'interesting morning'. The ending **-ый** is used when the noun it describes is masculine, the ending **-ая** when the noun is feminine and the ending **-ое** when it is neuter.

Note these other examples: **Моско́вский университе́т** 'Moscow University'; **англи́йский бизнесме́н** 'English businessman'; **ру́сская фами́лия** 'Russian surname'. In **Моско́вский** and **англи́йский** the ending is **-ий** rather than the regular **-ый** ending because it is a rule of Russian spelling that **ы** is replaced by **и** after **к**.

The word **ру́сская** as well as being the feminine form of the adjective 'Russian' can also mean 'a Russian woman'. Similarly **ру́сский**, the masculine form, can also mean 'a Russian man'.

In order to translate the adjective in an English expression such as 'it is good' Russian uses a form ending in **-о**: **хорошо́** 'it is good'; **интере́сно** 'it is interesting'. It can also be combined with the word **это**: **э́то хорошо́** 'that is good'.

Cases

Russian is a language with a case system. Nouns appear in different cases, indicated by different endings, according to the role they fulfil in the sentence. There are six cases in Russian: nominative, accusative, genitive, dative, instrumental, prepositional.

Nominative case

The nominative case of a noun is used when that noun is the subject of the sentence. This is the form in which it will be listed in the dictionary and is the form we look at to determine the gender. Most nouns in this chapter are in the nominative case. **Па́спорт**, **фами́лия**, **англича́нин**, **а́дрес** are examples of nouns in the nominative case.

Вот and **э́то** are followed by nouns in the nominative case: **вот па́спорт** 'here is the passport'.

The nominative case is also used after 'am', 'are', 'is' when these words are omitted in Russian: **я англича́нин** 'I am an Englishman'.

Prepositional case

Following a preposition a noun will no longer be in the nominative case and its ending will probably change. The preposition which appears in this chapter is **в**, meaning 'in'. It is followed by the prepositional case although other prepositions in Russian may be followed by other cases such as the accusative or the genitive. The ending for most nouns in the prepositional case in the singular is **-е**. Nouns ending in a consonant add **-е** after the final letter: **центр** 'centre'; **в це́нтре** 'in the centre'. Nouns ending in a vowel and masculine nouns ending in **-ь** change the final letter to **-е**: **Москва́** 'Moscow'; **в Москве́** 'in Moscow'; **Кремль** 'the Kremlin'; **в Кремле́** 'in the Kremlin'.

Упражне́ния – Exercises

1 Using the following words, ask a question and reply in the affirmative.

For example: **Э́то аэропо́рт? Да, э́то аэропо́рт.**

аэропо́рт, бизнесме́н, университе́т, па́спорт, гости́ница, Кремль, Кра́сная пло́щадь, мать, оте́ц, англича́нин, ру́сский.

2 Using the following pairs of words, ask a question and reply in the negative.

For example: **Э́то Москва́? Нет, э́то не Москва́, э́то Ло́ндон.**

Москва́ – Ло́ндон; тури́ст – бизнесме́н; студе́нт – студе́нтка; Кра́сная пло́щадь – аэропо́рт; гости́ница – университе́т; англича́нин – ру́сский.

3 Using the following words, answer the question: **Где тури́ст?**

For example: **Где тури́ст? Тури́ст в Москве́.**

Москва́, Ло́ндон, гости́ница, университе́т, центр.

4 Using the following words, ask a question and reply in the affirmative.

For example: **Э́то ва́ша ви́за? Да, это моя́ ви́за.**

ви́за, па́спорт, гости́ница, а́дрес, оте́ц, мать.

5 Using the following words with the adjective **ру́сский**, ask a question and reply in the affirmative.

For example: **Э́то ру́сская гости́ница? Да, э́то ру́сская гости́ница.**

гости́ница, а́дрес, фами́лия, аэропо́рт, университе́т, инжене́р, бизнесме́н, па́спорт, студе́нтка, тури́стка.

6 Using the same words ask a question and reply in the negative replacing **ру́сский** with **англи́йский**.

For example: **Э́то ру́сская гости́ница? Нет, э́то англи́йская гости́ница.**

Перевóд – Translation

— My name is Brown. What is your name?
— My name is Ivanov.
— Are you Russian?
— No, I am English.
— But your name is Russian.
— My father is Russian and my mother is English.
— That's interesting! Where is your hotel in Moscow?
— My hotel is in the centre.
— In the centre? That's nice! The Kremlin and Red Square are in the centre!

2 Уро́к второ́й

In this lesson you will learn how to:

- Say which languages you can speak
- Talk about television and newspapers
- Ask more questions
- Use personal pronouns
- Use verbs in the present tense
- Make nouns plural
- Form adverbs
- Use a wider range of adjectives

Кто тако́й Пи́тер Грин?

Пи́тер Грин – англи́йский бизнесме́н. Он рабо́тает в Ло́ндоне. Фи́рма, где он рабо́тает, де́лает компью́теры, и Пи́тер – отли́чный специали́ст. Но тепе́рь Пи́тер в Москве́, потому́ что здесь мо́жно де́лать би́знес. Пи́тер понима́ет, что де́лать би́знес в Москве́ о́чень тру́дно. Вот почему́ он изуча́ет ру́сский язы́к. «В Москве́ на́до говори́ть по–ру́сски», – ду́мает он. Но русский язык о́чень тру́дный. На́до мно́го рабо́тать, чита́ть ру́сские газе́ты, журна́лы, слу́шать ра́дио. Ка́ждое у́тро Пи́тер слу́шает ру́сское ра́дио и ка́ждый ве́чер смо́трит ру́сский телеви́зор. Он уже́ немно́го понима́ет и говори́т по–ру́сски. Он ча́сто чита́ет люби́мый журна́л «Огонёк». Журна́л «Огонёк» и газе́та «Моско́вские но́вости» о́чень популя́рные.

Я говорю́ по-ру́сски

— До́брый ве́чер!
— До́брый ве́чер!
— Что вы де́лаете?

— Я смотрю́ телеви́зор.
— Вы зна́ете ру́сский язы́к?
— Я немно́го говорю́ по–ру́сски.
— Интере́сно смотре́ть телеви́зор?
— Интере́сно, но понима́ть тру́дно! Ру́сские говоря́т о́чень бы́стро!
— А кака́я э́то програ́мма?
— Э́то но́вости.
— Ру́сские но́вости? Интере́сно смотре́ть но́вости?
— Да, о́чень интере́сно. И зна́ете, э́то – отли́чная пра́ктика. Каки́е но́вости вы смо́трите?
— Я смотрю́ англи́йские но́вости.
— А кака́я ва́ша люби́мая програ́мма?
— Моя́ люби́мая програ́мма – спорт: футбо́л, те́ннис. О́чень интере́сно!

Слова́рь

би́знес	business	**мы**	we
бы́стро	quickly	**на́до**	it is necessary
вот почему́	that is why	**немно́го**	a little
газе́та	newspaper	**но**	but
говори́ть II (говор||ю́, -и́шь)	to speak, say	**но́вость**	news
де́лать I (де́ла||ю, -ешь)	to do, make	**он, она́, оно́, они́**	he, she, it, they
до́брый ве́чер	good evening	**отли́чн||ый, -ая, -ое, -ые**	excellent
ду́мать I (ду́ма||ю, -ешь)	to think	**понима́ть I (понима́||ю, -ешь)**	to understand
здесь	here		
знать I (зна́||ю, -ешь)	to know	**популя́рн||ый, -ая, -ое, -ые**	popular
изуча́ть I (изуча́||ю, -ешь)	to study	**потому́ что**	because
		пра́ктика	practice
ка́ждый, -ая, -ое, -ые	every	**рабо́тать I (рабо́та||ю, -ешь)**	to work
компью́тер	computer		
люби́м||ый, -ая, -ое, -ые	favourite	**слу́шать I (слу́ша||ю, -ешь)**	to listen (to)
мно́го	a lot		
мо́жно	it is possible		

смотре́ть II (смотр||ю́, -ишь)	to watch, look at	**тру́дно**	it is difficult
		ты	you
		уже́	already
специали́ст	specialist	**фи́рма**	firm
телеви́дение	television	**ча́сто**	often
телеви́зор	television set	**чита́ть I (чита́||ю, -ешь)**	to read
тепе́рь	now		
тру́дн||ый, -ая, -ое, -ые	difficult	**что**	what, that
		язы́к	language

говори́ть	to speak	**по-испа́нски**	(in) Spanish
по-ру́сски	(in) Russian	**по-неме́цки**	(in) German
по-англи́йски	(in) English	**францу́зский, испа́нский, неме́цкий**	French, Spanish, German
по-францу́зски	(in) French		

Кто тако́й Пи́тер Грин?	Who is Peter Green?
Кто така́я Мари́на Петро́ва?	Who is Marina Petrova?

The question words:

кто – who? **что** – what? **где** – where? **как** – how? **почему́** – why? **како́й**, **кака́я**, **како́е** – what kind?

Language in action

Да и́ли нет?

Пи́тер Грин (музыка́нт, спортсме́н, тури́ст, бизнесме́н). Фи́рма, где он рабо́тает, де́лает (телефо́ны, телеви́зоры, ра́дио, компью́теры). Пи́тер изуча́ет ру́сский язы́к, потому́ что (ру́сский язы́к интере́сный, в Москве́ на́до говори́ть по-ру́сски). Пи́тер чита́ет журна́л (Спорт, Спу́тник, Моско́вский би́знес, Огонёк).

Вопро́сы

Где рабо́тает Пи́тер Грин?
Что изуча́ет Пи́тер?
Почему́ он изуча́ет ру́сский язы́к?
Как Пи́тер изуча́ет ру́сский язы́к?
Почему́ он смо́трит ру́сский телеви́зор?

Какóй ваш любúмый рýсский (англúйский) журнáл?
Как вы изучáете рýсский язы́к?
Вы смóтрите рýсский (англúйский) телевúзор?
Какáя вáша любúмая (рýсская, англúйская) прогрáмма?
Какúе нóвости вы смóтрите (рýсские, англúйские)?

Импровизáция

— Здрáвствуйте. Вы говорúте по-рýсски?
— *Reply that you are English but do speak Russian, that you are a student in Moscow at the University, studying the Russian language. Ask if she/he is a student.*
— Нет, я не студéнт(ка).
— *Ask where she/he works and what his/her profession is.*
— Я бизнесмéн. Я рабóтаю здесь, в Москвé.
— *Ask whether she/he speaks English.*
— Я немнóго понимáю по-англúйски.
— *Ask how she/he studies English.*
— Кáждый вéчер я слýшаю англúйское радио. Вы слýшаете рýсское рáдио?
— *Reply that you listen to Russian radio every morning and every evening you watch Russian television.*
— Какáя вáша любúмая прогрáмма?
— *Reply that your favourite programme is the News, that it is interesting and good practice but that Russians speak very quickly and it is difficult to understand.*
— Вы читáете рýсские газéты и журнáлы?
— *Reply that you often read Russian newspapers and magazines, that your favourite newspaper is* Moscow News. *Ask if it is a popular newspaper.*
— Да, э́то óчень популя́рная газéта.

Граммáтика

Personal pronouns

The personal pronouns in Russian are as follows:

я	'I'	
ты	'you'	(familiar singular)
он	'he'	(male people and animals)
	'it'	(masculine inanimate nouns)

онá	'she'	(female people and animals)
	'it'	(feminine inanimate nouns)
онó	'it'	(neuter nouns only)
мы	'we'	
вы	'you'	(polite singular and familiar/polite plural)
они́	'they'	(all genders, animate and inanimate)

Note the two forms of 'you'. **Ты** is only used when talking to one person with whom you are on informal terms, the equivalent of 'tu' in French. **Вы** is used both for the plural and when talking to one person with whom you are on polite terms. Even when addressing one person, verbs used with **вы** are always plural.

Present tense of verbs

Russian verbs follow two main patterns. These are known as the 1st and 2nd conjugations.

1st conjugation (I)

Many 1st conjugation verbs have an infinitive ending in **-ать**, e.g. **рабóтать** 'to work'. To form the present tense remove the **-ть** and add the following endings:

я	**рабóта-ю**	**мы**	**рабóта-ем**
ты	**рабóта-ешь**	**вы**	**рабóта-ете**
он/онá/онó	**рабóта-ет**	**они́**	**рабóта-ют**

There is only one present tense in Russian so **я рабóтаю** is used to translate both 'I work' and 'I am working'.

2nd conjugation (II)

2nd conjugation verbs often have infinitives ending in **-ить** or **-еть**, e.g. **говори́ть** 'to speak, say'; **смотрéть** 'to look at, watch'. To form the present tense remove the last **three** letters from the infinitive and add the following endings:

я	**говор-ю́**	**мы**	**говор-и́м**
ты	**говор-и́шь**	**вы**	**говор-и́те**
он/онá/онó	**говор-и́т**	**они́**	**говор-я́т**

Spelling rule

It is a rule of spelling in Russian that the letter **ы** may never follow the letters **г**, **к**, **х**, **ж**, **ч**, **ш**, **щ**. Instead the letter **и** is written.

Plural of nouns

The usual nominative plural ending for masculine nouns ending in a consonant and feminine nouns ending in **-а** is **-ы**. If, however, that consonant or the letter preceding the **-а** is **г**, **к**, **х**, **ж**, **ч**, **ш** or **щ** then the ending will be **-и**: **журна́л** — **журна́лы** and **газе́та** — **газе́ты**, but **язы́к** — **языки́** and **тури́стка** — **тури́стки**. This is because of the spelling rule.

Nouns ending in **-ь** also have their plural in **-и**: **но́вость** – **но́вости**.

Indeclinable nouns

Some nouns, usually of foreign origin, never change their endings, even for the plural, and are indicated by the word 'indeclinable' in the dictionary, e.g. **ра́дио** — 'radio'; **метро́** — 'metro'; **кино́** — 'cinema'.

Adjectives

Adjectives where the last letter before the ending is **г**, **к**, **х**, **ж**, **ч**, **ш** or **щ** have the masculine ending **-ий** and the plural ending **-ие**: **Моско́вский университе́т** 'Moscow University'; **Моско́вские но́вости** 'Moscow News'. This is because of the spelling rule. Most other adjectives have the masculine ending **-ый** and the plural ending **-ые**: **ка́ждый ве́чер** 'each evening'; **интере́сные но́вости** 'interesting news'. The feminine ending **-ая** and the neuter ending **-ое** are not affected by this spelling rule: **ру́сская студе́нтка** 'a Russian woman student'; **ру́сское ра́дио** 'Russian radio'.

The same plural endings agree with all genders: **англи́йские тури́сты** 'English tourists'; **англи́йские тури́стки** 'English women tourists'.

Adjectives which are stressed on the ending have the masculine ending **-о́й**: **како́й телеви́зор** 'which television'. The feminine, neuter and plural endings follow the pattern already encountered with **ру́сский** and **англи́йский**: **кака́я програ́мма** 'which programme'; **како́е ра́дио** 'which radio'; **каки́е но́вости** 'which news'.

Used together with another adjective, **како́й** can also mean 'what a': **кака́я интере́сная програ́мма** 'what an interesting programme'.

Adverbs

To form an adverb from a Russian adjective, remove the adjective ending and (usually) add **-о**: **бы́стрый** — **бы́стро** 'quickly'; **отли́чный** — **отли́чно** 'excellently'. This is the same form used to translate 'it is excellent'.

Мóжно, нáдо

Мóжно 'it is possible, one may', **нáдо** 'it is necessary, one must' are impersonal expressions used with an infinitive: **мóжно дéлать бúзнес** 'it is possible to (one may) do business'; **нáдо говорúть по-рýсски** 'it is necessary to (one must) speak Russian'.

Accusative case

In a Russian sentence the direct object of a verb goes into the accusative case. In the following example **журнáл** is the object of the verb **читáть** and is in the accusative case: **Он читáет журнáл** 'He reads a magazine'. There is no difference between the nominative and accusative singular forms of **журнáл**. This is also true of many nouns in the plural: **Фúрма дéлает компьютеры** 'The firm makes computers'. Here **компьютеры** is in the accusative plural although the form is the same as the nominative plural. You may notice other examples of the accusative case in the texts and exercises for this chapter. However, only words like **журнáл**, whose accusative form is the same as their nominative, have been used in the accusative. There is a full explanation of the accusative case in the next chapter.

Но and а

Но and **а** can both translate the word 'but'. **Но** emphasizes contrast whereas **а** is closer to 'and': **Пúтер англичáнин, но тепéрь он в Москвé** 'Peter is an Englishman but now he is in Moscow'; **Пúтер инженéр, а Марúна студéнтка** 'Peter is an engineer and Marina is a student'.

Упражнéния

1 Answer the questions using the words in brackets and replacing the nouns with personal pronouns.

For example: **Где Пúтер Грин? (Москвá) Он в Москвé.**

Где студéнтка? (университéт) Где турúст? (гостúница) Где вúза? (пáспорт) Где гостúница? (центр) Где нóвости? (газéта) Где фúрма? (Лóндон) Где университéт? (Кúев)

2 Complete the sentence using the correct form of the adjective.

For example: **Студе́нт ру́сский и студе́нтка ... Студе́нт ру́сский и студе́нтка ру́сская.**

Газе́та интере́сная и журна́л ... Фи́рма популя́рная и компью́теры ...
Тури́стка англи́йская и тури́ст ... Бизнесме́н отли́чный и инжене́р ...
Телеви́зор ру́сский и ра́дио ... Па́спорт ваш и ви́за ...
Ви́за моя́ и па́спорт ... Компью́тер мой и ра́дио ...

3 Answer the questions using the adjective **интере́сный**.

For example: **Кака́я э́то програ́мма? Это интере́сная програ́мма.**

Како́й э́то телеви́зор? Каки́е э́то но́вости? Кака́я э́то газе́та? Каки́е э́то журна́лы? Како́е э́то ра́дио?

Now use the adjective **отли́чный: Како́й э́то студе́нт? Э́то отли́чный студе́нт.**

Како́е э́то метро́? Кака́я э́то фи́рма? Каки́е э́то компью́теры? Како́й э́то бизнесме́н?

4 Complete the sentences:

(a) For example: **Ми́ша ру́сский студе́нт. Он зна́ет ру́сский язы́к и говори́т по-ру́сски.**

Мэ́ри англи́йская студе́нтка. Она́ ... А́нна францу́зская студе́нтка. Она́ ... Ге́льмут неме́цкий инжене́р. Он ... Та́ня и Ива́н ру́сские студе́нты. Они́ ... Мари́я испа́нская тури́стка. Она́ ... Мы англи́йские бизнесме́ны. Мы ...

(b) For example: **Джон говори́т по-англи́йски, потому́ что он англича́нин.**

Мэ́ри говори́т по-англи́йски, потому́ что она́ ... Ива́н говори́т по-ру́сски, потому́ что он ... Та́ня говори́т по-ру́сски, потому́ что она́ ... Мари́я говори́т по-испа́нски, потому́ что она́ ... Хосе́ говори́т по-испа́нски, потому́ что он ... Хе́льмут говори́т по-неме́цки, потому́ что он ... Ха́нна говори́т по-неме́цки, потому́ что она́ ...

Перево́д

It is difficult to study Russian. It is necessary to work a lot. I speak English and Russian. It is not difficult to speak English. Russian television is very interesting now. I watch the Russian news every evening. It is possible to listen to Russian radio every morning now. I understand Russian a little, but it is difficult to talk in Russian. The Russian language is very difficult. My favourite newspaper is *Moscow News*.

3 Уро́к тре́тий

In this lesson you will learn how to:

- Ask the way
- Find out about hotel services and facilities
- Describe a room or building
- Use the accusative case
- Use a wider range of possessives and adjectives

Гости́ница «Росси́я»

Гости́ница «Росси́я» – большо́е зда́ние в це́нтре. Ря́дом Кра́сная пло́щадь, Кремль и его́ собо́ры, Истори́ческий музе́й. Фи́рма, где рабо́тает Пи́тер то́же недалеко́, на Арба́те. И Пи́тер уже́ хорошо́ зна́ет доро́гу туда́. Вот его́ типи́чный маршру́т: он идёт че́рез пло́щадь, пото́м нале́во че́рез парк, пото́м напра́во и пря́мо. Здесь уже́ Арба́т и его́ фи́рма. Хорошо́ идти́ на рабо́ту пешко́м! Пи́тер — хоро́ший фото́граф, фотогра́фия — его́ хо́бби. Его́ фотоаппара́т всегда́ в портфе́ле.

Пи́тер уже́ зна́ет, что «Росси́я» неплоха́я гости́ница. Здесь всё есть: по́чта, телегра́ф, магази́ны, рестора́н, кафе́, ба́ры. Но в гости́нице круго́м пробле́мы. Вот, наприме́р, в его́ ко́мнате пло́хо рабо́тает телеви́зор. Ко́мната хоро́шая, больша́я и све́тлая. Окно́ в ко́мнате большо́е. Есть большо́й балко́н. Ме́бель удо́бная: стол, кре́сло, шкаф, больша́я крова́ть. Но на столе́ не рабо́тает ла́мпа. И как тогда́ рабо́тать, как писа́ть? Пи́тер мно́го пи́шет, мно́го чита́ет. И́ли, наприме́р, ва́нная. Отли́чная ва́нная: есть душ, ва́нна, но не рабо́тает кран. Что де́лать? Как реша́ть пробле́мы в Москве́, Пи́тер ещё не зна́ет.

Где буфе́т?

Дежу́рная (*concierge*):	Молодо́й челове́к! Куда́ вы идёте?
Пи́тер:	Я иду́ в буфе́т. Скажи́те, пожа́луйста, здесь есть буфе́т?
Дежу́рная:	Коне́чно, есть. Там напра́во, после́дняя дверь в коридо́ре. О́чень хоро́ший буфе́т.
Пи́тер:	Там мо́жно за́втракать?
Дежу́рная:	Коне́чно, за́втракать мо́жно, всегда́ есть чай, ко́фе, сок, бутербро́ды.
Пи́тер:	Большо́е спаси́бо! Извини́те! Вы зна́ете, есть пробле́ма.
Дежу́рная:	Да, я слу́шаю. В чём де́ло?
Пи́тер:	В но́мере телеви́зор и кран не рабо́тают, ла́мпа на столе́ то́же не рабо́тает.
Дежу́рная:	Телеви́зор, кран, ла́мпа не рабо́тают? Э́то не пробле́ма! На этаже́ есть ма́стер. Како́й ваш но́мер?
Пи́тер:	Мой но́мер сто пять.
Дежу́рная:	Хорошо́! Но́мер сто пять, не рабо́тают телеви́зор, кран, ла́мпа. А вот уже́ ма́стер здесь!
Пи́тер:	Как хорошо́! Большо́е спаси́бо!

Слова́рь

Арба́т	part of old Moscow	**ещё**	yet, still; **~не** not yet
большо́й	big	**за́втракать I**	to have breakfast
бутербро́д	sandwich	**зда́ние**	building
буфе́т	snack bar	**идти́ пешко́м (ид||у́, -ёшь)**	to go (on foot)
ва́нна	bath; **~я** bathroom		
всё	everything	**и́ли**	or
всегда́	always	**кафе́** (*n, indecl*)	café
дверь	door	**ко́мната**	room
де́ло	business, matter	**коне́чно**	of course
доро́га	road	**ко́фе** (*m, indecl*)	coffee
душ	shower	**кран**	tap
его́, её, их	his, her, their	**кре́сло**	armchair
есть	there is, there are	**крова́ть** (*f*)	bed

кругóм проблéмы	problems all around	**пóчта**	post office
магазúн	shop	**пря́мо**	straight on
маршрýт	route	**рабóта**	work
мáстер	workman	**решáть I**	to solve
мéбель (*f*)	furniture	**ря́дом**	near, nearby
молодóй человéк	young man	**свéтлый**	light
налéво	to/on the left	**собóр**	cathedral
напрáво	to/on the right	**сок**	juice
напримéр	for example	**стол**	table
недалекó	not far	**тогдá**	then
неплохóй	not bad	**тóже**	also
нóмер	room; **~сто пять** number hundred and five	**удóбный**	comfortable, convenient
		ýтро	morning
		фотоаппарáт	camera
окнó	window	**фотóграф**	photographer; **~ия** photography; photograph
писáть I (пишý, пúшешь)	to write		
плóхо	badly	**хóбби** (*neut, indecl*)	hobby
портфéль	briefcase		
послéдн||ий, -яя, -ее, -ие	last	**чéрез** (+ *acc*)	through, across
		шкаф	cupboard
потóм	then; afterwards	**этáж**	floor (storey)

В чём дéло?	What's the matter?
Скажúте, пожáлуйста!	Tell me please!
Извинúте!	I am sorry! Excuse me!
Большóе спасúбо!	Thank you very much!
Что дéлать?	What is to be done?

N.B. **Кудá вы идёте?** — Where are you going?
Я идý сюдá (тудá) — I am going here (there)
but
Где вы? — Where are you?
Я здесь (там) — I am here (there)

Language in action

Да или нет?

Гостúница «Россúя» (в Лóндоне, в Кремлé, на Арбáте, в цéнтре).
Пúтер рабóтает (в гостúнице, в магазúне, в университéте, в фúрме).

Его́ хо́бби — (спорт, му́зыка, фотогра́фия, поли́тика).
В его́ ко́мнате не рабо́тает (телефо́н, ра́дио, телеви́зор, ла́мпа).
В гости́нице «Росси́я» есть (теа́тр, библиоте́ка, музе́й, по́чта).
В буфе́те мо́жно (смотре́ть телеви́зор, слу́шать ра́дио, за́втракать).

Вопро́сы

Что Пи́тер де́лает в Мо́скве?
Где он рабо́тает?
Как Пи́тер идёт на рабо́ту?
Кака́я гости́ница «Росси́я»?
Кака́я ме́бель в ко́мнате?
Каки́е пробле́мы в гости́нице?

МОСКВА

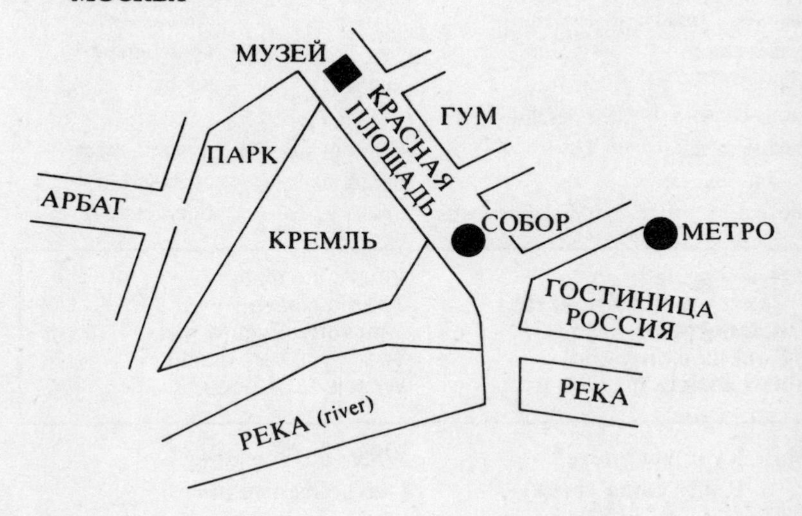

Импровиза́ция

Imagine you are in the location indicated. Use the map of Moscow to give directions in Russian.

1 **На Арба́те**
Скажи́те, пожа́луйста, где Истори́ческий музе́й?
(useful expression for your reply: **иди́те** 'go!' imperative)

2 **В музе́е**
Скажи́те, пожа́луйста, где собо́р?

3 **В па́рке**
Вы не зна́ете, где Кра́сная пло́щадь?

4 **В гости́нице**
Скажи́те, пожа́луйста, где парк?

5 **На Арба́те**
Вы не зна́ете, где ГУМ (State Department Store)?

6 **В ГУМе**
Скажи́те, пожа́луйста, где Арба́т?

7 **На Арба́те**
Скажи́те, пожа́луйста, где Кремль?

8 **В гости́нице**
Скажи́те, пожа́луйста, где метро́?

9 **В метро́**
Вы не зна́ете, где гости́ница «Росси́я»?

10 **В метро́**
Скажи́те, пожа́луйста, где Истори́ческий музе́й?

Грамма́тика

Gender of nouns

Nouns ending in **-й** are masculine: **музе́й, чай**. Nouns ending in **-е** are neuter: **зда́ние, кафе́**. (Except **ко́фе**, which is masculine.)

Spelling rule

In Russian an unstressed letter **о** may *never* follow the letters **ж, ч, ш, щ, ц**. It is replaced by **е**. This spelling rule affects the neuter ending of some adjectives – see below.

Adjectives

Adjectives like **типи́чный** are called 'hard' adjectives. Another, much smaller group of adjectives is described as soft. Note the difference in the endings:

	Masculine	Feminine	Neuter	Plural
Hard	**типи́чный**	**типи́чная**	**типи́чное**	**типи́чные**
Soft	**после́дний**	**после́дняя**	**после́днее**	**после́дние**

Some adjectives have a mixture of hard and soft endings resulting from the influence of the spelling rules and of stress:

Masculine	Feminine	Neuter	Plural
ру́сский	**ру́сская**	**ру́сское**	**ру́сские**
како́й	**кака́я**	**како́е**	**каки́е**
большо́й	**больша́я**	**большо́е**	**больши́е**
хоро́ший	**хоро́шая**	**хоро́шее**	**хоро́шие**

The words **ва́нная** 'bathroom' and **дежу́рная** 'concierge', although they translate words that are nouns in English, are feminine adjectives in Russian. Thus their plural forms are: **ва́нные, дежу́рные**.

Accusative case

In a Russian sentence the direct object of the verb goes into the accusative case. This is often identical with the nominative case. For example, neuter nouns, inanimate masculine nouns and feminine nouns ending in **-ь** do not change their endings in the accusative: **у́тро — у́тро**; **зда́ние — зда́ние**; **авто́бус — авто́бус**; **пло́щадь — пло́щадь**. Feminine nouns ending in **-а** change that ending in the accusative singular to **-у**. Those ending in **-я** change the ending to **-ю**: **доро́га — доро́гу**; **фами́лия — фами́лию**. **Он зна́ет доро́гу** 'He knows the way'.

Accusative case after prepositions

The accusative case is used after the prepositions **че́рез** 'through'; **в** 'to, into'; **на** 'to, on to': **идёшь че́рез пло́щадь** 'you go through the square'; **я иду́ в буфе́т** 'I am going to the buffet'; **он идёт на рабо́ту** 'he goes to work'.

Note the difference in use between **в** followed by the accusative, as here, and **в** followed by the prepositional case, as explained in Chapter 1: **он в буфе́те** 'he is in the buffet'; **он идёт в буфе́т** 'he is going to the buffet'. In the first example **в** is translated 'in' or 'inside' and indicates location and in the second it is translated as 'to' or 'into' and indicates motion. Similarly, the preposition **на** is used with either the prepositional or the accusative case, depending on whether you want to convey the idea of location or motion: **он на рабо́те** 'he is at work'; **он идёт на рабо́ту** 'he is going to work'.

Generally **на** is used to translate 'to' or 'at' before a noun indicating an activity or event and **в** before nouns indicating buildings or parts of buildings. There are some exceptions to this general rule: **он идёт на по́чту** 'he is going to the post office'; **он на по́чте** 'he is at the post office'.

Куда́, туда́, сюда́

Куда́ is used to translate 'where' when it means 'where to': **куда́ вы идёте?** 'where are you going?' Contrast: **где буфе́т?** 'where is the buffet?' Similarly there are two words for 'there': **там** and **туда́** and two words for 'here': **здесь** and **сюда́**. **Туда́** is used in the sense of '(to) there' and **сюда́** in the sense of '(to) here': **я иду́ туда́** 'I am going there'; **Пи́тер идёт сюда́** 'Peter is coming here'. Contrast: **буфе́т там** 'the buffet is there'; **рестора́н здесь** 'the restaurant is here'.

Possessive adjectives

Его́ (pronounced 'ye-vó') 'his, its', **её** (ye-yó) 'her' and **их** 'their' do *not* alter according to the gender of the noun they describe. In this respect they are like English possessive adjectives and unlike the Russian possessives **мой** and **ваш** (see Chapter 1): **его́ телеви́зор** 'his television'; **его́ ко́мната** 'his room'; **мой телеви́зор** 'my television'; **моя́ ко́мната** 'my room'; **её па́спорт** 'her passport'; **её фами́лия** 'her surname'; **ваш па́спорт** 'your passport'; **ва́ша фами́лия** 'your surname'; **их телеви́зор** 'their television'; **их ко́мната** 'their room'.

Наш 'our' and **твой** 'your' (corresponding to the singular, familiar form of 'you', **ты**) change their endings in the same way as **ваш** and **мой**: **наш телеви́зор** 'our television'; **на́ша ко́мната** 'our room'; **на́ше зда́ние** 'our building'; **твой телеви́зор** 'your television'; **твоя́ ко́мната** 'your room'; **твоё зда́ние** 'your building'. The plurals of **мой, твой, наш** and **ваш** are the same whatever the gender of noun they are used with. They are **мои́, твои́, на́ши, ва́ши**: **на́ши телеви́зоры** 'our televisions'; **на́ши ко́мнаты** 'our rooms'; **мои́ телеви́зоры** 'my televisions'; **мои́ ко́мнаты** 'my rooms'.

Present tense of verbs

1st conjugation

Писа́ть 'to write'

я	**пиш-у́**	**мы**	**пи́ш-ем**
ты	**пи́ш-ешь**	**вы**	**пи́ш-ете**
он/она/оно	**пи́ш-ет**	**они**	**пи́ш-ут**

Note that although the present tense of this verb is not formed in the regular way from the infinitive, it does have regular first conjugation endings. The endings **-у** (1st person singular) and **-ут** (3rd person plural) occur regularly after a consonant.

Идти́ 'to go'

я	**ид-у́**	**мы**	**ид-ём**
ты	**ид-ёшь**	**вы**	**ид-ёте**
он/она/оно	**ид-ёт**	**они**	**ид-у́т**

Because the endings on this verb are stressed **ё** has replaced **е**.

Есть

Есть is used to mean 'there is, there are'. It is followed by the nominative case: **есть пробле́ма** 'there is a problem'; **в гости́нице есть рестора́н** 'there is a restaurant in the hotel'; **всё есть** 'there is everything'.

Упражне́ния

1 Put the adjectives into the correct form to agree with the nouns:

(большо́й) парк, пробле́ма, окно́, столы́; (после́дний) дверь, зда́ние, магази́н, маршру́ты; (удо́бный) ме́бель, шкаф, кре́сло, ла́мпы; (хоро́ший) ра́дио, крова́ть, ма́стер, студе́нты; (истори́ческий) пло́щадь, метро́, музе́й, собо́ры; (популя́рный) хо́бби, челове́к, газе́та, рестора́ны.

2 Put the possessive adjectives into the correct form to agree with the nouns:

(мой) оте́ц, мать, окно́, журна́лы; (твой) фами́лия, а́дрес, ра́дио, но́вости; (наш) гости́ница, би́знес, метро́, магази́ны; (ваш) ви́за, зда́ние, портфе́ль, телеви́зоры; (его́) пробле́ма, де́ло, па́спорт, прое́кты; (её) ко́мната, кре́сло, а́дрес, пла́ны; (их) балко́н, хо́бби, фирма, фотоаппара́ты.

3 Ask a question using the correct form of **како́й**. Then answer it using the adjective in brackets.

> *For example:* **гости́ница (отли́чный). Кака́я э́то гости́ница? Э́то отли́чная гости́ница.**

собо́р, кафе́, но́вости (отли́чный), фотогра́фия, телеви́зор, метро́, ко́мнаты (плохо́й); ва́нная, рестора́н, зда́ние, собо́ры (хоро́ший); ко́мната, парк, окно́, гости́ницы (удо́бный).

4 Complete the sentences using the words in brackets in the correct case:

Он идёт в ... Он рабо́тает в ... (институ́т)
Она́ идёт в ... Она́ рабо́тает в ... (гости́ница)
Я иду́ в ... Я рабо́таю в ... (магази́н)
Ты идёшь на ... Ты рабо́таешь на ... (по́чта)
Вы идёте в ... Вы рабо́таете в ... (метро́)
Они иду́т в ... Они́ рабо́тают в ... (буфе́т)

5 Choose the appropriate word:

Я иду́ ..., потому́ что буфе́т ... (там — туда́)
Он идёт ..., потому́ что ва́нная ... (здесь — сюда́)
... он идёт? ... он рабо́тает? (где — куда́)

6 Answer the questions using the words in brackets:

> *For example:* **Где мо́жно за́втракать? (рестора́н) Мо́жно за́втракать в рестора́не.**

Где мо́жно за́втракать? (кафе́, буфе́т, гости́ница, ко́мната) Где тепе́рь Пи́тер? (рабо́та, музе́й, университе́т, кафе́, по́чта, собо́р) Куда́ идёт Пи́тер? (аэропо́рт, ко́мната, буфе́т, рабо́та, библиоте́ка, метро́, по́чта, бар).

Перево́д

Every morning I go to work on foot. I know the way there well. My favourite route is through the park. I work in a hotel right in the centre. It is very interesting to work there. The building is big and there is everything in the hotel: shops, restaurants and a post office. I have my breakfast at the snack bar. There are always sandwiches, tea and coffee. The room where I work is very nice. There is a big window and a balcony. Nearby is a park.

4 Уро́к четвёртый

In this lesson you will learn how to:

- Order a meal
- Describe your day
- Use the genitive case
- Use short adjectives

Типи́чный день

Уже́ две неде́ли Мари́на студе́нтка университе́та. Её день — типи́чный день студе́нта МГУ. Но Мари́на живёт в общежи́тии, далеко́ от це́нтра, а её факульте́т в це́нтре го́рода. Э́то зна́чит: на́до ра́но встава́ть. Мари́на встаёт ра́но, принима́ет душ, за́втракает. Обы́чно она́ ма́ло ест у́тром, на за́втрак то́лько пьёт ча́шку и́ли две ча́шки ча́я без молока́ и са́хара. Остано́вка авто́буса напро́тив общежи́тия и че́рез два́дцать четы́ре мину́ты Мари́на уже́ на факульте́те. До обе́да у Мари́ны три ле́кции, и пото́м обе́д. Обе́дает Мари́на в кафе́, недалеко́ от университе́та. Но ча́сто там дли́нная о́чередь. Стоя́ть в о́череди не о́чень прия́тно. Тогда́ Мари́на идёт в буфе́т: там всегда́ продаю́т бутербро́ды и́ли пирожки́. Мари́на покупа́ет в буфе́те два бутербро́да и́ли пирожка́, пьёт оди́н стака́н со́ка и́ли молока́. Тепе́рь она́ гото́ва рабо́тать до ве́чера. По́сле обе́да у Мари́ны ещё одна́ ле́кция, и пото́м она́ свобо́дна. Но э́то не зна́чит, что мо́жно отдыха́ть, тепе́рь на́до рабо́тать в библиоте́ке. Мари́на пи́шет диссерта́цию «Рефо́рма образова́ния в Росси́и». Рабо́ты здесь мно́го. То́лько ве́чером по́сле у́жина она́ отдыха́ет, смо́трит телеви́зор, слу́шает му́зыку. Иногда́, когда́ у Мари́ны нет рабо́ты, она́ идёт в кино́, в теа́тр и́ли на конце́рт.

В кафе́

Мари́на:	Ми́ша, ты гото́в? Куда́ идём обе́дать сего́дня?
Ми́ша:	В кафе́! Я зна́ю хоро́шее кафе́ на Арба́те.
Мари́на:	Ой, кака́я больша́я о́чередь!
Ми́ша:	Э́то ра́зве о́чередь! Она́ идёт бы́стро.
Мари́на:	А что сего́дня в меню́?
Ми́ша:	В меню́ сего́дня: борщ, бифште́кс, ры́ба, макаро́ны и мя́со по-ру́сски.
Мари́на:	Хорошо́! Тогда́ ры́бу, пожа́луйста. И компо́т.
Официа́нт (*waiter*):	Ры́бы нет, есть то́лько мя́со.
Ми́ша:	Моя́ подру́га вегетариа́нка, она́ не ест мя́са. У вас есть омле́т?
Официа́нт:	Омле́та то́же нет, есть грибы́ в смета́не.
Мари́на:	Грибы́ в смета́не! Моё люби́мое блю́до!
Ми́ша:	И мя́со по-ру́сски, пожа́луйста.
Официа́нт:	Вот ва́ши грибы́. А мя́со ещё не гото́во. На́до ждать.
Ми́ша:	Бо́же мой! Опя́ть на́до ждать. Я так го́лоден.

Слова́рь

блю́до dish
борщ beetroot soup
ве́чером in the evening
встава́ть I ра́но (вста||ю́, -ёшь) to get up early
голо́дный hungry
го́род town
гото́вый ready
грибы́ в смета́не mushrooms in sour cream
день (*m*) day
дли́нный long
есть (ем, ешь, ест, еди́м, еди́те, едя́т) to eat
ждать I (жд||у, -ёшь) to wait
жить I (жив||у́, -ёшь) to live
за́втрак breakfast
зна́чит it means
иногда́ sometimes
кино́ (*neut, indecl*) cinema
когда́ when
ма́ло a little
молоко́ milk
мя́со meat
неде́ля week
обе́д lunch, dinner; **~ать** to have lunch, dinner

образова́ние	education	**прия́тно**	it's pleasant
общежи́тие	hostel, hall of residence	**продава́ть I (прода||ю́, -ёшь)**	to sell
ой!	oh!	**ры́ба**	fish
опя́ть	again	**са́хар**	sugar
остано́вка	stop	**свобо́дный**	free
отдыха́ть I	to relax, rest	**сего́дня** (*pronun.* **сево́дня**)	today
о́чередь (*f*)	queue		
пирожо́к	pirozhok (little pie)	**стака́н**	glass
пить I	to drink	**стоя́ть II**	to stand
(пь||ю, -ёшь)		**то́лько**	only
подру́га	girl friend	**у́жин**	supper; **~ать** to have supper
покупа́ть I	to buy		
принима́ть I	to take	**у́тром**	in the morning
(душ, ванну)	(a shower, bath)	**ча́шка**	cup

бо́же мой!	my God! (my goodness!)
Ра́зве э́то о́чередь!	You call that a queue!
мя́со по-ру́сски	meat à la Russe
на пе́рвое (второ́е)	for the first (second) course
на за́втрак (обе́д, у́жин)	for breakfast (lunch, supper)
Да́йте, пожа́луйста!	Give (bring) me please!
У вас есть?	Do you have?

N.B. Numerals in this lesson: **оди́н, одна́, одно́** (one); **два, две** (two); **три** (three); **четы́ре** (four); **два́дцать четы́ре** (twenty-four).
Prepositions taking the genitive: **без** (without); **до** (until); **из** (from); **напро́тив** (opposite); **из, с** (from, out of); **о́коло** (near); **по́сле** (after); **у** (at, by); **далеко́ от** (far from).

Language in action

Да или нет?

Общежи́тие Мари́ны (в це́нтре го́рода, далеко́ от це́нтра, о́коло кинотеа́тра, напро́тив стадио́на?)
Мари́на ест на за́втрак (мно́го, ма́ло, грибы́, пирожки́?) По́сле обе́да она́ идёт (в бар, в библиоте́ку, на ле́кцию, в кино́?)
По́сле у́жина о́на (рабо́тает в библио́теке, смо́трит телеви́зор, идёт в буфе́т?)
Мари́на обе́дает (в общежи́тии, в гости́нице, в кафе́?)

Вопро́сы

Где живёт Мари́на в Москве́?
Что де́лает Мари́на у́тром?
Где обе́дает Мари́на?
Что де́лает она́ по́сле обе́да?
Что пи́шет Мари́на?
Как Мари́на отдыха́ет?
Что вы де́лаете у́тром?
Вы вегетариа́нец (вегетариа́нка)?
Где вы обе́даете?
Как вы отдыха́ете ве́чером?

МЕНЮ́

ЗАКУ́СКИ

грибы́ в смета́не
сала́т мясно́й

ПЕ́РВЫЕ БЛЮ́ДА

борщ
суп грибно́й

ВТОРЫ́Е БЛЮ́ДА

мя́со по-ру́сски
бифште́кс
котле́ты
ро́стбиф
ры́ба по-по́льски
омле́т
пи́цца

СЛА́ДКОЕ

компо́т
пу́динг
фру́кты

НАПИ́ТКИ

сок
лимона́д
кока-ко́ла
чай
ко́фе

Импровиза́ция

Ask the waitress what is on the menu today.

Официа́нтка: Вот меню́, но бифште́кса сего́дня нет.

Ask if they have beetroot soup without meat in it.

Официа́нтка: Нет. Есть суп грибно́й без мя́са.

Order two first courses from the menu, one suitable for a vegetarian.

Официа́нтка: А на второ́е?

Give one order from the menu, then ask if there is a dish (**блю́до**) *without meat. Explain that you are a vegetarian and do not eat meat.*

Официа́нтка: Есть омле́т и ры́ба, но ры́ба не о́чень хоро́шая.

Make your choice.

Официа́нтка: А на сла́дкое?

Order two sweets and also order two drinks.

Грамма́тика

Genitive case

Endings of the genitive singular

Masculine nouns ending in a consonant add **-а** and neuter nouns ending in **-о** replace it by **-а**: **студе́нт** — **студе́нта**; **молоко́** — **молока́**. Masculine nouns ending in **-ь** or **-й** and neuter nouns ending in **-е** replace these endings by

-я: **Кремль** — **Кремля́**; **чай** — **ча́я**; **общежи́тие** — **общежи́тия**.

Some masculine nouns drop the vowel **о**, **е** or **ё** from the last syllable of the nominative form when other endings are added: **пирожо́к** — **пирожка́**; **день** — **дня**; **оте́ц** — **отца́**.

Feminine nouns ending in **-а** replace it by **-ы** and those ending in **-я** or **-ь** replace them by **-и**: **рабо́та** — **рабо́ты**; **неде́ля** — **неде́ли**; **о́чередь** — **о́череди**. Note the nouns **мать** and **дочь** 'daughter': **мать** — **ма́тери**; **дочь** – **до́чери**. Sometimes feminine endings are affected by the spelling rule: **ча́шка** — **ча́шки**.

Uses of the genitive case

1 To translate 'of': **стака́н молока́** 'a glass of milk'

2 To translate '-'s': **день студе́нта** 'a student's day'.

3 The genitive case is used after certain prepositions: **по́сле** 'after'; **без**

'without'; **до** 'until'; **напро́тив** 'opposite'; **о́коло** 'around, near'; **у** 'by, near'; **от** 'from'; **из** 'from, out of'; **с** 'from, out of': **без молока́** 'without milk'; **до обе́да** 'until lunch'; **по́сле обе́да** 'after lunch'; **напро́тив общежи́тия** 'opposite the hostel'; **о́коло общежи́тия** 'near the hostel'; **у библиоте́ки** 'by the library'; **далеко́ от це́нтра** 'far from the centre'; **из общежи́тия** 'out of/from the hostel'; **с рабо́ты** 'from work'.

Note that **из** is the opposite of **в** and **с** is the opposite of **на**: **в общежи́тие** 'to/into the hostel'; **из общежи́тия** 'from/out of the hostel'; **на рабо́ту** 'to work'; **с рабо́ты** 'from work'.

От translates 'from' in the expression **далеко́ от** 'far from' and also 'from a person': **от Мари́ны** 'from Marina'.

4 The genitive singular is used after the numerals **два/две** 'two'; **три** 'three'; and **четы́ре** 'four': **два бутербро́да** 'two sandwiches'; **две неде́ли** 'two weeks'; **три ле́кции** 'three lectures'.

Note that **два** is used with masculine and neuter nouns and **две** with feminine nouns. Compound numerals ending with **два/две**, **три** or **четы́ре** are also followed by the genitive singular: **два́дцать четы́ре мину́ты** 'twenty four minutes'.

5 The genitive is used after **мно́го** 'a lot of, much' and **ма́ло** 'little, few': **мно́го рабо́ты** 'a lot of work'; **ма́ло рабо́ты** 'little work'.

6 The direct object of a negative verb may be put in the genitive instead of the accusative: **Она́ не ест мя́са** 'She does not eat meat'.

7 The genitive is used after the word **нет** 'there is no, there is not any': **Нет ры́бы** 'There is no fish'.

8 The genitive is used after the preposition **у** 'in the possession of, to have': **У Мари́ны ле́кция** 'Marina has a lecture' (literally 'In the possession of Marina is a lecture'). This is the most usual way to translate 'to have' into Russian, i.e. not by a verb but by using the preposition **у**. Marina is in the genitive case and 'lecture' is in the nominative case. Note the change if the sentence is in the negative: **У Мари́ны нет ле́кции** 'Marina does not have a lecture' (literally 'In the possession of Marina there is no lecture'). In this example **ле́кции** is in the genitive after **нет**.

The preposition **у** can also mean 'at the house of': **у Мари́ны** 'at Marina's house'.

Present tense of verbs

1st conjugation

Жить 'to live'

я	**жив-ý**	**мы**	**жив-ём**
ты	**жив-ёшь**	**вы**	**жив-ёте**
он/онá/онó	**жив-ёт**	**они**	**жив-ýт**

Ждать 'to wait for'

я	**жд-у**	**мы**	**жд-ём**
ты	**жд-ёшь**	**вы**	**жд-ёте**
он/онá/онó	**жд-ёт**	**óни́**	**жд-ут**

Note that the endings of these verbs follow the same pattern as **идти́**.

Пить 'to drink'

я	**пь-ю**	**мы**	**пь-ём**
ты	**пь-ёшь**	**вы**	**пь-ёте**
он/онá/онó	**пь-ёт**	**они́**	**пь-ют**

Вставáть 'to get up, stand up'

я	**вста-ю́**	**мы**	**вста-ём**
ты	**вста-ёшь**	**вы**	**вста-ёте**
он/онá/онó	**вста-ёт**	**они́**	**вста-ю́т**

There are several verbs in Russian ending in **-авать** which follow this pattern.

2nd conjugation

Стоя́ть 'to stand' is a regular verb of the 2nd conjugation

я	**сто-ю́**	**мы**	**сто-и́м**
ты	**сто-и́шь**	**вы**	**сто-и́те**
он/онá/онó	**сто-и́т**	**они́**	**сто-я́т**

Есть 'to eat' is an irregular verb. In the plural, however, it has 2nd conjugation endings.

я	**ем**	**мы**	**ед-и́м**
ты	**ешь**	**вы**	**ед-и́те**
он/онá/онó	**ест**	**они́**	**ед-я́т**

Prepositional case endings

Most nouns take the ending **-е** in the prepositional case. There are some exceptions which take the ending **-и**. For example:

(a) Feminine nouns ending in **-ь**: **óчередь** ‘queue’; **в óчереди** ‘in a queue’.
(b) Neuter nouns ending in **-ие**: **общежúтие** ‘hostel’; **в общежúтии** ‘in a hostel’.
(c) Feminine nouns ending in **-ия**: **лéкция** ‘lecture’; **на лéкции** ‘at a lecture’.

Short adjectives

The adjectives introduced in the first three chapters are called long adjectives. Russian also has a short adjective form, sometimes called the predicative form. Short adjectives can *only* be used in one type of construction: **дéвушка голоднá** ‘the girl is hungry’, i.e. where the verb ‘to be’ comes between the noun (or pronoun) and adjective. Contrast the long adjective which may be used in both the above type of construction and standing right next to the noun: **дéвушка голóдная** ‘the girl is hungry’; **голóдная дéвушка** ‘the hungry girl’.

Not all adjectives have a short form. Adjectives without a short form include those ending in **-ский** and all soft adjectives.

To form a short adjective remove the ending **-ый** or **-ий** from the long adjective. This will give you the masculine short form. For the feminine form add **-а**, for the neuter add **-о** and for the plural add **-ы**.

Готóвый ‘ready’; short forms **готóв, готóва, готóво, готóвы**: **обéд готóв** ‘dinner is ready’; **дéвушка готóва** ‘the girl is ready’; **мя́со готóво** ‘the meat is ready’; **онú готóвы** ‘they are ready’. Note that the plural form is used with **вы** even when referring to one person: **Вы готóвы**? ‘Are you ready?’

If the masculine form ends in two consonants a vowel is sometimes inserted between them. This vowel is only present in the masculine. Before the consonant **н** the vowel is usually **е**. **Голóдный** ‘hungry’ short forms **гóлоден, голоднá, гóлодно, гóлодны: он гóлоден** ‘he is hungry’; **онá голоднá** ‘she is hungry’.

Masculine nouns ending in -a

Nouns ending in **-а** or **-я** in the nominative singular are usually feminine. However, if a noun ending in **-а** or **-я** refers to a male it is masculine. Diminutives of boys’ names, for example, commonly end in **-а** or **-я**. These nouns take masculine agreements but their endings will change in the same way as feminine nouns ending in **-а** or **-я**: **Ми́ша го́лоден** 'Misha is hungry'; **я ви́жу Ми́шу** 'I see Misha'.

Expressions of time

Note the following expressions, which do not have a preposition in Russian: **у́тром** 'in the morning'; **днём** 'in the daytime'; **ве́чером** 'in the evening'; **но́чью** 'at night'. The word **сего́дня** 'today' can be combined with these expressions: **сего́дня у́тром** 'this morning'.

The preposition **че́рез** means 'later' or 'in' in the sense of 'after a certain period of time': **че́рез два́дцать четы́ре мину́ты** 'twenty-four minutes later', 'in twenty-four minutes'.

One

'One' is translated by **оди́н** (masculine), **одна́** (feminine), **одно́** (neuter) dependent on the gender of the noun it describes: **оди́н стака́н** 'one glass'; **одна́ ча́шка** 'one cup'; **одно́ блю́до** 'one dish'.

Упражне́ния

1 Ask whether (омле́т, ры́ба, мя́со, чай, макаро́ны, бифште́кс, ко́фе, бутербро́ды, Мари́на, Ми́ша) are 'ready'. Reply first in the affirmative and then in the negative.

> *For example:* **Омле́т гото́в? — Да, гото́в. — Нет, ещё не гото́в.**

Now ask whether (Мари́на, тури́ст, студе́нтка, Пи́тер, студе́нты, Ми́ша, дежу́рная, ма́стер, тури́сты) are 'hungry' and reply in the same way.

> *For example:* **Мари́на голодна́? — Да, голодна́. — Нет, ещё не голодна́.**

2 Change 'I am going to …' to 'I am coming from …'.

> *For example:* **Я иду́ на рабо́ту. Я иду́ с рабо́ты. Я иду́ в теа́тр. Я иду́ из теа́тра.**

Я иду́ (на уро́к, на конце́рт, в рестора́н, в ко́мнату, в собо́р, на по́чту, в музе́й, на Арба́т, в общежи́тие, в парк, на факульте́т, в центр го́рода).

3 Using the pairs of words in brackets complete the question **Здесь есть ...?** Reply that there is the first but not the second.

> *For example:* **(газéта и журнáл) Здесь есть газéта и журнал? Газéта есть, а журнáла нет.**

(паспóрт и вѝза; телевѝзор и рáдио; кóфе и чай; стакáн и чáшка; теáтр и кинó.)

4 Complete the sentence: **Скажѝте, пожáлуйста, где** ... using the pairs of words in brackets and linking them by the genitive.

> *For example:* **(общежѝтие — Марѝна) Скажѝте, пожáлуйста, где общежѝтие Марѝны?**

(стол — студéнт, журнáл — Мѝша, телевѝзор — подрýга Марѝны, остановка — автóбус, гостѝница — Пѝтер, отéц — студéнтка, рабóта — отéц, чáшка — мать, зáвтрак — турѝст.)

5 Choose the correct word to ask the question: (**где, когдá, что, кудá, почемý, как**)

... вы живёте? ... вы едѝте на зáвтрак? ... вы обéдаете? ... вы идёте вéчером? ... вы отдыхáете? ... Марѝна не ест мя́са? ...

Перевóд

I usually get up very early. I am not hungry in the morning and only drink a cup of coffee without milk and sugar. For lunch I always buy a sandwich at the snack bar and drink a glass of milk. But in the evening I am very hungry. Today we are going to the Russian restaurant. It is nice to have supper there. I eat a lot: soup, fish or meat. My favourite dish is steak, a nice, big steak! We usually relax after supper, go to a film, or concert. Sometimes we watch television.

5 Уро́к пя́тый

In this lesson you will learn how to:

- Deal with introductions
- Understand Russian names
- Talk about your family, their characters, hobbies and work
- Use personal pronouns in the accusative and genitive
- Form expressions for 'must' and 'all'

Ро́дственники Мари́ны

Ро́дственники Мари́ны живу́т в це́нтре Москвы́. Э́то типи́чная моско́вская семья́. Роди́тели и де́ти, все живу́т вме́сте. Оте́ц (его́ зову́т Алексе́й Ива́нович Петро́в) рабо́тает в больни́це, он де́тский врач и прекра́сный специали́ст. Вся Москва́ зна́ет его́. Мать (её зову́т Гали́на Серге́евна Петро́ва) — учи́тельница, преподаёт англи́йский язы́к в шко́ле. Гали́на Серге́евна — отли́чная хозя́йка и прекра́сно гото́вит, когда́ у неё хоро́шее настрое́ние. Но ча́сто у Гали́ны Серге́евны настрое́ние ужа́сное. Гла́вная пробле́ма — сын Ди́ма. Дочь Та́ня — молоде́ц! Она́ уже́ студе́нтка, изуча́ет матема́тику в университе́те. Все говоря́т, что Та́ня о́чень спосо́бная де́вушка. Она́ отли́чно игра́ет в ша́хматы, игра́ет на скри́пке. Гали́на Серге́евна сча́стлива, что у неё така́я дочь.

Но вот Ди́ма! Гали́на Серге́евна не зна́ет, что де́лать. Ди́ма несерьёзный ма́льчик. Пра́вда, Ди́ма ещё в шко́ле, но он не лю́бит шко́лу. Он лю́бит то́лько футбо́л и гото́в весь день игра́ть в футбо́л. Он не хо́чет чита́ть серьёзные кни́ги, всё вре́мя говори́т то́лько о спо́рте и поп-му́зыке. Ве́чером он не гото́вит уро́ки, а игра́ет на гита́ре. А Та́ня тепе́рь студе́нтка.

Она́ должна́ мно́го рабо́тать до́ма. Как она́ мо́жет рабо́тать, когда́ в до́ме така́я атмосфе́ра? Почему́ брат и сестра́ таки́е ра́зные, почему́ у них ра́зные интере́сы, вку́сы? Но Алексе́й Ива́нович, её муж, споко́ен. Он говори́т, что э́то норма́льно. Про́сто, у Ди́мы тако́й во́зраст.

А́ДРЕС СА́ШИ: метро́ Черта́новская у́лица (*street*) **Крыло́ва дом** (*house*) **5 кварти́ра** (flat) 4

Меня́ зову́т ...

— Здра́вствуйте! Вы бизнесме́н из А́нглии? Я Алекса́ндр Петро́вич Гу́ров, гла́вный архите́ктор фи́рмы.
— О́чень рад! Меня́ зову́т Пи́тер Грин.
— О́чень прия́тно! Пи́тер — э́то ва́ше и́мя, а Грин — ва́ша фами́лия! А как ва́ше о́тчество?
— О́тчество? О́тчество — э́то второ́е и́мя?
— Нет! Ну, вот ваш оте́ц. Как его́ зову́т?
— Его́ зову́т Ро́берт.
— Зна́чит, ва́ше о́тчество Робе́ртович. Вы Пётр Робе́ртович Грин.
— Поня́тно! Но вы мо́жете звать меня́ про́сто Пи́тер.
— Хорошо́! А вы меня́ Са́ша! Пи́тер! Я приглаша́ю вас в го́сти.
— Спаси́бо за приглаше́ние! С удово́льствием!
— Вот мой а́дрес: Черта́ново, у́лица Крыло́ва дом 5, кварти́ра 4.

Слова́рь

больни́ца	hospital
весь, вся, всё, все	all, every
вме́сте	together
во́зраст	age
врач	doctor
вре́мя (*neut*)	time
гла́вный архите́ктор	chief architect
гото́вить II (гото́в||лю, -ишь)	to prepare, to cook
де́тский врач	pediatrician
для (*+gen*)	for
до́лжен, должн||а́, -о́, -ы́	must
звать I (зов||у́, -ёшь)	to call
игра́ть I	to play
и́мя (*neut*) **и о́тчество**	(first) name and patronymic
кни́га	book
люби́ть II (люб||лю́, -ишь)	to love
молоде́ц!	clever boy (girl)! well done!
мочь (могу́, мо́жешь ... мо́гут)	to be able
несерьёзный ма́льчик	thoughtless boy
норма́льно	OK (coll), normal
поня́тно	I understand; quite!
пра́вда	truth; it is true
прекра́сно	splendidly
преподава́ть I (преподаю́)	to teach
приглаша́ть I (в го́сти)	to invite (for a visit)
про́сто	simply
ра́зные вку́сы и интере́сы	different tastes and interests
ро́дственник	relative
семья́	family
скри́пка	violin
споко́йный	quiet, calm
спосо́бная де́вушка	gifted, clever girl
счастли́вый	happy
так||о́й, -а́я, -о́е, -и́е	such, so
ужа́сное настрое́ние	horrible mood
учи́тель, -ница	teacher (man, woman)
хозя́йка	hostess
хоте́ть (хочу́, хо́чешь, ... хоти́м ... хотя́т)	to wish, want
ша́хматы (*pl*)	chess
шко́ла	school

Меня́ (его́, её) зову́т.	My (his, her) name is (They call me)
Как вас (тебя́) зову́т?	What is your name? (What do they call you?)
Как ва́ше и́мя и о́тчество?	What is your first name and patronymic?
о́чень рад(а)!	delighted!
о́чень прия́тно!	very pleased!
с удово́льствием!	with pleasure!
спаси́бо за приглаше́ние!	thanks for the invitation!

N.B. Я домá. I am at home. But ... **Я идý домóй**. I go home.

Words associated with the family **(семья́)**:

роди́тели и де́ти	parents and children
муж и женá	husband and wife
брат и сестрá	brother and sister
сын и дочь	son and daughter

N.B. (for musical instruments)	**играть на** (+*prep*)
(for games and sports)	**играть в** (+*acc*)
игрáть на гитáре/скри́пке	to play the guitar/violin
игрáть в футбóл/шáхматы	to play football/chess

Language in action

Вопрóсы

Где живýт рóдственники Мари́ны?
Какáя э́то семья́?
Как зовýт отцá, мать, брáта, сестрý?
Где рабóтают отéц и мать?
Что дéлает Тáня?
Почемý у Гали́ны Сергéевны плохóе настроéние?
Что лю́бит дéлать Ди́ма?
Какáя семья́ у вас?
У вас есть брат, сестрá (сын, дочь)?
Как их зовýт?

Choose the name!

(Ми́ша, Сáша, Кáтя, И́ра, Людми́ла Ивáновна, Ю́рий Петрóвич, Фёдор Михáйлович)

> *For example:* **Э́то мой брат. Егó зовýт Ми́ша. Э́то моя́ сестрá. Её зовýт Кáтя.**

Э́то (моя́ дочь, мой сын, моя́ мать, мой отéц, мой врач).

Complete the questionnaire ...

АНКЕ́ТА	
фами́лия	
и́мя	о́тчество
во́зраст	национа́льность
национа́льность отца́	
национа́льность ма́тери	
профе́ссия	ме́сто рабо́ты
профе́ссия отца́	профе́ссия ма́тери
ваш а́дрес	
ва́ши хо́бби и интере́сы	

Импровиза́ция

— До́брое у́тро. Я Гали́на Алекса́ндровна Петро́ва, гла́вный инжене́р фи́рмы.
— *Say hello, pleased to meet you and introduce yourself.*
— О́чень ра́да.
— *Explain that you are in Russia on business from England, that your firm makes computers and wants to sell them in Russia. Tell her that you have a very good new model* (**моде́ль** *f*).
— Это интере́сно. У вас есть информа́ция (*information*) о компью́тере?
— *Give her a brochure* (**брошю́ра**), *tell her that all the information is in the brochure. Make sure she knows the name and address of your firm and your address in Moscow.*

Грамма́тика

Personal pronouns

The accusative and genitive forms of personal pronouns are the same:

Nominative	**я**	**ты**	**он/оно́**	**она́**	**мы**	**вы**	**они́**
Accusative/Genitive	**меня́**	**тебя́**	**его́**	**её**	**нас**	**вас**	**их**

After a preposition **его́**, **её** and **их** change to **него́**, **неё** and **них**: **у неё дочь** 'she has a daughter'. The **н** is not added when **его́**, **её** and **их** are used as the possessive 'his, her, its, their': **у её семьи́ больша́я кварти́ра** 'her family has a big flat'.

Есть 'there is/are' may be incorporated in this construction with **у**: **у меня́ есть пробле́мы** 'I have problems'.

Accusative of masculine nouns

The accusative of masculine *animate* nouns is the same as the genitive: **она́ лю́бит сы́на** 'she loves (her) son'.

Neuter nouns in -мя

There are ten nouns in Russian with the nominative ending **-мя**. These nouns are all neuter. The endings of these nouns in the cases covered so far are as follows:

	и́мя 'name'	**вре́мя** 'time'
Nominative	**и́мя**	**вре́мя**
Accusative	**и́мя**	**вре́мя**
Genitive	**и́мени**	**вре́мени**
Prepositional	**и́мени**	**вре́мени**

Present tense of verbs

1st conjugation

Звать 'to call'

я	**зов-у́**	**мы**	**зов-ём**
ты	**зов-ёшь**	**вы**	**зов-ёте**
он/она́/оно́	**зов-ёт**	**они́**	**зов-у́т**

2nd conjugation

Verbs of the 2nd conjugation with a stem ending in **б** or **в** insert an **-л-** between the stem and the ending in the 1st person singular (the **я** form).

Люби́ть	'to love'	**Гото́вить**	'to cook, prepare'
я	**люб-л-ю́**	**я**	**гото́в-л-ю**
ты	**лю́б-ишь**	**ты**	**гото́в-ишь**
он/она́/оно́	**лю́б-ит**	**он/она́/оно́**	**гото́в-ит**
мы	**лю́б-им**	**мы**	**гото́в-им**
вы	**лю́б-ите**	**вы**	**гото́в-ите**
они́	**лю́б-ят**	**они́**	**гото́в-ят**

2nd conjugation verbs with stems ending in **п**, **ф** and **м** follow the same pattern.

Irregular verbs

Мочь	'to be able, can'	**Хоте́ть**	'to want'
я	**мог-у́**	**я**	**хоч-у́**
ты	**мо́ж-ешь**	**ты**	**хо́ч-ешь**
он/она́/оно́	**мо́ж-ет**	**он/она́/оно́**	**хо́ч-ет**
мы	**мо́ж-ем**	**мы**	**хот-и́м**
вы	**мо́ж-ете**	**вы**	**хот-и́те**
они́	**мо́г-ут**	**они́**	**хот-я́т**

Names

Russians have three names: **и́мя** 'first name'; **о́тчество** 'patronymic or father's name'; **фами́лия** 'surname'. The patronymic is formed from the father's first name with the suffix **-ович** or **-евич** for a son, **-овна** or **-евна** for a daughter. **Алексе́й Ива́нович Петро́в** has a son **Дми́трий Алексе́евич Петро́в** and a daughter **Татья́на Алексе́евна Петро́ва**. Note that there is also a feminine form of the surname, ending in **-а**. Patronymics end in **-евич**, **-евна** if they are derived from a name ending in a vowel and **-ович**, **-овна** if the name ends in a consonant.

Ди́ма is the diminutive form of **Дми́трий** and **Та́ня** the diminutive form **Татья́на**. Such diminutives are very common in Russian.

In order to ask someone's name in Russian you may use the verb **звать: Как вас зову́т?** 'What are you called?" (literally 'How do they call you?') You reply: **Меня́ зову́т Пи́тер Грин** 'I am called Peter Green'.

Alternatively: **Как ва́ша фами́лия/ва́ше и́мя?** 'What is your surname/first name?' **Моя́ фами́лия Грин, моё и́мя Пи́тер** 'My surname is Green, my first name is Peter'.

До́лжен

До́лжен 'must' has four forms like those of a short adjective:

Masculine	*Feminine*	*Neuter*	*Plural*
до́лжен	**должна́**	**должно́**	**должны́**

It changes according to the number and gender of the subject: **Та́ня должна́ рабо́тать** 'Tanya must work'; **мы должны́ понима́ть** 'we must understand'.

Весь

Весь 'all, the whole' has different forms for masculine, feminine, neuter and plural:

Masculine	*Feminine*	*Neuter*	*Plural*
весь	**вся**	**всё**	**все**

весь день 'all day, the whole day'; **вся семья́** 'the whole family'; **всё вре́мя** 'all the time'; **все предме́ты** 'all subjects'.

The neuter form **всё** is also used to mean 'everything' and the plural form **все** is used for 'all, everyone': **всё о́чень интере́сно** 'everything is very interesting'; **все говоря́т** 'everyone says'.

Упражне́ния

1 Put the verb **идти** and the pronouns in brackets into the correct form:

For example: **Я ... без (ты) Я иду́ без тебя́**

Ты ... без (она́) Он ... без (я) Она́ ... без (он) Мы ... без (вы) Вы ... без (мы) Они́ ... без (они).

2 Put the words in brackets into the right case:

У (Та́ня) ро́дственники в Москве́. У (я) большо́й брат. У (Гали́на Серге́евна) прекра́сная дочь. У (они́) хоро́шие роди́тели. У (мы) но́вый телеви́зор. У (брат и сестра́) ра́зные интере́сы. У (он) интере́сная рабо́та. У (оте́ц) хоро́ший сын. У

(Пи́тер) больша́я пробле́ма. У (вы) отли́чный вкус. У (мать) плохо́е настрое́ние. У (она́) интере́сная профе́ссия. У (дочь) ужа́сная кварти́ра.

3 Put the pronouns in brackets into the correct form:

Я хорошо́ зна́ю (она́). Я де́лаю э́то для (она́).
Он ждёт (он). У (он) ма́ленькая дочь.
Я приглаша́ю (они́) в го́сти. Я иду́ домо́й без (они́).

4 Use the correct forms of **должен** and then of the verbs **хоте́ть** and **мочь** to complete the sentences.

For example: **Мари́на ... идти́ домо́й. Мари́на должна́ идти́ домо́й. Мари́на хо́чет идти́ домо́й. Мари́на мо́жет идти́ домо́й.**

Пи́тер ... рабо́тать до́ма. Я ... изуча́ть ру́сский язы́к. Они́ ... говори́ть по-ру́сски. Ты ... жить в Москве́. Он ... есть мно́го. Она́ ... отдыха́ть ве́чером. Мы ... игра́ть на гита́ре. Вы ... игра́ть в футбо́л. Они́ ... принима́ть душ.

5 Complete the sentences:

For example: **Я ... скри́пку и ... Я люблю́ скри́пку и игра́ю на скри́пке.**

Ты ... футбо́л и ... Он ... гита́ру и ... Мы ... те́ннис и ... Вы ... фле́йту (*flute*) и ... Они́ ... ша́хматы и ...

Перево́д

I have a small family: a father, a mother and a sister. We do not live together now, because my sister (her name is Anne) is a doctor. She works in a hospital in London. She loves living in London. She says that London is such a big, interesting city. Anne loves the theatre very much. She knows all the theatres in London. Anne does not like cooking. She does not have time. She usually eats in a restaurant or café. I am a student at the university now. I study maths. I want to teach maths in a school after university. My father is a teacher and a very good one. The whole town knows him.

6 Уро́к шесто́й

In this lesson you will learn how to:

- Receive guests and be a guest yourself
- Describe a day in the country
- Talk about clothing
- Refer to days of the week
- Use reflexive verbs
- Use the dative case

Пи́тер идёт в го́сти

Воскресе́нье. У́тро. Пи́теру совсе́м не хо́чется встава́ть. Но сего́дня Пи́тер идёт в го́сти к Са́ше, Алекса́ндру Петро́вичу Гу́рову. Там у Са́ши ждёт его́ большо́й обе́д. Са́ша хоро́ший друг Пи́тера. Он всегда́ помога́ет Пи́теру, сове́тует ему́, как отдыха́ть, куда́ идти́ ве́чером. Без него́ и его́ по́мощи Пи́теру тру́дно в Москве́. Пи́тер уже́ всё зна́ет о семье́ Са́ши: зна́ет, что его́ жену́ зову́т Тама́ра, до́чку — И́рочка, что у них есть соба́ка — фокстерье́р Фо́мка и кот Том. Он зна́ет, что Тама́ра по профе́ссии — инжене́р, но тепе́рь она́ дома́шняя хозя́йка. Тама́ре тепе́рь тру́дно: у них нет ба́бушки, в де́тский сад идти́ И́рочке ещё ра́но, и Тама́ра должна́ сиде́ть до́ма. Са́ша, коне́чно, стара́ется помога́ть Тама́ре. Семья́ живёт в микрорайо́не Черта́ново, при́городе Москвы́. Там у них но́вая кварти́ра. К сожале́нию, э́то далеко́: на́до е́хать на авто́бусе.

Пи́тер волну́ется: он идёт в го́сти в пе́рвый раз. Он зна́ет, что есть ру́сская тради́ция — дари́ть цветы́ же́нщине. К сча́стью, цветы́ всегда́ продаю́тся у метро́, а для Са́ши у него́ есть буты́лка ви́ски. Са́ша всегда́ говори́т, что он предпочита́ет во́дке ви́ски. Мечта́ть, коне́чно, хорошо́! Но на́до встава́ть.

Пи́тер встаёт, умыва́ется, одева́ется. Сего́дня ему́ не на́до надева́ть костю́м, га́лстук. Он надева́ет руба́шку, сви́тер, джи́нсы и удо́бные спорти́вные ту́фли. По-ру́сски они́ называ́ются кроссо́вки, и они́ о́чень удо́бны для прогу́лки по ле́су.

Спаси́бо за обе́д

ПИ́ТЕР: Большо́е спаси́бо за вку́сный обе́д. Мне о́чень нра́вятся ва́ши пирожки́.

ТАМА́РА: Я ра́да, что вам нра́вится ру́сская ку́хня.

СА́ША: А тепе́рь пора́ гуля́ть! Ребёнку ну́жен све́жий во́здух.

ПИ́ТЕР: С удово́льствием! У вас здесь так хорошо́. Лес, река́.

ТАМА́РА: Да, нам нра́вится жить здесь. А для И́рочки здесь рай. Она́ весь день игра́ет на во́здухе.

СА́ША: Зна́ешь, Пи́тер, недалеко́ отсю́да есть о́зеро. Там мно́го ры́бы. Е́сли ты лю́бишь лови́ть ры́бу, для тебя́ здесь то́же рай.

ТАМА́РА: Са́ша — стра́стный рыба́к. Его́ интересу́ет то́лько ры́бная ло́вля. Он гото́в весь день сиде́ть у о́зера.

СА́ША: А Тама́ра предпочита́ет собира́ть грибы́. Она́ прекра́сно гото́вит их. О́чень вку́сно!

Слова́рь

ба́бушка	grandmother	**е́сли**	if
буты́лка	bottle	**е́хать I (е́д||у, -ешь)**	to go, ride
в пе́рый раз	for the first time	**жена́**	wife
вку́сный	tasty	**идти́ в го́сти к**	to visit
волнова́ться I (волну́||юсь, -ешься)	to be excited	**интересова́ть I (интересу́||ю, -ешь)**	to interest
га́лстук	tie	**к сожале́нию**	unfortunately
дари́ть II цветы́ же́нщине	to give flowers to a woman	**к сча́стью**	fortunately
де́тский сад	kindergarten	**кот (ко́шка)**	tom-cat (cat)
дома́шняя хозя́йка	housewife	**кроссо́вки**	trainers, sports shoes
до́чка	little daughter	**ку́хня**	kitchen, cooking
друг	friend	**лес**	wood, forest

лови́ть II ры́бу (ловлю́, ло́вишь)	to fish	**при́город**	suburb
лу́чше	better	**прогу́лка**	walk
мечта́ть I	to dream	**рай**	paradise
микрорайо́н	district (of a city)	**ребёнок**	child
надева́ть I (надева́ю ...)	to put on	**река́**	river
называ́ться I	to be called	**руба́шка**	shirt
недалеко́ отсю́да	not far from here	**ры́бная ло́вля**	fishing
нра́виться II (нра́в||люсь, -ишься)	to like	**све́жий во́здух**	fresh air
ну́жный	necessary	**сиде́ть II до́ма (сижу́, сиди́шь)**	to stay (sit) at home
одева́ться I (одева́юсь ...)	to dress (oneself)	**соба́ка**	dog
о́зеро	lake	**собира́ть I грибы́**	to pick mushrooms
помога́ть I (+ *dat*)	to help	**сове́товать I (сове́ту||ю, -ешь)** (+ *dat*)	to advise
по́мощь (*f*)	help	**стара́ться I**	to try
пора́ гуля́ть I	it is time to go for a walk	**стра́стный рыба́к**	keen fisherman
предпочита́ть I	to prefer	**так**	so
		ту́фли (*pl*)	shoes
		умыва́ться I	to wash (oneself)
		хоте́ться (хо́чется)	to feel like

Дни неде́ли (days of the week) are used in the accusative case after **в** ‘on’:

понеде́льник	Monday	**в понеде́льник**	on Monday
вто́рник	Tuesday	**во вто́рник**	on Tuesday
среда́	Wednesday	**в сре́ду**	on Wednesday
четве́рг	Thursday	**в четве́рг**	on Thursday
пя́тница	Friday	**в пя́тницу**	on Friday
суббо́та	Saturday	**в суббо́ту**	on Saturday
воскресе́нье	Sunday	**в воскресе́нье**	on Sunday

N.B. **Называ́ться ‘to be called’** (things and places)
Звать ‘to be called’ (people and animals)

Фильм называ́ется ... The film is called ...
Ко́шку зову́т ... The cat is called ...

Language in action

Сде́лайте вы́бор! – Make a choice!

1 Choose the correct phrase to complete the statement (**игра́ть на гита́ре**, **гото́вить**, **собира́ть грибы́**, **лови́ть ры́бу**, **фотографи́ровать**, **игра́ть в футбо́л**):

Хо́бби Са́ши — ры́бная ло́вля. Зна́чит, он лю́бит ...
Хо́бби Тама́ры — грибы́. Зна́чит, она́ лю́бит ...
Хо́бби Пи́тера — фотогра́фия. Зна́чит он лю́бит ...
Хо́бби Ди́мы — поп-му́зыка. Зна́чит, он лю́бит ...
Хо́бби Ми́ши — спорт. Зна́чит, он лю́бит ...
Хо́бби Гали́ны Серге́евны — ру́сская ку́хня. Зна́чит, она́ лю́бит ...

2 Choose a suitable name from the following list and use it with **звать** or **называ́ться** to name the people and places below (**Ло́ндон**, **Том**, **«Три сестры́»**, **«Октя́брь»**, **«Росси́я»**, **Ле́на**, **Та́ня**, **Ми́ша**, **Пётр Ильи́ч**, **Фо́мка**, **Ни́на Петро́вна**).

> *For example:* **Э́то де́вушка. Её зову́т Та́ня. Э́то го́род. Он называ́ется Ло́ндон.**

Э́то (де́вушка, го́род, фокстерье́р, оте́ц, дочь, фильм Эйзенште́йна, дра́ма Че́хова, мать, кот, сын, гости́ница).

3 Choose a nationality and profession for **Пи́тер Грин**, **Са́ша Гу́ров**, **Ни́на Ивано́ва**, **Джейн Но́рис**, **Джон Смит**, **Мэ́ри Вест** (**англича́нин**, **англича́нка**, **ру́сский**, **ру́сская**; **архите́ктор**, **врач**, **учи́тельница**, **инжене́р**, **фото́граф**, **фи́зик**).

> *For example:* **Пи́тер Грин по национа́льности англича́нин. По профе́ссии он инжене́р.**

4 Choose the item or items of clothing from the following list you would wear for the occasions below (**брю́ки** 'trousers', **джи́нсы**, **руба́шка**, **сви́тер**, **ку́ртка** 'anorak', **кроссо́вки**, **ту́фли**, **костю́м и га́лстук**, **пла́тье** (dress), **ю́бка и блу́зка** 'skirt and blouse'.

> *For example:* **Когда́ я иду́ на рабо́ту я надева́ю костю́м и га́лстук.**

Когда́ я иду́ (на рабо́ту, в кино́, на конце́рт, в го́сти, на ре́ку, на стадио́н, в институ́т, в лес) я надева́ю ...

5 Complete the sentence by choosing a suitable day of the week for each activity:

(**в понеде́льник, во вто́рник, в сре́ду, в четве́рг, в пя́тницу, в суббо́ту, в воскресе́нье**)

... я рабо́таю в библиоте́ке. ... я рабо́таю до́ма. ... я помога́ю ба́бушке. ... я игра́ю в те́ннис. ... я приглаша́ю дру́га в го́сти. ... я смотрю́ футбо́л по телеви́зору. ... я гото́влю обе́д.

Вопро́сы

Почему́ Пи́теру сего́дня не на́до ра́но встава́ть?
К кому́ Пи́тер идёт сего́дня в го́сти?
Что зна́ет Пи́тер о семье́ Са́ши?
Почему́ Тама́ра не рабо́тает?
Где живёт семья́ Са́ши?
Что надева́ет Пи́тер сего́дня?
Как называ́ются по-ру́сски спорти́вные ту́фли?
Как называ́ется го́род, где вы живёте?
Как вы отдыха́ете в воскресе́нье?

Импровиза́ция (Ру́сский гость обе́дает у вас)

— Здра́вствуйте! Я Ива́н Па́влович Петро́вский.
— *Introduce yourself and ask him if he is the engineer from Moscow.*
— Да, я здесь у вас в А́нглии две неде́ли.
— *Ask him if his wife is in England too.*
— К сожале́нию, нет. Она́ до́ма в Москве́.
— *Tell him that you want to invite him to your house.*
— Спаси́бо за приглаше́ние! С удово́льствием!
— *Ask him if he is free on Sunday.*
— Да, в воскресе́нье я свобо́ден.
— *Tell him that you are expecting (vb* **ждать***) him on Sunday and give him your address.*
— *Greet your guest and introduce him to your wife/husband, explaining who he is and what he is doing in England.*
— О́чень прия́тно! Вот вам цветы́! Э́то на́ша ру́сская тради́ция!
— *Say thank you for the flowers. Ask him what he wants to drink – ask him whether he likes whisky.*

— Да, мне о́чень нра́вится ви́ски.
— *Explain that you are giving him a typical English lunch of roast beef* (**ро́стбиф**). *Ask him whether he likes English food.*
— Да, о́чень нра́вится!
— *Ask him whether he would like to go for a walk after lunch. Say that you can even go fishing as there is a lake nearby.*
— С удово́льствием! Ры́бная ло́вля – моё хо́бби!

Грамма́тика

Reflexive verbs

Reflexive verbs are formed in Russian by adding -**ся** or -**сь** to the end of the verb. After a consonant or **ь** add -**ся** and after a vowel -**сь**. When a verb is described as reflexive it means that the subject is performing the action of the verb on itself:

Одева́ться 'to dress oneself'

я одева́юсь	'I dress myself'
ты одева́ешься	'you dress yourself'
он/она́ одева́ется	'he/she dresses him/herself'
мы одева́емся	'we dress ourselves'
вы одева́етесь	'you dress yourself'
они́ одева́ются	'they dress themselves'

Contrast the use of **одева́ться** with **одева́ть**: **Пи́тер одева́ется** 'Peter dresses himself/gets dressed'; **Тама́ра одева́ет И́рочку** 'Tamara dresses Irochka'. In the second example Tamara is performing the action of dressing not on herself but on the direct object Irochka, so the verb is not reflexive.

Reflexive verbs can be used in Russian to translate the passive: **Они́ называ́ются кроссо́вки** 'They are called (call themselves) trainers'; **цветы́ продаю́тся** 'flowers are sold'.

Some Russian verbs with an ending -**ся**, e.g. **стара́ться** 'to try' do not have an obvious reflexive or passive meaning.

Dative case

Endings of the dative singular

Masculine nouns ending in a consonant add -**у** and neuter nouns ending in **-о** replace it by **-у**: **дом — дóму**; **ýтро — ýтру**. Masculine nouns ending in **ь** or **й** and neuter nouns ending in **-е** replace those endings by **-ю. Кремль — Кремлю́**; **чай — чáю**; **сожалéние — сожалéнию.**

Feminine nouns take the same endings for the dative singular as they do for the prepositional singular: **жéнщина — жéнщине**; **профéссия — профéссии**; **жизнь — жи́зни**. Note **дочь — дóчери; мать — мáтери.**

Neuter nouns ending in **-мя** take the ending **-ени**: **и́мя — и́мени.**

The dative of personal pronouns

Nominative	**я**	**ты**	**он/онó**	**онá**	**мы**	**вы**	**они́**
Dative	**мне**	**тебé**	**емý**	**ей**	**нам**	**вам**	**им**

Uses of the dative case

1 In a Russian sentence the indirect object of the verb goes into the dative case. Verbs such as 'to give', 'to explain', 'to tell', 'to show', 'to offer' are often followed by an indirect as well as a direct object. In English this indirect object may be preceded by the preposition 'to': **он даёт сви́тер Тамáре** 'he gives the sweater to Tamara'.

2 After certain Russian verbs: **помогáть** 'to help'; **совéтовать** 'to advise' the dative is used in Russian although they take a direct object in English: **Сáша совéтует Пи́теру** 'Sasha advises Peter'; **он помогáет Тамáре** 'he helps Tamara'.

3 The dative case is used after the prepositions **к** and **по**. Both these prepositions have a variety of meanings.

К 'towards'; 'to (the house of)'; 'by (in expressions of time)'; 'to (in certain specific expressions)': **он идёт к дóму** 'he walks towards the house'; **он идёт в гóсти к Сáше** 'he is paying a visit to Sasha's house'; **к утрý** 'by morning'.

По 'along'; 'through'; 'according to'; 'by': **по дорóге** 'along the way'; **прогýлка по лéсу** 'a walk through the forest'; **Тамáра по профéссии — инженéр** 'Tamara is an engineer by profession'.

4 The dative can be combined with impersonal expressions formed from adjectives such as **трýдно** 'it is difficult' **Пи́теру трýдно** 'it is difficult for Peter'.

It can also be used with expressions such as **нáдо** 'it is necessary': **Пи́теру нáдо вставáть** 'it is necessary for Peter to get up/Peter has to get up'.

5 The dative can be combined with certain reflexive verbs. In these constructions the verb is used in the third person singular (**оно́** form) and the subject of the English sentence goes into the dative.

Хоте́ться 'to feel like': **Пи́теру не хо́чется встава́ть** 'Peter does not feel like getting up'. Contrast: **Пи́тер не хо́чет встава́ть** 'Peter does not want to get up'.

6 **Нра́виться** 'to like':
Пи́теру нра́вится Москва́ 'Peter likes Moscow' (literally 'Moscow is pleasing to Peter'). 'Moscow', the object of the sentence in English, is the subject in Russian and 'Peter', the subject of the English sentence, goes into the dative. In the following example **нра́виться** occurs in the plural to agree with the subject **пирожки́** 'pirozhki': **мне нра́вятся ва́ши пирожки́** 'I like your pirozhki' (literally 'your pirozhki are pleasing to me').

Нра́вится can also be followed by an infinitive: **мне нра́вится лови́ть ры́бу** 'I like to fish'.

7 The short adjective **ну́жен, нужна́, ну́жно, ну́жны** is used with the dative to translate 'to need': **ей ну́жен све́жий воздух** 'she needs fresh air' (literally 'fresh air is necessary to her'); **Пи́теру нужна́ по́мощь** 'Peter needs help'; **И́рочке ну́жны ту́фли** 'Irochka needs shoes'; **мне ну́жно молоко́** 'I need milk'.

Present tense of verbs

1st conjugation

Е́хать 'to go' (in or on a vehicle)

я	**е́д-у**	**мы**	**е́д-ем**
ты	**е́д-ешь**	**вы**	**е́д-ете**
он/она́/оно́	**е́д-ет**	**они́**	**е́д-ут**

Verbs whose infinitive ends in -**овать** change -**ова**- to -у- in the present tense:

Сове́товать 'to advise'

я	**сове́тую**	**мы**	**сове́туем**
ты	**сове́туешь**	**вы**	**сове́туете**
он/она́/оно́	**сове́тует**	**они́**	**сове́туют**

2nd conjugation

Verbs with the infinitive ending with **-дить** or **-деть** have a 1st person singular ending in **-жу**. The other endings are regular.

Сидéть 'to sit'

я	**сиж-ý**	**мы**	**сид-и́м**
ты	**сид-и́шь**	**вы**	**сид-и́те**
он/онá/онó	**сид-и́т**	**они́**	**сид-я́т**

Кто and что

Кто 'who' and **что** 'what' change their form according to the case they are in.

Nominative	**кто**	**что**
Accusative	**когó**	**что**
Genitive	**когó**	**чегó**
Dative	**комý**	**чемý**
Prepositional	**ком**	**чём**

Prepositional case

Prepositional case of personal pronouns

Nominative	**я**	**ты**	**он/онó**	**онá**	**мы**	**вы**	**они́**
Prepositional	**мне**	**тебé**	**нём**	**ней**	**нас**	**вас**	**них**

Prepositional case after о

The preposition **о** 'about, concerning' is followed by the prepositional case: **о рабóте** 'about work'. Before the vowels **а, э, и, о, у** it changes to **об**: **об университéте** 'about the university'. Note also **обо мнé** 'about me'.

В/во, к/ко and с/со

The preposition **в** changes to **во**, the prepostion **к** to **ко** and the preposition **с** to **со** before some words beginning with more than one consonant: **во Фрáнции** 'in France'; **со стадиóна** 'from the stadium'.

Упражне́ния

1 Replace the verb **люби́ть** with **нра́виться**.

For example: **Я люблю́ лес. Мне нра́вится лес.**

Ты лю́бишь метро́. Он лю́бит Тама́ру. Она́ лю́бит Пи́тера. Мы лю́бим грибы́. Вы лю́бите смотре́ть телеви́зор. Я люблю́ гуля́ть по ле́су. Пи́тер лю́бит жить в Москве́. Гали́на Петро́вна лю́бит гото́вить.

2 Create new sentences following the examples:

For example: **Мой па́спорт — Мне ну́жен па́спорт. Твоя́ ви́за – Тебе́ нужна́ ви́за.**

Моя́ ла́мпа. Моё ра́дио. Мои́ кроссо́вки. Твой телеви́зор. Твоё письмо́. Твои́ журна́лы. Его́ га́лстук. Его́ джи́нсы. Его́ руба́шка. Её сви́тер. Её цветы́. Наш дом. На́ша маши́на. На́ши компью́теры. Ва́ша гости́ница. Ваш костю́м. Их кварти́ра. Их сад. Их кни́ги.

3 Replace the verb **хоте́ть** with **хоте́ться**.

For example: **Я хочу́ пить. Мне хо́чется пить.**

Ты хо́чешь игра́ть. Он хо́чет гуля́ть по ле́су. Она́ хо́чет есть. Мы не хоти́м идти́ в кино́. Вы не хоти́те встава́ть. Они́ не хотя́т смотре́ть телеви́зор.

4 Use an alternative expression for the following sentences:

For example: **Он до́лжен встава́ть. Ему́ на́до встава́ть.**

Она́ должна́ рабо́тать. Я до́лжен идти́ на рабо́ту. Я должна́ идти́ в го́сти. Ты до́лжен е́хать в го́род. Ты должна́ мно́го гуля́ть. Мы должны́ говори́ть по-ру́сски. Вы должны́ чита́ть газе́ты. Они́ должны́ гото́вить обе́д.

5 Put the words in brackets into the correct form:

У́тром я (встава́ть) ра́но, бы́стро (умыва́ться, одева́ться) и иду́ на (остано́вка авто́буса). Он всегда́ (волнова́ться), когда́ нет (авто́бус). Мой друг (сове́товать) мне е́хать в (Росси́я). Сего́дня мы идём в го́сти к (Алекса́ндр и Тама́ра). До́ма я всегда́ помога́ю (оте́ц и мать). (Они́) тру́дно рабо́тать в до́ме.

6 Put the question words **кто, что** into the appropriate case:

На (что) игра́ет Йрочка? (что) вы надева́ете у́тром? О (что) они́ говоря́т? К (кто) вы идёте в го́сти сего́дня? У (кто) есть соба́ка? (кто) помога́ет Са́ша?

Перево́д

Every Sunday I visit grandmother. She lives in a suburb a long way from Moscow. The suburb is called Rublevo. She has a wonderful house near the river. Of course, there is no metro there, so I have to go by bus. I always put on trainers when I go there. They are comfortable for walking through the wood. I like walking through the wood. Sometimes on the way (**по дороге**) I pick mushrooms. Grandmother likes mushrooms very much. It is difficult for her now, so I help her. I work in the house and prepare lunch or supper.

7 Уро́к седьмо́й

In this lesson you will learn how to:

- Talk about sport
- Talk about careers
- Use the imperfective past tense
- Use the instrumental case
- Use **чей**

Спорти́вная семья́

(расска́з Са́ши)

У нас в семье́ мы все интересу́емся спо́ртом. Я с де́тства увлека́юсь футбо́лом. Моя́ мечта́ была́ игра́ть в кома́нде Дина́мо. Там игра́л мой люби́мый игро́к, врата́рь Я́шин. Когда́ в де́тстве меня́ спра́шивали, кем я хочу́ быть, я всегда́ отвеча́л: вратарём, чемпио́ном ми́ра по футбо́лу! Наш шко́льный тре́нер говори́л, что меня́ ждёт прекра́сное спорти́вное бу́дущее! Коне́чно, я до́лжен был мно́го трени-рова́ться. И я тренирова́лся мно́го. Я занима́лся спо́ртом зимо́й и ле́том, весно́й и о́сенью. Зимо́й бы́ло тру́дно. Мы жи́ли далеко́ от стадио́на, я до́лжен был ра́но встава́ть. Ча́сто не́ было авто́буса, и я шёл на стадио́н пешко́м. Мне так хоте́лось быть футболи́стом!
Но мои́ роди́тели бы́ли про́тив. Оте́ц ду́мал, что спорт — несерьёзное де́ло. «Тебе́ нужна́ профе́ссия. Архитекту́ра — прекра́сная профе́ссия», — говори́л он. У нас в семье́ все — архите́кторы, все стро́или дома́: оте́ц с ма́терью и де́душка. Я то́же люби́л архитекту́ру. В шко́ле я хорошо́ рисова́л, инте-ресова́лся жи́вописью. Ма́тери и отцу́ нра́вились мои́ рису́нки. «Ты до́лжен быть архите́ктором», — говори́ли они.

И вот я архите́ктор. Мне нра́вится моя́ профе́ссия. Но когда́ я смотрю́ футбо́л на стадио́не, мне жаль, что я не футболи́ст. Коне́чно, мы с Тама́рой тепе́рь то́же занима́емся спо́ртом. Три, четы́ре ра́за в ме́сяц посеща́ем наш спорти́вный центр. Там есть бассе́йн, те́ннисные ко́рты, гимнасти́ческий зал. Тама́ра то́же хоро́шая спортсме́нка. В шко́ле она́ занима́лась гимна́стикой и да́же была́ чемпио́нкой го́рода по гимна́стике. Тепе́рь мы увлека́емся пла́ванием, ле́том игра́ем в те́ннис. Раз в неде́лю Тама́ра с И́рочкой пла́вают в бассе́йне. Ма́ленькая И́рочка пла́вает, как ры́ба. Она́ молоде́ц! Я ду́маю: её ждёт прекра́сное спорти́вное бу́дущее!

Я люблю́ рисова́ть

ПИ́ТЕР: Са́ша, чья э́то карти́на? Твоя́? А чей э́то рису́нок? Неуже́ли твой? Ты настоя́щий худо́жник! Э́то рису́нок карандашо́м?

СА́ША: Да, я люблю́ рисова́ть карандашо́м, иногда́ рису́ю флома́стером. Я архите́ктор. Э́то мой инструме́нт.

ПИ́ТЕР: А мои́ инструме́нты тепе́рь фотоаппара́т и видеока́мера. Снима́ть фотоаппара́том и видеока́мерой Москву́ — для меня́ удово́льствие.

СА́ША: А я люблю́ рисова́ть футбо́л. В футбо́ле так мно́го движе́ния: уда́р мячо́м и гол! Рисова́ть э́то на бума́ге — о́чень тру́дно.

ПИ́ТЕР: Вчера́, когда́ я шёл к тебе́ в го́сти, я ви́дел афи́шу у метро́, пе́ред стадио́ном: Футбо́льный матч. Игра́ют Спарта́к и Дина́мо. Ты идёшь на матч?

СА́ША: Коне́чно! Я боле́льщик Дина́мо. Всегда́ боле́л и тепе́рь боле́ю за Дина́мо.

Слова́рь

афи́ша poster
бассе́йн pool
боле́льщик fan, supporter
боле́ть I (за + *acc*) to support
бу́дущее future
бума́га paper
быть про́тив (+ *gen*) to be against
ви́деть II (ви́жу, ви́дишь) to see
врата́рь (*m*) goalkeeper
вчера́ yesterday
гимнасти́ческий зал gym
да́же even
движе́ние movement
де́душка grandfather

де́тство	childhood
жи́вопись (*f*)	painting
занима́ться I (+ *inst*)	to be engaged in, to study
игро́к	player
интересова́ться I (+ *inst*)	to be interested in
каранда́ш	pencil
карти́на	picture
кома́нда	team
ма́ленький	small, little
ме́сяц	month
мечта́	dream
неуже́ли?	really? is it possible?
отвеча́ть I	to answer
пла́вание	swimming
пла́вать I	to swim
посеща́ть I	to visit
расска́з	story
рисова́ть I	to draw
рису́нок карандашо́м	pencil drawing
снима́ть I видеока́мерой (фотоаппара́том)	to video; take photographs
спра́шивать I	to ask
стро́ить II дома́	to build houses
тренирова́ться I	to train
увлека́ться I (+ *inst*)	to be keen on
уда́р мячо́м	shot
флома́стер	felt-tip pen
худо́жник	artist
чей, чья, чьё, чьи	whose
чемпио́н ми́ра по футбо́лу	football world champion
шко́льный тре́нер	school coach

N.B. **весно́й** (in spring); **зимо́й** (in winter); **ле́том** (in summer); **о́сенью** (in autumn).

мне жаль	I feel sorry
два ра́за в неде́лю, в ме́сяц	twice a week, a month
Спарта́к и Дина́мо	two popular football teams

Prepositions taking the instrumental:
с (with); **за** (behind); **под** (under); **пе́ред** (in front of).

Language in action

Кто чем занима́ется и кто чем увлека́ется?

Алексе́й Ива́нович по профе́ссии врач. Он занима́ется (медици́на) и увлека́ется (поли́тика). Гали́на Серге́евна по профе́ссии учи́тельница. Она́ занима́ется (рефо́рма образова́ния) и увлека́ется (ку́хня). Са́ша по профе́ссии архите́ктор. Он занима́ется (архитекту́ра) и увлека́ется (футбо́л). Питер по профе́ссии инжене́р. Он занима́ется (би́знес) и увлека́ется (фотогра́фия).

Вопро́сы

Чем Са́ша увлека́лся в де́тстве?
Кем Са́ша хоте́л быть в де́тстве?
Почему́ Са́ша боле́л за кома́нду Дина́мо?
Почему́ роди́тели Са́ши бы́ли про́тив футбо́ла?
Кем по профе́ссии был оте́ц Са́ши?
Чем Са́ша с Тама́рой увлека́ются тепе́рь?
Чем вы интересу́етесь (интересова́лись в де́тстве)?
Вы занима́етесь (занима́лись) спо́ртом?
Кем вы хоти́те (хоте́ли) быть?

Импровиза́ция

— Скажи́те пожа́луйста, где в го́роде мо́жно занима́ться спо́ртом?
— *Explain that there is a very good sports centre not far from the centre of town. You can walk there. There are tennis courts, a swimming pool and a gym.*
— Вы ча́сто занима́етесь спо́ртом там?
— *Say that you visit the sports centre twice a week with your brother. In winter you swim in the pool and in summer you play tennis. Your brother also trains there three times a week. He wants to be a football champion and his coach says that he has a great future.*
— Вы то́же хоти́те быть футболи́стом?
— *Explain that you enjoy tennis and swimming but you prefer to watch football on television. You used to be a ... supporter but now you support ...*
— Кем вы хоти́те быть, е́сли не футболи́стом?
— *Say that you would like to become an artist or an architect because you are interested in painting and love to draw.*

АФИ́ША
Центра́льный стадио́н

Большá́я спорти́вая аре́на	Дворе́ц спо́рта (*Palace of sport*)
Футбо́л (чемпиона́т Росси́и)	Хокке́й
В суббо́ту игра́ют:	В воскресе́нье игра́ют:
Спарта́к (Мо́сква) — Дина́мо (Петербу́рг)	кома́нда Росси́и — кома́нда Кана́ды
В сре́ду игра́ют:	В пя́тницу игра́ют:
Торпе́до (Томск) — Арсена́л (Омск)	кома́нда Украйны — кома́нда Росси́и

Биле́ты продаю́тся в ка́ссе стадио́на

1 На како́й футбо́льный (хокке́йный) матч вы хоти́те идти́?
2 Каки́е кома́нды игра́ют?
3 В како́й день они́ игра́ют?
4 За кого́ вы боле́ете?
5 Где продаю́тся биле́ты?

Грамма́тика
Past tense of verbs

To form the past tense of most Russian verbs, remove the **-ть** from the infinitive and replace it by:

-л masculine singular; **-ла** feminine singular; **-ло** neuter singular; **-ли** all plurals.

The verb agrees with the number and gender of the subject and not according to whether it is first, second or third person (**я**, **ты**, **он**, etc.)

Игра́ть 'to play'

я/ты/он	**игра́л**	**мы/вы/они́**	**играли**
я/ты/она́	**игра́ла**		
оно́	**игра́ло**		

The endings on reflexive verbs are **-лся**, **-лась**, **-лось**, **-лись**.

Одева́ться 'to get dressed'

я/ты/он	**одева́лся**	**мы/вы/они́**	**одева́лись**
я/ты/она́	**одева́лась**		
оно́	**одева́лось**		

This is called the imperfective past. As there are only two types of past tense in Russian it is the equivalent of more than one English form. **Игра́л** may translate 'played', 'was playing', 'used to play'.

Irregular past tenses

идти́ 'to go': **шёл, шла, шло, шли**
есть 'to eat': **ел, е́ла, е́ло, е́ли**
мочь 'to be able': **мог, могла́, могло́, могли́**
The past tense of **быть** 'to be' is **был, была́, бы́ло, бы́ли**. Note how it is combined with the following constructions in the past tense:
Са́ша до́лжен был мно́го тренирова́ться 'Sasha had to train a lot'.
Тама́ра должна́ была́ занима́ться гимна́стикой 'Tamara had to do gymnastics'.
До́лжен agrees with the subject in number and gender and so does the form of **был** used with it.
Пи́теру нужна́ была́ по́мощь 'Peter needed help'.
Нужна́ agrees with the word **по́мощь** in number and gender and so does the form **была́**.
Им на́до бы́ло рабо́тать 'they had to work'.
Бы́ло тру́дно тренирова́ться 'it was difficult to train'.
Мо́жно бы́ло смотре́ть телеви́зор 'it was possible to watch television'.
На́до, тру́дно and **мо́жно** are impersonal expressions so are used with the neuter singular form of the verb.
Э́то была́ моя́ мечта́ 'it was my dream'.
As in the present, **э́то моя́ мечта́** 'it is my dream', **мечта́** is in the nominative, i.e. it is the subject of the sentence and so the past tense of **быть** agrees with it in number and gender.
У меня́ была́ сестра́ 'I had a sister'.
In this type of construction with **у** the verb **была́** agrees with the subject **сестра́**.
Не́ было авто́буса 'there was no bus'.
Не́ было is the past tense of **нет** and is followed by the genitive case.

Нра́виться

Make sure the verb agrees with the subject of the Russian sentence. Remember that it will be different from the subject of the English sentence. For example, in the Russian sentence **Отцу́ нра́вились мои́ рису́нки** 'Father liked my drawings', **рису́нки** is the subject. When followed by an infinitive **нра́виться** is in the neuter singular form: **мне нра́вилось рисова́ть** 'I liked to draw'. The same applies to **хоте́ться: Са́ше хоте́лось быть футболи́стом.** 'Sasha wanted to become a footballer'.

Instrumental case

Endings of the instrumental singular

Masculine nouns ending in a consonant add **-ом** and neuter nouns ending in **-о** replace it by **-ом**. Note that the spelling rule which states that unstressed **о** may not be written after **ж**, **ч**, **ш**, **щ**, **ц** will affect the instrumental ending of some of these nouns: **спорт** — **спо́ртом**; **ле́то** — **ле́том**; **каранда́ш** — **карандашо́м**; **матч** — **ма́тчем**.

Masculine nouns ending in **-ь** or **-й** and neuter nouns ending in **-е** replace these endings by **-ем**, or **-ём** if the ending is stressed: **музе́й** — **музе́ем**; **врата́рь** — **вратарём**; **пла́вание** — **пла́ванием**.

Neuter nouns ending in **-мя** take the ending **-енем**: **и́мя** — **и́менем**. Nouns ending in **-а** in the nominative replace this by **-ой** in the instrumental or **-ей** if the noun is affected by the spelling rule. Nouns ending in **-я** replace it by **-ей**, or **-ёй** if the ending is stressed. Feminine nouns ending in **-ь́** have the instrumental ending **-ью**: **гимна́стика** — **гимна́стикой**; **гости́ница** — **гости́ницей**; **Са́ша** — **Са́шей**; **фотогра́фия** — **фотогра́фией**; **земля́** — **землёй**; **о́сень** — **о́сенью**; **мать** — **ма́терью**; **дочь** — **до́черью**. (Note that all forms of **мать** and **дочь** apart from nominative and accusative have **-ер-** before the ending).

Alternative feminine instrumental endings **-ою**, **-ею** also exist.

The instrumental case of personal pronouns

Nominative	**я**	**ты**	**он/оно́**	**она́**	**мы**	**вы**	**они́**
Instrumental	**мной** (**мно́ю**)	**тобо́й** (**тобо́ю**)	**им**	**ей** (**е́ю**)	**на́ми**	**ва́ми**	**и́ми**

The forms in brackets are alternatives.

The instrumental of **кто** is **кем** and of **что** is **чем**.

Uses of the instrumental case

1 The instrumental case is used to translate 'with' or 'by' denoting the instrument with which an action is performed: **рисова́ть карандашо́м** 'to draw with a pencil'; **снима́ть фотоаппара́том** 'to take with a camera (photograph)'.

2 The instrumental case is used after certain verbs: **занима́ться** 'to be engaged in, to study'; **интересова́ться** 'to be interested in'; **увлека́ться** 'to be fond of'; **станови́ться** 'to become': **мы инте-**

ресу́емся спо́ртом 'we are interested in sport'; **я увлека́лся футбо́лом** 'I was fond of football'.

3 The instrumental case is frequently used as the complement of **быть** 'to be' when this verb is in the infinitive form or past or future tense: **я хоте́л быть футболи́стом** 'I wanted to be a footballer'; **Тама́ра была́ чемпио́нкой** 'Tamara was a champion'.

4 The instrumental case is used after certain prepositions.

Пе́ред 'in front of', 'just before': **пе́ред стадио́ном** 'in front of the stadium'; **пе́ред обе́дом** 'just before dinner'.

Под 'under': **под столо́м** 'under the table'.

Note that **под** will be followed by the accusative and NOT the instrumental if motion into a position under is being described: **он идёт под мост** 'he is going under the bridge'.

С 'together with', 'accompanied by': **он рабо́тает с Пи́тером** 'he works with Peter'.

Note the following construction: **мы с Тама́рой занима́емся спо́ртом** 'Tamara and I (literally 'we with Tamara') go in for sport'.

Other prepositions taking the instrumental which you will encounter later include: **над** 'over' and **за** 'behind, beyond'. Note that, like **под**, **за** may also take the accusative.

5 The expressions for 'in spring', 'in the morning', etc. are formed from the instrumental case of the appropriate noun, without a preposition: **весна́** 'spring' **весно́й** 'in spring'; **ле́то** 'summer' **ле́том** 'in summer'; **о́сень** 'autumn' **о́сенью** 'in autumn'; **зима́** 'winter' **зимо́й** 'in winter'; **у́тро** 'morning' **у́тром** 'in the morning'; **день** 'day' **днём** 'in the daytime'; **ве́чер** 'evening' **ве́чером** 'in the evening'; **ночь** 'night' **но́чью** 'at night'.

Чей

Чей, **чья**, **чьё**, **чьи** means 'whose'. It changes to agree with the noun it describes in number, gender and case: **чей рису́нок** 'whose drawing'; **чья карти́на** 'whose picture'. Note particularly how it is combined with **э́то** in questions: **Чей э́то рису́нок?** 'Whose drawing is this?' **Чья э́то карти́на?** 'Whose picture is this?' **Чьё э́то зда́ние?** 'Whose building is this?' **Чьи э́то кроссо́вки?** 'Whose trainers are these?' **Чей** may also be used in cases other than the nominative: **Чьим рису́нком**

он интересу́ется? 'Whose drawing is he interested in?' For the full declension, see the Grammar summary at the back of the book.

У меня́ used as possessive

As well as meaning 'I have' **у меня́** is sometimes used instead of **мой** to translate 'my': **у меня́ в ко́мнате** 'in my room'. **У тебя́; у него́**, etc. may be used similarly: **у нас в семье́** 'in our family'.

Expressions of time

'From, since' is translated by **с** followed by the genitive case: **с де́тства** 'since childhood'.
'In' is translated by **в** followed by the prepositional case in some expressions: **в де́тстве** 'in childhood'.

Упражне́ния

1 Using the words given in brackets, complete the sentences: Я изуча́ю ... Я занима́юсь ... (исто́рия, му́зыка, архитекту́ра, спорт, фотогра́фия, би́знес, образова́ние, футбо́л, литерату́ра, жи́вопись).

For example: **Я изуча́ю исто́рию. Я занима́юсь исто́рией.**

2 Using the pair of words given in brackets, complete the sentence: Я интересова́лся ... и хоте́л быть ...

For example: **(му́зыка — музыка́нт) Я интересова́лся му́зыкой и хоте́л быть музыка́нтом.**

(архитекту́ра — архите́ктор, жи́вопись — худо́жник, образова́ние — учи́тель(ница), футбо́л — врата́рь, фотогра́фия — фото́граф, медици́на — врач, би́знес — бизнесме́н).

3 Put these phrases into the past tense:

(a) На́до встава́ть. Мо́жно рабо́тать. Пора́ за́втракать.
(b) Мне ну́жен журна́л. Мне нужна́ кни́га. Мне ну́жно ра́дио, мне нужны́ студе́нты.
(c) У меня́ есть сестра́, брат, ра́дио, ру́башка, сви́тер, джи́нсы.

(d) Он до́лжен мно́го рабо́тать. Она́ должна́ идти́ домо́й. Мы должны́ говори́ть по–ру́сски.

(e) У него́ нет кни́ги, журна́ла, карти́ны, телеви́зора, ра́дио.

4 Put the following sentences into the past tense:

Мне хо́чется есть. Ему́ не хо́чется идти́ на рабо́ту. Я хочу́ жить в гости́нице. Он хо́чет идти́ в кино́. Мы хоти́м лови́ть ры́бу. Мне нра́вится ваш го́род. Мне нра́вится Москва́. Москвичи́ мне то́же нра́вятся. Мне нра́вится гуля́ть по ле́су. Са́ше нра́вится игра́ть в футбо́л. Я могу́ рабо́тать до́ма. Пи́тер мо́жет говори́ть по–ру́сски. Мари́на не мо́жет идти́ в кино́ сего́дня. Они́ мо́гут занима́ться спо́ртом.

5 Put the words in brackets into the correct form, using both present and past tenses of the verbs:

Худо́жник (рисова́ть) карти́ну (каранда́ш). Пи́тер (снима́ть) фильм (кинока́мера). У́тром Мари́на (есть) ма́ло, она́ то́лько (пить) ча́шку ко́фе. Тама́ра (писа́ть) (флома́стер). Пе́ред (дом) (быть) большо́й сад. Мы с (брат) (увлека́ться) (футбо́л). Я (ви́деть), как Тама́ра с (до́чка) (идти́) в бассе́йн. Мать с (дочь) (интересова́ться) (жи́вопись). В шко́ле она́ (занима́ться (гимна́стика). Кни́ги (быть) под (крова́ть). Под (ла́мпа) (быть) газе́та, под (газе́та) (быть) па́спорт.

6 Form questions by using **чей, чья, чьё, чьи** with the following nouns: **журна́л**, **кни́га**, **кроссо́вки**, **сви́тер**, **окно́**, **газе́ты**, **мяч**, **карти́на**

For example: **Чей э́то журна́л?**

Перево́д

At school I was interested in football and played football every day. On Sunday I always watched the match on television. I especially liked the team Spartak. It was an excellent team and I still support it. My brother was fond of swimming and used to swim twice a week at the pool. We had a very good swimming pool not far from school. My sister was also keen on sport. She went in for gymnastics and was a gymnastics champion. We are still interested in sport, play tennis in summer and swim in winter. And of course, I am still a Spartak supporter.

8 Уро́к восьмо́й

In this lesson you will learn how to:

- Discuss the weather
- Talk about holidays
- Refer to months of the year
- Use adjectives, possessives, **этот**, **тот**, **весь** and **оди́н** in cases other than the nominative
- Use **свой**

Как проводи́ть о́тпуск?

О́сень. Сентя́брь. В Москве́ уже́ прохла́дно. Ча́сто иду́т дожди́. Но́чью быва́ют за́морозки. Но днём ча́сто стои́т прекра́сная пого́да, и под Москво́й в э́то вре́мя го́да о́чень живопи́сно. Дере́вья уже́ не зелёные, а жёлтые и́ли кра́сные. Не́бо голубо́е. Тама́ра лю́бит гуля́ть в осе́ннем лесу́ в таку́ю пого́ду.

Но когда́ пого́да меня́ется, и стано́вится хо́лодно, настрое́ние у Тама́ры меня́ется, и ей стано́вится гру́стно. В про́шлом году́ они́ проводи́ли свой о́тпуск в дере́вне в Подмоско́вье, но тогда́ о́тпуск у Са́ши был ле́том, в ию́ле. А в э́том году́ его́ о́тпуск в сентябре́, и Тама́ре о́чень хо́чется отдыха́ть на ю́ге. Там в э́то вре́мя го́да ещё тепло́, но уже не жа́рко. Днём мо́жно купа́ться в тёплом мо́ре. Ве́чером в хоро́шую пого́ду мо́жно гуля́ть вдоль морско́го бе́рега, любова́ться ю́жной приро́дой.

Тама́ра понима́ет, что э́то то́лько мечта́. Но Са́ша на про́шлой неде́ле говори́л, что ему́ предлага́ют путёвку на три неде́ли в дом о́тдыха в Я́лте. Дом о́тдыха нахо́дится пря́мо на берегу́ мо́ря. Ра́ньше Тама́ра не люби́ла тако́й о́тдых. Они с Са́шей предпочита́ли проводи́ть свои́ кани́кулы в турпохо́де. Они́ путеше́ствовали по всей стране́, бы́ли на Ура́ле, на Се́вере, на Да́льнем Восто́ке, в Сре́дней А́зии, на Се́верном Кавка́зе, в Восто́чной и За́падной Сиби́ри. Одна́жды да́же пла́вали на большо́м теплохо́де по вели́кой сиби́рской реке́ Енисе́ю.

А тепе́рь у них ребёнок. С ма́леньким ребёнком путеше́ствовать не сто́ит. Лу́чше отдыха́ть в до́ме о́тдыха. Я́лта прекра́сный го́род. Там не ску́чно. Всегда́ есть интере́сные экску́рсии, прогу́лки на теплохо́де по Чёрному мо́рю. «Всё, — реша́ет Тама́ра, — е́дем в Крым! Но как е́хать? На по́езде или на самолёте?»

Пого́да была́ ужа́сная ...

ПИ́ТЕР: Са́ша! Я так рад тебя́ ви́деть. Где ты был?

СА́ША: Я был в о́тпуске, отдыха́л в до́ме о́тдыха в Крыму́. Бы́ло прекра́сно! Пого́да, мо́ре, всё!

ПИ́ТЕР: Вот почему́ ты так хорошо́ вы́глядишь! А здесь пого́да была́ ужа́сная, весь ме́сяц шёл дождь.

СА́ША: А где ты собира́ешься отдыха́ть? Е́дешь домо́й?

ПИ́ТЕР: Я ещё не зна́ю. Я уже́ отдыха́л ле́том в ию́не две неде́ли в Ита́лии. Хочу́ тепе́рь отдыха́ть зимо́й. Но не сто́ит е́хать домо́й на неде́лю!

СА́ША: Зи́мний о́тдых — э́то хорошо́! Осо́бенно, е́сли ты ката́ешься на лы́жах.

ПИ́ТЕР: Я о́чень люблю́ ката́ться на лы́жах, ка́ждую зи́му ката́юсь во Фра́нции. Но в про́шлом году́ там почти́ не́ было сне́га.

СА́ША: Я рекоменду́ю тебе́ Кавка́з. Туда́ сто́ит е́хать, зимо́й там всегда́ мно́го сне́га.

Слова́рь

бе́рег мо́ря sea shore
быва́ть I to happen
вдоль along
вели́кий great
восто́к east; **на ~е** in the east; **восто́чный** eastern
вы́глядеть II (вы́гляжу, вы́глядишь) to look (like)
гру́стный sad
дере́вня village, country
дере́вья (де́рево) trees

днём	in the daytime
дождь (*m*)	rain; **идёт ~** it rains
живопи́сный	picturesque
за́морозки (*pl*) *no sing*	(light) frosts
за́пад	west; **на ~е** in the west; **за́падный** western
ката́ться I на лы́жах	to ski
купа́ться I	to bathe
любова́ться I (+ *inst*)	to admire
меня́ться I	to change
не́бо	sky
одна́жды	once
осе́нний	autumnal
осо́бенно	especially
о́тпуск	leave, holiday
предлага́ть I	to offer
приро́да	nature
проводи́ть II (провожу́, прово́дишь) кани́кулы	to spend the holidays
прогу́лка на теплохо́де	trip by boat
путёвка в дом о́тдыха	place in a holiday home
путеше́ствовать I	to travel
ра́ньше	before, earlier
рекомендова́ть I	to recommend
свой, своя́, своё, свои́	my, your, his, etc.
се́вер	north; **на ~е** in the north; **се́верный** northern
ску́чно	boring
снег	snow; **идёт ~** it snows
собира́ться I	to be going to, to plan to
Сре́дняя А́зия	Central Asia
станови́ться II	to become
сто́ит (не сто́ит) (+ *inf*)	it is worth (not worth)
страна́	country, land
турпохо́д	hiking trip
юг	south; **на ~е** in the south; **ю́жный** southern

в про́шлом/э́том году́	last/this year
на про́шлой/э́той неде́ле	last/this week
в э́то вре́мя го́да	at this time of year

All months of the year in Russian are masculine: **янва́рь, февра́ль, март, апре́ль, май, ию́нь, ию́ль, а́вгуст, сентя́брь, октя́брь, ноя́брь, дека́брь**. To say 'in January', etc. use the prepositional case: **в январе́, феврале́**, etc.

N.B. **путше́ствие** (*travel*); **на по́езде** (*by train*); **на самолёте** (*by plane*); **на теплохо́де** (*by boat*); **на авто́бусе** (*by bus*)

под Москво́й (в Подмоско́вье) near Moscow
в Крыму́ (Crimea), **в Сиби́ри** (Siberia)

But ... **на Украи́не** (Ukraine), **на Кавка́зе** (Caucasus), **на Ура́ле** (Urals), **на Да́льнем Восто́ке** (Far East)

> More colours: **жёлтый** (*yellow*); **зелёный** (*green*); **голубо́й** (*blue*); **чёрный** (*black*)

О пого́де (About the weather)

пого́да жа́ркая (*the weather is hot*) = **жа́рко** (*it is hot*)
пого́да прохла́дная (*the weather is cool*) = **прохла́дно** (*it is cool*)
пого́да тёплая (*the weather is warm*) = **тепло́** (*it is warm*)
пого́да холо́дная (*the weather is cold*) = **хо́лодно** (*it is cold*)

Language in action

Сде́лайте вы́бор!

1 Тама́ре гру́стно, потому́ что (пого́да стои́т хоро́шая, идёт дождь, под Москво́й живопи́сно?)
Тепе́рь Тама́ра предпочита́ет отдыха́ть (под Москво́й, в до́ме о́тдыха, в турпохо́де?)
В хоро́шую пого́ду в Крыму́ мо́жно (собира́ть грибы́, лови́ть ры́бу, купа́ться в мо́ре?)
В Я́лте мо́жно любова́ться (се́верной приро́дой, о́зером Байка́л, ю́жной приро́дой?)
В Крыму́ мо́жно гуля́ть (по ле́су, вдоль реки́, вдоль бе́рега мо́ря?)
Зимо́й на Кавка́зе мо́жно (ката́ться на лы́жах, игра́ть в футбо́л, пла́вать?)

2 Choose the right form:
Сего́дня ... день. Сего́дня ... (тёплый, тепло́).
Э́то ... челове́к. Он говори́т обо всём ... (серьёзный, серьёзно).
О́сенью под Москво́й о́чень ... Под Москво́й о́сень о́чень ... (краси́вая, краси́во).
В сентябре́ в Москве́ ... Сентя́брь в Москве́ ... (прохла́дный, прохла́дно).

Вопро́сы

Кака́я пого́да обы́чно стои́т под Москво́й в сентябре́?
Почему́ Тама́ра лю́бит гуля́ть в э́то вре́мя го́да?
Как Тама́ра с Са́шей ра́ньше проводи́ли кани́кулы?
Куда́ е́дут Тама́ра с Са́шей в э́том году́?
Где нахо́дится дом о́тдыха?
Како́е ва́ше люби́мое вре́мя го́да и почему́?
Где вы обы́чно прово́дите свой кани́кулы (свой о́тпуск)?

Импровиза́ция

— Где вы бы́ли на про́шлой неде́ле?
— *Reply that you were on holiday (vb* **отдыха́ть***) in the south of France.*
— Где вы жи́ли?
— *Explain that you stayed in a small hotel, right on the coast, the weather is very hot at this time of year and every day you went swimming in the warm sea.*
— Вы всегда́ прово́дите о́тпуск во Фра́нции?
— *Say that last year you didn't have a summer holiday, but a winter holiday in the north of Italy in December. You wanted to ski but the weather was terrible, it rained all the time and there was no snow. Ask where s/he is going on holiday this year.*
— Не зна́ю. Что вы рекоменду́ете?
— *Suggest the Black Sea. Say you can get there by plane from Moscow, the weather is always good in summer and even in September it is still warm. If s/he doesn't like bathing there are interesting excursions and boat trips.*

Прогно́з пого́ды на сего́дня
(Weather Forecast)

Сего́дня в Москве́ и Подмоско́вье прохла́дная пого́да, небольшо́й дождь, тума́н (*fog*), **ве́тер** (*wind*) **ю́жный. Но́чью возмо́жны за́морозки, небольшо́й снег. Температу́ра во́здуха** (плюс) **+5, +4 гра́дуса тепла́, но́чью** (ми́нус) **–1, –2 гра́дуса моро́за.**

1 Како́й прогно́з пого́ды на сего́дня в ва́шем райо́не?
2 Кака́я пого́да была́ вчера́?

Грамма́тика

Adjectives

Adjectives change their endings to agree with the noun they describe in gender, case and number: **в хоро́шую пого́ду** 'in fine (feminine accusative singular to agree with **пого́ду**) weather'; **на большо́м теплохо́де** 'on a large (masculine prepositional singular to agree with **теплохо́де**) boat'. Comprehensive tables giving the endings of adjectives can be found in the Grammar summary at the end of the book.

Note: the accusative of the masculine adjective is like the nominative when used to describe an inanimate noun and like the genitive when used to describe an animate noun: **я зна́ю отли́чный буфе́т** 'I know an excellent buffet'; **я зна́ю отли́чного студе́нта** 'I know an excellent student'.

The masculine and neuter genitive endings **-ого**, **-его** are pronounced 'ovo', 'yevo'.

Words like **ва́нная** 'bathroom' and **дежу́рная** 'concierge' which, although they translate English nouns, are adjectives in Russian, take adjectival endings in all cases: **я зна́ю хоро́шую дежу́рную** 'I know a good concierge'.

Possessives

The possessives **мой** and **ваш** also change according to the number, gender and case of the noun they are describing: **без моего́ отца́** 'without my (masculine genitive singular to go with **отца́**) father'; **с ва́шей до́черью** 'with your (feminine instrumental singular to go with **до́черью**) daughter'. Comprehensive tables are given in the Grammar summary.

Мой translates both 'my' and 'mine' and **ваш** translates both 'your' and 'yours'. In other words, they can be used with or without a noun: **Э́то ваш па́спорт?** 'Is this your passport?'; **Да, мой** 'Yes, mine'.

Наш 'our, ours' takes the same endings as **ваш**. **Твой** 'your, yours' takes the same endings as **мой** and is the form of the possessive which corresponds to **ты** (i.e. the singular, familiar form).

The possessives **его** 'his, its', **её** 'her, hers', **их** 'their, theirs' *never* change their endings.

Свой

Under certain circumstances **свой** is used instead of the forms above. **Свой** takes the same endings as **мой** and **твой. Свой** is used as the possessive when it refers to the subject of the clause as the owner: **Са́ша лю́бит свою́ жену́** 'Sasha loves his wife'. This means that Sasha loves his own wife. **Са́ша лю́бит его́ жену́** 'Sasha loves his wife'. Here, Sasha loves someone else's wife. In order to make this distinction clear **свой** MUST be used instead of **его́, её, их** when referring to ownership by the subject of the clause.

Under these same circumstances **свой** is often used instead of **мой, твой, наш, ваш**: **Ты лю́бишь свою́ жену́?** 'Do you love your wife?' Where there is no danger of ambiguity, possessives are more frequently omitted in Russian than in English: **Она лю́бит мать** 'She loves her mother'.

Свой refers to the subject of a clause but is never part of the subject. Thus **свой** does not normally appear in the nominative. The only major exception is in sentences where 'to have' is translated by the preposition у: **У ка́ждого студе́нта своя́ ко́мната** 'Each student has his own room'.

It is important to be sure that **свой** refers to the subject of the clause it is in, not the subject of a clause earlier in the sentence:

Са́ша зна́ет, кто лю́бит его́ жену́ 'Sasha knows who loves his wife'.

Provided the wife in question is Sasha's, the correct translation of 'his' is **его́** not **свою́** because Sasha is the subject of the clause 'Sasha knows', while 'who' is the subject of the clause with the word 'his' in it.

Э́тот, тот, весь, оди́н

Э́тот is the demonstrative pronoun 'this'. It agrees in number, gender and case with the noun to which it refers: **Я интересу́юсь э́тим музе́ем** 'I am interested in this museum'.

Similarly, **тот** 'that', **весь** 'all, the whole' and **оди́н** 'one' also agree with the noun they describe. Tables showing the endings of **э́тот, тот, весь** and **оди́н** are given in the Grammar summary.

Prepositional case ending in -y

Some masculine nouns take the ending -ý in the prepositional case after the prepositions **в** and **на** when they denote location: **Дом нахóдится в лесý** 'The house is situated in the forest'. Other nouns taking this -ý ending include: **сад** 'garden', **бéрег** 'bank', **пол** 'floor', **ýгол** 'corner', **шкаф** 'cupboard', **Крым** 'Crimea'. Note also **в прóшлом годý** 'last year'. This -ý ending occurs only after **в** and **на**. After other prepositions taking the prepositional case e.g. **о** 'about', the regular prepositional ending -**е** is used: **истóрия о лéсе** 'a story about the forest'.

Expressions of time

На + accusative is only used to translate 'for' in expressions of time when the subject sets out with the intention of spending a specified period of time on an activity. There is often a verb of motion in such constructions: **Я éду в Сибúрь нá год** 'I am going to Siberia for a year'. Otherwise the period of time goes into the accusative without **на**; **Я былá в Сибúри год** 'I was in Siberia (for) a year'. In such cases 'for' is often omitted in English.

Упражнéния

1 Put the phrases in brackets into the genitive case:

Óтпуск (мой муж) в э́том годý в октябрé. Тамáра лю́бит гуля́ть вдоль (морскóй бéрег). Здáние (э́та москóвская гостúница) нахóдится недалекó от (Крáсная плóщадь). У (моя́ дочь) хорóший вкус. Хорошó сидéть на берегý (красúвое óзеро). Напрóтив (нáше общежúтие) большóй бассéйн, óколо (э́тот бассéйн) стадиóн.

2 Put the phrases in brackets into the accusative case:

В (хорóшая погóда) хорошó сидéть в садý. В э́том годý онú éдут на (Сéверный Урáл), а потóм в (Срéдняя Áзия). Тамáра лю́бит (ю́жная прирóда). У стадиóна я вúжу (грýстный Сáша и серьёзный Пúтер). Мать одевáет (мáленькая дочь). Он хорошó знáет (э́тот рýсский вратáрь и э́та англúйская гимнáстка). Вчерá я вúдела (вáша сестрá и её муж).

3 Put the phrases in brackets into the dative case:

Мы пла́вали по (Чёрное мо́ре) и по (вели́кая ру́сская река́ Во́лга). Хорошо́ гуля́ть по (прекра́сный го́род Влади́мир)! Пи́тер бы́стро шёл по (больша́я доро́га) к (свой дом). Та́ня всегда́ помога́ет (своя́ мать). (Мой оте́ц) ну́жен хоро́ший о́тдых. (Англи́йская тури́стка) нра́вится ру́сская ку́хня.

4 Put the phrases in brackets into the instrumental case:

В Крыму́ на́до любова́ться (ю́жная приро́да). Два ра́за в неде́лю я занима́юсь (ру́сский язы́к). Мой оте́ц интересу́ется то́лько (класси́ческая му́зыка). Мой сын хо́чет быть (отли́чный врата́рь). Я всегда́ путеше́ствую со (своя́ ма́ленькая дочь).

5 Put the phrases in brackets into the prepositional case:

Мне не хо́чется стоя́ть в (дли́нная о́чередь). Интере́сно проводи́ть кани́кулы в (студе́нческий турпохо́д) на (Да́льний Восто́к). На (про́шлая неде́ля) я была́ в (Большо́й теа́тр). Са́ша всегда́ ду́мает о (своя́ ма́ленькая дочь) и (её бу́дущее). Дом о́тдыха нахо́дится в (большое зда́ние) в (живопи́сный лес).

6 Insert a suitable possessive using **свой** whenever possible:

Мы всегда́ прово́дим ... о́тпуск на ю́ге. Он говори́т, что в э́том году́ ... мать не е́дет с ним. Са́ша сове́тует ... дру́гу е́хать на Кавка́з. Тама́ра не зна́ет, что ... муж расска́зывает о ... рабо́те. Ди́ма хорошо́ зна́ет ... при́город. Она́ не зна́ет, что сейча́с де́лает ... дочь. Де́ти пи́шут письмо́ ... англи́йскому дру́гу. Та́ня чита́ет кни́гу ... ма́ленькому бра́ту. Вы должны́ ду́мать о ... бу́дущем.

7 Complete the sentences using the correct expression of time:

(a) Они́ жи́ли на Кавка́зе ... Они едýт на Кавка́з ... (всё ле́то — на всё ле́то).
(b) Са́ша е́дет рабо́тать в Сиби́рь ... Са́ша рабо́тал в Сиби́ри ... (год — на́ год).
(c) Я жду тебя́ ... Я иду́ к Тама́ре ... (два часа́ — на два часа́).
(d) Я бу́ду в Лондо́не ... Я е́ду в Лондон ... (четы́ре дня — на четы́ре дня).

Перевóд

Last year we spent our holidays in the Northern Caucasus. We stayed in a small village not far from the Black Sea. We were there in the autumn, so it was not very hot. It was nice to swim in the warm sea and walk along the beautiful sea shore. We also travelled while we were there. We saw the beautiful lake Rizza with its blue water. For three days we stayed on the shore of the lake, and admired the picturesque Caucasian countryside. It was so marvellous there that we did not feel like going to Moscow.

9 Уро́к девя́тый

In this lesson you will learn how to:

- Describe festivals and celebrations
- Use the imperfective future tense
- Use numerals
- Express dates

Встре́ча Но́вого го́да

Сего́дня пе́рвое декабря́. До Но́вого го́да ещё ме́сяц, но в общежи́тии друзья́ Мари́ны уже́ обсужда́ют, как они́ бу́дут встреча́ть Но́вый год. Вот уже́ четы́ре го́да они́ встреча́ют Но́вый год вме́сте. В про́шлом году́ они́ встреча́ли Но́вый год под Москво́й на да́че у подру́ги Со́ни. Бы́ло прекра́сно. Как в ска́зке! Дом находи́лся пря́мо в лесу́, вокру́г лежа́л бе́лый снег. Бы́ло ти́хо. В ту ночь стоя́л си́льный моро́з. А в до́ме бы́ло тепло́ и ую́тно. Посреди́ ко́мнаты стоя́ла больша́я ёлка. Они́ са́ми украша́ли её, са́ми гото́вили новогóдний у́жин. Пото́м всю ночь они́ танцева́ли вокру́г ёлки, пи́ли шампа́нское. В по́лночь поздравля́ли друг дру́га с Но́вым го́дом, жела́ли друг дру́гу сча́стья и дари́ли друг дру́гу пода́рки. Бы́ло так ве́село! До́лго пото́м друзья́ вспомина́ли ту новогóднюю ночь.

Но как встреча́ть Но́вый год в э́том году́? Это бу́дет их после́дний Но́вый год вме́сте. В бу́дущем году́ они́ уже́ не бу́дут вме́сте. Мо́жет быть, бу́дут рабо́тать далеко́ от Москвы́. Коне́чно, они бу́дут ду́мать друг о дру́ге, бу́дут вспомина́ть друг дру́га, бу́дут писа́ть друг дру́гу. В э́том году́ студе́нты в общежи́тии устра́ивают бал. Ка́ждому ну́жен бу́дет маскара́дный костю́м. По́сле ба́ла бу́дет ко́нкурс на лу́чший костю́м, бу́дут призы́. Но костю́м до́лжен быть интере́сным. Кто хо́чет идти́ на нового́дний бал в костю́ме Снегу́рочки и́ли Де́да Моро́за? Друзья́ мно́го спо́рят и, наконе́ц, реша́ют: пусть э́то бу́дет сюрпри́з. Пусть ка́ждый реша́ет сам, в како́м костю́ме идти́ на бал.

Како́е сего́дня число́?

ПИ́ТЕР: Како́е сего́дня число́?

СА́ША: Сего́дня два́дцать пе́рвое декабря́.

ПИ́ТЕР: Два́дцать пе́рвое декабря́? Че́рез четы́ре дня Рождество́!

СА́ША: Рождество́? На́ше Рождество́ седьмо́го января́!

ПИ́ТЕР: Седьмо́го января́? Везде́ в ми́ре пра́зднуют Рождество́ два́дцать пя́того декабря́.

СА́ША: Нет, не везде́! Правосла́вное Рождество́ седьмо́го января́.

ПИ́ТЕР: Но снача́ла мы бу́дем пра́здновать англи́йское Рождество́. Приглаша́ю тебя́ и Тама́ру ко мне на Рождество́. И на день рожде́ния!

СА́ША: На твой день рожде́ния? Спаси́бо! Тама́ра бу́дет

	о́чень ра́да! А где ты собира́ешься встреча́ть Но́вый год?
Пи́тер:	Ещё не зна́ю!
Са́ша:	Тогда́ приглаша́ю тебя́ к нам на Но́вый год!
Пи́тер:	С удово́льствием!

Слова́рь

бе́лый	white
везде́	everywhere
ве́село	merrily
вокру́г	around
вспомина́ть I друг дру́га	to remember one another
встре́ча	meeting
встреча́ть I Но́вый год	to see the New Year in
дари́ть II пода́рки	to give presents
да́ча	country house, dacha
Дед Моро́з и Снегу́рочка	Father Christmas and Snow-Maiden
день рожде́ния	birthday
друзья́	friends
ёлка	Christmas tree; Christmas party
жела́ть I сча́стья	to wish happiness
ко́нкурс на лу́чший костю́м	competition for the best fancy dress
лежать II	to lie
наконе́ц	at last
обсужда́ть I	to discuss
поздравля́ть I	to congratulate
по́лночь	midnight
посреди́	in the middle of
правосла́вный	Orthodox (rel.)
пра́здник	holiday, festival
пра́здновать I Рождество́	to celebrate Christmas
приз	prize
сам, сама́, само́, са́ми	myself, yourself, etc.
си́льный моро́з	hard frost
ска́зка	fairy tale
снача́ла	at first
спо́рить II	to argue
ста́рый	old
сюрпри́з	surprise
танцева́ть I (танцу́||ю, -ешь)	to dance
ти́хо	quiet; quietly
уже́ не	no longer
украша́ть I	to decorate
устра́ивать I бал	to arrange a ball
ую́тный	cosy
шампа́нское	champagne

с Но́вым го́дом!	Happy New Year!
с Рождество́м!	Happy Christmas!
с днём рожде́ния!	Happy Birthday!
Како́е сего́дня число́?	What is the date today?
в бу́дущем году́	next year
Пусть ка́ждый реша́ет сам!	Let everybody decide for himself!

Language in action

Сде́лайте вы́бор!
(You can make more than one choice!)

Вы лю́бите Но́вый год, потому́ что (э́то весёлый пра́здник, вам да́рят пода́рки, у вас кани́кулы?)
Вы собира́етесь встреча́ть Но́вый год (на балу́, в рестора́не, до́ма, в общежи́тии?)
В новогóднюю ночь (вы танцу́ете, пьёте шампа́нское, смо́трите телеви́зор?)
Вы идёте на бал (в костю́ме Де́да Моро́за, в дли́нном пла́тье, в кра́сном сви́тере, в маскара́дном костю́ме?)

Вопро́сы

Како́го числа́ Но́вый год?
Где друзья́ Мари́ны встреча́ли Но́вый год в про́шлом году?
Где нахо́дится да́ча Со́ни?
Кака́я была́ пого́да в день Но́вого го́да?
Как друзья́ встреча́ли Но́вый год?
Почему́ они́ хотя́т встреча́ть Но́вый год вме́сте в э́том году́?
Как они́ собира́ются встреча́ть Но́вый год?

Импровиза́ция

— Когда́ вы пра́зднуете Рождество́ в А́нглии и как?
— *Say when Christmas is celebrated in England. Explain that we buy a tree and decorate it, give one another presents. Describe some of the presents that you gave and received last year.*
— Я зна́ю, что у вас есть традицио́нный (*traditional*) рожде́ственский (*Christmas* adj.) обе́д.
— *Describe what you eat for Christmas dinner (***инде́йка** *'turkey';* **пу́динг** *'pudding') and what you drink with it.*
— И как вы встреча́ете Но́вый год?
— *Say that you often go to a New Year dance or party* (**ве́чер**). *Describe a typical New Year's Eve party with dancing, champagne, congratulations at midnight, etc.*

Новогóдняя откры́тка (*postcard*) от Сáши и Тамáры

Дорогóй Пи́тер!
Поздравля́ем тебя́ с Нóвым гóдом! Желáем тебé большóго счáстья, весёлого настроéния и успéха (*success*) в твоéй рабóте! Пусть в э́том годý испóлнятся (*come true*) все твои́ мечты́!
Тамáра, Сáша, И́рочка

Write in Russian your **новогóднюю (рождéственскую) откры́тку**.

Граммáтика

Future tense

The future tense of быть 'to be':

я	**бýду**	**мы**	**бýдем**
ты	**бýдешь**	**вы**	**бýдете**
он/онá/онó	**бýдет**	**они́**	**бýдут**

Form the future tense of the other Russian verbs you have encountered by combining the future tense of **быть** with the infinitive of the verb.

Игра́ть 'to play'

я	**бу́ду**	**игра́ть**	**мы**	**бу́дем**	**игра́ть**
ты	**бу́дешь**	**игра́ть**	**вы**	**бу́дете**	**игра́ть**
он/она́/оно́	**бу́дет**	**игра́ть**	**они́**	**бу́дут**	**игра́ть**

This is called the imperfective future. As there are only two types of future tense in Russian it is the equivalent of more than one English form. **Бу́дет игра́ть** may translate 'will be playing' or 'will play' – particularly when the latter refers to an habitual or repeated action.

Note how the future tense of **быть** is used in the following constructions.

Бу́дет интере́сно 'it will be interesting'.
Им на́до бу́дет рабо́тать 'they will have to work'.
Интере́сно and **на́до** are impersonal expressions, so are used with the third person singular ('it') form of **быть**.

Мы должны́ бу́дем пра́здновать Рождество́ 'We will have to celebrate Christmas'

Я должна́ бу́ду жить там 'I shall have to live there'.
The form of **до́лжен** changes to agree with the subjects **мы** and **я** and so does the form of **быть**.

Ка́ждому ну́жен бу́дет костю́м 'Everyone (each) will need a costume'.

Нам ну́жны бу́дут призы́ 'We will need prizes'.

The form of **ну́жен** agrees with subjects **костю́м** and **призы́** and so does the form of **быть**.

У них бу́дут призы́ 'They will have prizes'.

Призы́ is the subject of the Russian sentence, so the plural form **бу́дут** is used.

Не бу́дет пу́динга 'There will be no pudding'. **Не бу́дет** is the future tense of **нет** 'there is not' and is used in exactly the same way, i.e. followed by the genitive case.

Numerals

Cardinal numbers 1 — 30

one	**оди́н/одна́/одно́**	thirteen	**трина́дцать**
two	**два/две**	fourteen	**четы́рнадцать**
three	**три**	fifteen	**пятна́дцать**
four	**четы́ре**	sixteen	**шестна́дцать**
five	**пять**	seventeen	**семна́дцать**
six	**шесть**	eighteen	**восемна́дцать**
seven	**семь**	nineteen	**девятна́дцать**
eight	**во́семь**	twenty	**два́дцать**
nine	**де́вять**	twenty-one	**два́дцать оди́н/одна́/одно́**
ten	**де́сять**	twenty-two	**два́дцать два/две**
eleven	**оди́ннадцать**	twenty-three	**два́дцать три**
twelve	**двена́дцать**	thirty	**три́дцать**

Ordinal numbers 1st — 30th

Ordinal numbers have adjectival endings and agree with the noun they describe.

first	**пе́рвый -ая-ое-ые**	thirteenth	**трина́дцатый -ая-ое-ые**
second	**второ́й -ая-ое-ые**	fourteenth	**четы́рнадцатый -ая-ое-ые**
third	**тре́тий -ья-ье-ьи**	fifteenth	**пятна́дцатый -ая-ое-ые**
fourth	**четвёртый -ая-ое-ые**	sixteenth	**шестна́дцатый -ая-ое-ые**
fifth	**пя́тый -ая-ое-ые**	seventeenth	**семна́дцатый -ая-ое-ые**
sixth	**шесто́й -ая-ое-ые**	eighteenth	**восемна́дцатый -ая-ое-ые**
seventh	**седьмо́й -ая-ое-ые**	nineteenth	**девятна́дцатый -ая-ое-ые**
eighth	**восьмо́й -ая-ое-ые**	twentieth	**двадца́тый -ая-ое-ые**
ninth	**девя́тый -ая-ое-ые**	twenty-first	**два́дцать пе́рвый -ая-ое-ые**
tenth	**деся́тый -ая-ое-ые**	twenty-second	**два́дцать второ́й -ая-ое-ые**
eleventh	**оди́ннадцатый -ая-ое-ые**	thirtieth	**тридца́тый -ая-ое-ые**
twelfth	**двена́дцатый -ая-ое-ые**		

In compound numerals, e.g. **два́дцать пе́рвый** 'twenty-first' it is only the last element, i.e. **пе́рвый** which has the adjectival ending and agrees with the noun described. Earlier elements remain unchanged.

All the above are hard adjectives with the exception of **тре́тий**, which is a soft adjective although it does not follow exactly the same pattern as regular soft adjectives, such as **после́дний**. A table of endings is given in the Grammar Summary.

Dates

To ask the date in Russian you say: **Какóе сегóдня числó?** 'What is the date today?'. **Какóе** is the neuter form, agreeing with the neuter noun **числó** 'date'. A typical reply would be: **Сегóдня пéрвое декабря́** 'Today is the first of December'. The adjective **пéрвое** 'first' is in the neuter to agree with **числó** although the word **числó** is rarely actually included in the answer. 'Of' is translated by putting December into the genitive case. Note the following example: **двáдцать пéрвое декабря́** 'the twenty first of December'. In compound ordinal numbers only the last element is a proper ordinal with an adjectival ending. The preceding elements are simply cardinal numbers as in English.

To translate 'on' a date in Russian use the genitive of the date: **пéрвого декабря́** 'on the first of December'; **двáдцать пéрвого декабря́** 'on the twenty first of December'; **какóго числá?** 'on what date?'.

Expressions of time

Note the use of the accusative case after the prepositions **в** and **на** in the following expressions of time: **в ту ночь** 'on that night'; **в новогóднюю ночь** 'on New Year's Eve'; **в пóлночь** 'at midnight'; **на Нóвый год** 'at New Year', 'for New Year'; **на Рождествó** 'at Christmas', 'for Christmas'.

Spelling rule

It is a rule of spelling in Russian that the letters **я** and **ю** may NEVER follow the letters **г, к, х, ж, ч, ш, щ, ц**. They are replaced by **а** and **у** respectively. This spelling rule affects the endings of some verbs — see below.

Present tense of verbs

Second conjugation verbs with stems ending in -ч, -ж, -ш, -щ

лежáть 'to lie'

я	**лежý**	**мы**	**лежи́м**
ты	**лежи́шь**	**вы**	**лежи́те**
он/онá/онó	**лежи́т**	**они́**	**лежáт**

слы́шать 'to hear'

я	**слы́шу**	**мы**	**слы́шим**
ты	**слы́шишь**	**вы**	**слы́шите**
он/онá/онó	**слы́шит**	**они́**	**слы́шат**

Note the endings -**у** and -**ат** which result from the spelling rule.

Друг дру́га

Друг дру́га translates 'one another'. The first half never alters. The second half declines like the singular of the noun **друг** 'friend'. The case depends on the verb or preposition used with it. *Thus*:

> **Поздравля́ть** + *accusative* 'to congratulate someone': **они́ поздравля́ют друг дру́га** 'they congratulate one another'.
>
> **Писа́ть** + *dative* 'to write to someone': **они́ пи́шут друг дру́гу** 'they write to one another'.

If there is a preposition it is inserted between the two elements;

> **О** + *prepositional* 'about': **они́ бу́дут ду́мать друг о дру́ге** 'they will think about one another'.

Упражне́ния

1 Put these sentences first into the past and then into the future:

(a) Хо́лодно. Тепло́. Интере́сно. Жа́рко. Прекра́сно. Прохла́дно. Отли́чно.

(b) Я до́ма. Тама́ра до́ма. Они́ до́ма. В го́роде но́вая гости́ница. У него́ о́тпуск в ию́ле. У Мари́ны кани́кулы. Сего́дня мой день рожде́ния. Рождество́ два́дцать пя́того декабря́.

2 Put these sentences first into the past and then into the future:

Он встаёт и умыва́ется. Я живу́ в го́роде. Она́ интересу́ется спо́ртом. Они пра́зднуют Рождество́. Он ест мя́со и пьёт вино́. Стои́т си́льный моро́з. Идёт дождь. Он хорошо́ поёт. Они́ е́дут на по́езде. Они́ мно́го путеше́ствуют. Я иду́ домо́й.

3 Put **нет** first into the past and then into the future in these sentences:

У меня́ нет кни́ги. У него́ нет дру́га. В магази́не нет молока́. В э́том году́ нет сне́га. Его́ нет до́ма. У Мари́ны нет костю́ма. У неё нет газе́ты.

4 Put the sentences first into the past and then into the future:

(a) На́до чита́ть бы́стро. На́до говори́ть по-ру́сски. Мо́жно занима́ться спо́ртом. Пора́ идти́ на бал.

(b) Мари́не нужна́ кни́га. Ребёнку ну́жен све́жий во́здух. Пи́теру нужна́ гости́ница. Мне нужны́ газе́ты. Ему́ ну́жен дом. Нам нужна́ да́ча. Ей нужны́ журна́лы.

(c) Я до́лжен идти́ домо́й. Она́ должна́ рабо́тать в библиоте́ке. Студе́нты должны́ отдыха́ть. Ты до́лжен помога́ть мне. Вы должны́ занима́ться спо́ртом. Я не до́лжен е́хать на юг. Она́ не должна́ встава́ть ра́но сего́дня. Они́ не должны́ идти́ туда́.

5 Insert the following dates in the sentences: **Сего́дня ... мы е́дем в Москву́**.

For example: **(1.I.) Сего́дня пе́рвое января́. Пе́рвого января́ мы е́дем в Москву́.**

1. II; 2. III; 4. I; 5. IV; 6. V; 7. VI; 8. VII; 9. VIII; 10. IX; 25. X; 11. XI; 12. XII.

6 Complete the sentences

For example: **Са́ша лю́бит Тама́ру. Тама́ра лю́бит Са́шу. Они́ лю́бят друг дру́га.**

Я понима́ю тебя́. Ты понима́ешь меня́. Мы ...
Он говори́т с ней. Она говори́т с ним. Они́ ...
Он пи́шет письмо́ ей. Она́ пи́шет письмо́ ему́. Они́ ...
Пи́тер смо́трит на Мари́ну. Мари́на смо́трит на Пи́тера. Они́ ...
Я ду́маю о тебе́. Ты ду́маешь обо мне. Мы ...
Пи́тер помога́ет Са́ше, а Са́ша Пи́теру. Они́ ...
Ребёнок игра́л с ма́терью, а мать с ребёнком. Они́ ...

Перево́д

My favourite holiday is Christmas. Every year we celebrate Christmas at my grandmother's in the country. I like being there in winter, especially when it snows. Last year there was a lot of snow. It snowed for three days and everything was white. It was a real white Christmas and grandmother's house was so beautiful. This year we are planning to go to Italy for Christmas and New Year. We shall be skiing there and shall stay in a hotel in a small village. I have seen a photograph. It is very picturesque there. I think that we shall have a good holiday and that there will be plenty of snow.

10 Уро́к деся́тый

In this lesson you will learn how to:

- Hold a telephone conversation
- Make a date
- Use verbs of motion

Встре́ча на Арба́те

Ка́ждый день Пи́тер хо́дит на рабо́ту на Арба́т. Обы́чно он хо́дит пешко́м, но иногда́, когда́ на у́лице идёт си́льный дождь, он е́здит на авто́бусе. Пи́тер уже́ хорошо́ зна́ет Арба́т — ста́рый райо́н Москвы́. Он зна́ет, что сло́во Арба́т зна́чит по–ара́бски при́город. В пятна́дцатом ве́ке здесь был ры́нок, и шла торго́вля с Ара́вией. В настоя́щее вре́мя Арба́т — пе́рвая пешехо́дная зо́на столи́цы. Здесь нет движе́ния, и мо́жно споко́йно ходи́ть по у́лице. На Арба́те всегда́ мно́го молодёжи. Здесь поэ́ты чита́ют свои́ стихи́, ба́рды пою́т под гита́ру свои́ пе́сни. Пи́теру нра́вится атмосфе́ра на Арба́те. У него́ здесь уже́ есть знако́мые худо́жники. Вот идёт знако́мый худо́жник и несёт мольбе́рт. Сейча́с он бу́дет рисова́ть портре́ты. А вон идёт друго́й знако́мый. Он ведёт марионе́тку, и любопы́тные мальчи́шки бегу́т за ним. Вот так ка́ждый день, с утра́ до ве́чера он хо́дит по Арба́ту, во́дит свою́ марионе́тку, и мальчи́шки бе́гают за ним. А вот и тре́тий: высо́кий худо́жник с бородо́й. Обы́чно он во́зит свои́ карти́ны на велосипе́де, но сего́дня везёт их в де́тской коля́ске.

«Как дела́?» — спра́шивает Пи́тер у худо́жника. «Пло́хо, — говори́т худо́жник, — здесь не покупа́ют мои́ карти́ны!» Пи́теру нра́вятся карти́ны э́того худо́жника, осо́бенно се́рия «Ста́рая Москва́». Пи́тер идёт да́льше, но вдруг остана́вливается. Незнако́мый худо́жник рису́ет де́вушку. Де́вушка ка́жется Пи́теру знако́мой. Де́вушка смо́трит на него́ и улыба́ется. Пи́тер вдруг вспомина́ет: коне́чно, он лете́л с ней на самолёте в Москву́. Э́то же Мари́на! Пра́вда, с тех пор он уже́ два ра́за лета́л в Ло́ндон, но он хорошо́ по́мнит свой пе́рвый прие́зд: э́то бы́ло три ме́сяца наза́д. Вре́мя лети́т так бы́стро.

Телефо́нный разгово́р

ПИ́ТЕР: Алло́! Скажи́те, пожа́луйста, э́то общежи́тие МГУ? Мо́жно Мари́ну к телефо́ну?
ГО́ЛОС (*voice*): Нет, э́то кварти́ра. А како́й но́мер вам ну́жен?
ПИ́ТЕР: Мне ну́жен но́мер 105–36–23.
ГО́ЛОС: А э́то 105–36–24.
ПИ́ТЕР: Извини́те, пожа́луйста! (*dials again*) Мари́ну мо́жно к телефо́ну?
МАРИ́НА: Да, я слу́шаю! Мари́на у телефо́на!
ПИ́ТЕР: Мари́на! Э́то Пи́тер! Как у тебя́ дела́?
МАРИ́НА: Прекра́сно!
ПИ́ТЕР: Ты сего́дня свобо́дна? Здесь в кино́ идёт фильм «Ма́ленькая Ве́ра».
МАРИ́НА: Ой! Как жаль! Я мно́го слы́шала об э́том фи́льме. Но я о́чень за́нята. За́втра у меня́ семина́р. Но послеза́втра я свобо́дна.
ПИ́ТЕР: Хорошо́! Тогда́ до за́втра!
МАРИ́НА: Нет, до послеза́втра!

Слова́рь

Ара́вия Arabia
бард bard
бе́гать I/ бежа́ть to run
борода́ beard
вдруг suddenly
вози́ть II/ везти́ I to take, drive (by vehicle)
век century
велосипе́д bicycle
води́ть II/вести́ I to lead, guide (on foot)
вон (over) there
высо́кий tall, high
да́льше further
движе́ние traffic
де́тская коля́ска pram
е́здить II to go (by vehicle), ride
за́втра tomorrow; **после~** the day after tomorrow
за́нятый busy
знако́мый (*adj*) familiar; (as noun) acquaintance, friend

каза́ться I (+ *inst*)	to seem	**пешехо́дная зо́на**	pedestrian zone
ка́жется		**по́мнить II**	to remember
лета́ть I/ лете́ть II	to fly	**прие́зд**	arrival
		ры́нок	market
любопы́тный	curious	**сейча́с**	now
мальчи́шка	boy, urchin	**сло́во**	word
марионе́тка	puppet	**слы́шать II**	to hear
молодёжь (*f*)	young people	**стихи́**	poetry
мольбе́рт	easel	**столи́ца**	capital
носи́ть II/нести́ I	to carry (on foot)	**торго́вля**	trade
остана́вли-ваться I	to stop	**улыба́ться I**	to smile
		ходи́ть II	to go (on foot), walk
пе́сня	song		
петь I (по||ю́, -ёшь) под гита́ру	to sing to a guitar accompaniment		

в настоя́щее вре́мя	at present
с утра́ до ве́чера	from morning till night
с тех пор	since then
на у́лице	outside
До за́втра!	till tomorrow
Как (иду́т) дела́?	How are the things?
Как жаль!	What a pity!

Language in action

Да или нет!

В пятна́дцатом ве́ке на Арба́те был(а́) (пло́щадь, дере́вня, ры́нок?)
Пешехо́дная зо́на зна́чит, что там мо́жно (е́здить на маши́не, ходи́ть по у́лице, игра́ть в футбо́л?)
Пи́тер лю́бит Арба́т, потому́ что там (мно́го молодёжи, хоро́шая атмосфе́ра, у него́ знако́мые худо́жники?)
На Арба́те худо́жники (пою́т пе́сни, чита́ют стихи́, рису́ют портре́ты, продаю́т карти́ны?)

Вопро́сы

Что тако́е Арба́т?
Почему́ молодёжь лю́бит Арбат?
Что де́лают худо́жники на Арба́те?

Кого встречáет Пúтер на Арбáте?
У вас в гóроде есть пешехóдная зóна?
У вас есть знакóмые худóжники, музыкáнты, поэ́ты?

Импровизáция

Телефóнный разговóр

— *Say hello. Ask if it is the firm on the Arbat where Sasha Gurov works.*
— Нет, э́то магазúн ... Какóй нóмер вам нýжен?
— *Give a number.*
— А э́то 131–30–25.
— *Apologize. Dial again. Say hello. Ask to speak to Sasha.*
— Да я слýшаю. Сáша у телефóна.
— *Tell him who is speaking. Explain that you are flying to London tomorrow, that today is your last day in Moscow. Tell him there is a new restaurant on the Arbat. Everyone says it is very good. Ask him if he would like to go this evening.*
— С удовóльствием.

Граммáтика

Verbs of motion

In order to translate the present tense of a verb of motion (e.g. I go) into Russian you must make a choice between two verbs, dependent on the kind of action you wish to describe. These pairs of verbs include the following:

'to walk, go on foot'	(a) **ходúть** or (b) **идтú**
'to ride, go by vehicle'	(a) **éздить** or (b) **éхать**
'to carry'	(a) **носúть** or (b) **нестú**
'to lead'	(a) **водúть** or (b) **вестú**
'to convey'	(a) **возúть** or (b) **везтú**
'to run'	(a) **бéгать** or (b) **бежáть**
'to fly'	(a) **летáть** or (b) **летéть**

Conjugation of these verbs in the present tense

Ходúть, **éздить**, **водúть**, **возúть**, **носúть** and **летéть** are second conjugation verbs following the same or similar patterns to **сидéть** (see Chapter 6).

я хожу́, ты хо́дишь, он хо́дит, etc.; я е́зжу, ты е́здишь, он е́здит, etc.; я вожу́, ты во́дишь, он во́дит, etc.

вози́ть follows the same pattern with the **-з-** changing to **-ж-** in the first person singular: **я вожу́, ты во́зишь, он во́зит**, etc.

носи́ть changes the **-с-** to a **-ш-** in the first person singular: **я ношу́, ты но́сишь, он но́сит**, etc.

лете́ть changes the **-т-** to a **-ч-** in the first person singular: **я лечу́, ты лети́шь, он лети́т**.

Бе́гать and **лета́ть** are regular first conjugation verbs: **я бе́гаю, ты бе́гаешь, он бе́гает**, etc.; **я лета́ю, ты лета́ешь, он лета́ет**, etc.

Идти́ see Chapter 3, **е́хать** see Chapter 6.

Нести́, **вести́** and **везти́** are first conjugation verbs:

	нести́		**вести́**		**везти́**
я	**несу́**	**я**	**веду́**	**я**	**везу́**
ты	**несёшь**	**ты**	**ведёшь**	**ты**	**везёшь**
он/она́/оно́	**несёт**	**он/она́/оно́**	**ведёт**	**он/она́/оно́**	**везёт**
мы	**несём**	**мы**	**ведём**	**мы**	**везём**
вы	**несёте**	**вы**	**ведёте**	**вы**	**везёте**
они́	**несу́т**	**они́**	**веду́т**	**они́**	**везу́т**

Бежа́ть is an irregular verb:

я	**бегу́**	**мы**	**бежи́м**
ты	**бежи́шь**	**вы**	**бехи́те**
он/она́/оно́	**бежи́т**	**они́**	**бегу́т**

How to choose between ходи́ть and идти́

Ходи́ть is used for repeated journeys, particularly round trips such as going to work and back each day: **Ка́ждый день Пи́тер хо́дит на рабо́ту** 'Each day Peter goes to work'; **Э́тот ма́льчик хо́дит в шко́лу** 'This boy goes to school'.

Идти́ is used to describe an action taking place on one occasion: **Куда́ ты идёшь?** 'Where are you going?'; **Я иду́ на рабо́ту** 'I am going to work'.

Ходи́ть is also used if there is vagueness in the direction or destination: **С утра́ до ве́чера он хо́дит по Арба́ту** 'From morning to evening he walks up and down the Arbat'.

Идти́ is used to describe journeys going in a particular direction: **Сего́дня Пи́тер идёт не на рабо́ту, а в кафе́** 'Today Peter is not going to work but to a café'.

Ходи́ть is used for the ability to walk: **Моя́ до́чка уже́ хо́дит** 'My little daughter can already walk'.

The other verbs of motion

The (a) verbs, **е́здить, носи́ть**, etc., are used under the same circumstances as you would use **ходи́ть** i.e. for repeated round trips or journeys with no specific destination. The (b) verbs, **е́хать, нести́**, etc. are used under the same circumstances as you would use **идти́**, i.e. for single journeys and journeys going in one particular direction:

Пи́тер ча́сто лета́ет в Ло́ндон 'Peter often flies to London'. **Сего́дня он лети́т в Пари́ж** 'Today he is flying to Paris'.

Обы́чно он во́зит карти́ны на велосипе́де 'Usually he transports his pictures on a bicycle. **Сего́дня он везёт их в де́тской коля́ске** 'Today he is transporting them in a child's pram'.

Мой сын бе́гает о́чень бы́стро 'My son runs (can run) very quickly'. **Мальчи́шки бегу́т за ним** 'The boys are running after him.'

Figurative uses of verbs of motion

Verbs of motion are used in several figurative expressions. Usually, in a given expression, only the (a) or the (b) verb will ever be found: **дождь идёт** 'it is raining'; **снег идёт** 'it is snowing'; **вре́мя лети́т** 'time flies'; **дела́ иду́т отли́чно** 'things are going very well'; **идёт фильм** 'a film is on'; **шла торго́вля** 'trade took place'.

Verbs of motion in the past tense

The past tense of the following verbs is formed regularly: **ходи́ть, е́здить, носи́ть, води́ть, вози́ть, бе́гать, лета́ть, е́хать, бежа́ть, лете́ть.**
Irregular past tenses: **идти́: шёл, шла, шло, шли; нести́: нёс, несла́, несло́, несли́; вести́: вёл, вела́, вело́, вели́; везти́: вёз, везла́, везло́, везли́.**

In the past and the future tense and when using the infinitive the same differences between the use of the (a) and (b) type verbs are observed as in the present tense:

Ка́ждый день я е́здил на рабо́ту на авто́бусе 'Each day I went to work on the bus' (repeated round trip).

Пи́тер бы́стро шёл по у́лице к рестора́ну 'Peter was walking quickly along the street towards the restaurant'. (single occasion and direction)

Пи́тер уже́ два ра́за лета́л в Ло́ндон 'Peter has already flown to London twice'. **Пи́тер ча́сто бу́дет лета́ть в Ло́ндон** 'Peter will often fly to London'. **Пи́тер лю́бит ходи́ть по Арба́ту** 'Peter loves walking up and down the Arbat'. **Сейча́с он хо́чет идти́ в кафе́** 'Now he wants to go to a café'.

In the *past tense only* the (a) verb may be used to describe a single round trip: **Ма́ть уже́ ходи́ла в го́род** 'Mother has already been to town' **В про́шлом году́ я е́здила в Росси́ю** 'Last year I went to Russia'.

'To go' of vehicles

Ходи́ть/идти́ are used when trains, buses, boats, trams and other public transport are the subject: **Вот идёт по́езд** 'Here comes the train'.

Е́здить/е́хать are used when a car is the subject: **Вот е́дет маши́на** 'Here comes the car'.

Of course, if you are describing the action of a passenger on any kind of vehicle you always use **е́здить/е́хать**: **Мы е́хали на по́езде** 'We were going by train'.

Упражне́ния

1 Replace the (b) verbs of motion (**идти́, е́хать, нести́, везти́, вести́, бежа́ть, лете́ть**) with the equivalent (a) verbs (**ходи́ть, е́здить, носи́ть, вози́ть, води́ть, бе́гать, лета́ть**):

(a) Я иду́ в библиоте́ку и несу́ кни́ги. Она идёт на ры́нок и несёт молоко́. Мы идём на рабо́ту и несём инструме́нты. (b) Пи́тер е́дет на маши́не и везёт компью́теры. Я е́ду на по́езде и везу́ бага́ж. Они́ е́дут на авто́бусе и везу́т кни́ги. (c) Тама́ра ведёт И́рочку в бассе́йн. Я веду́ дочь в шко́лу. Роди́тели веду́т ребёнка гуля́ть. (d) Ма́льчик бежи́т за мячо́м. Мы бежи́м по ле́су. Они́ бегу́т че́рез стадио́н. (e) Я лечу́ на самолёте в Москву́. Ты лети́шь во Фра́нцию. Они летя́т на юг.

2 Now put both versions in the past.

3 Insert the appropriate verb of motion:

Пи́тер всегда́ ... на рабо́ту пешко́м, но сего́дня он ... на авто́бусе.
Ты уже́ ... в библиоте́ку? Да, я уже́ была́ там.
Моя́ дочь уже́ больша́я. Она́ сама́ ... в шко́лу.
Он до́лжен ча́сто ... в Москву́.
... си́льный дождь, когда́ Тама́ра ... И́рочку в де́тский сад.
Мы всегда́ ... молоко́ на ры́нок на маши́не.
За́втра мы ... в Ло́ндон на самолёте Аэрофло́та. Мы всегда́ ... Аэрофло́том.
Когда́ я ... пешко́м, я всегда́ ... пи́сьма на по́чту.
Он всегда́ ... мать на маши́не в больни́цу.
Спортсме́ны ... бы́стро.
Сего́дня Пи́тер ... Мари́ну в рестора́н. Они́ ... на метро́ до рестора́на.

Перево́д

1 We always go to Italy in summer, but this year we are going to Spain.
2 Today I am flying to Moscow. Do you often fly to Russia? No, I prefer to go by train.
3 He always walks to work in the morning because he says that the buses travel too slowly.
4 My friend often drives me home by car.
5 The students were going home. They were carrying books.
6 Peter does not want to go home for Christmas. He is going to the Caucasus to ski.
7 Sasha was running towards the train because he thought Tamara was there.
8 Every morning Sasha runs in the park. He likes running very much.
9 On Monday Tamara is taking Irochka to the baths.
10 My grandmother walks very slowly.

11 Уро́к одиннадцатый

In this lesson you will learn how to:

- Use a telephone
- Talk about education
- Use the perfective past and perfective future tenses

Наро́дное образова́ние

Уже́ четы́ре ме́сяца Мари́на собира́ет материа́лы для диссерта́ции, чита́ет журна́лы, посеща́ет ле́кции. Мно́го вре́мени Мари́на прово́дит в библиоте́ке, в отде́ле перио́дики. Там она́ просма́тривает журна́лы «Семья́ и шко́ла», «Наро́дное образова́ние», «Учи́тельскую газе́ту», составля́ет библиогра́фию.

За четы́ре ме́сяца Мари́на уже́ прочита́ла ну́жные статьи́, просмотре́ла все публика́ции по свое́й те́ме. На про́шлой неде́ле она́ посети́ла типи́чную сре́днюю шко́лу, где она прису́тствовала на уро́ке англи́йского языка́. Мари́ну интересу́ет преподава́ние иностра́нного языка́ в шко́ле, и ей о́чень понра́вился уро́к.

За́втра Мари́на идёт в специа́льную англи́йскую шко́лу, где преподаёт Гали́на Серге́евна. В э́той шко́ле не́которые предме́ты препода́ются на англи́йском языке́. Мари́на проведёт там весь день, познако́мится со шко́льной програ́ммой, с типи́чным расписа́нием ученика́, сама́ даст уро́к. Мари́на уже́ давно́ интересу́ется образова́нием, мо́жно сказа́ть с де́тства, когда́ она́ учи́лась в шко́ле и реши́ла поступи́ть в университе́т, что́бы стать учи́тельницей. Ей каза́лось, что ру́сская систе́ма образова́ния справедли́вая. Образова́ние беспла́тное, все де́ти име́ют ра́вные возмо́жности. Шко́ла даёт хоро́шие зна́ния. И вот тепе́рь газе́ты пи́шут, что на́до изменя́ть всю систе́му образова́ния. Одни́ говоря́т, что спосо́бные де́ти должны́ учи́ться отде́льно, други́е хотя́т восстанови́ть ча́стные пла́тные шко́лы. Шко́лы пережива́ют сейча́с тру́дное вре́мя.

Где телефо́н-автома́т?

ТУРИ́СТ: Де́вушка! Скажи́те, пожа́луйста, где здесь телефо́н-автома́т?

МАРИ́НА: Телефо́н-автома́т? Вон там, о́коло метро́.

ТУРИ́СТ: А вы не ска́жете, как звони́ть по автома́ту?

МАРИ́НА: Звони́ть по автома́ту? Э́то о́чень про́сто! У вас есть ме́лочь?

ТУРИ́СТ: Да, у меня́ мно́го ме́лочи.

МАРИ́НА: Тогда́ на́до опусти́ть моне́ту, набра́ть но́мер и ждать гудка́. Пото́м мо́жно разгова́ривать. А ку́да вы хоти́те звони́ть?

ТУРИ́СТ: Мне на́до позвони́ть в Ки́ев.

МАРИ́НА: В Ки́ев звони́ть отсю́да нельзя́. Вам на́до пойти́ на по́чту. Отту́да можно позвони́ть в друго́й го́род.

ТУРИ́СТ: Зна́чит звони́ть отсю́да в Ло́ндон то́же нельзя́?

МАРИ́НА: К сожале́нию, нет. На́до идти́ на по́чту.

Слова́рь

беспла́тный	free (of charge)
восстана́вливать I/ восстанови́ть II	to restore
давно́	for a long time, long since, long ago
дать (дам, дашь, даст, дади́м, дади́те, даду́т)	to give
знако́миться II (по– *pf*) (с + *inst*)	to get acquainted with
зна́ние	knowledge
изменя́ть I/ измени́ть II	to change
име́ть I ра́вные возмо́жности	to have equal opportunities
иностра́нный	foreign
наро́дное образова́ние	national education
не́который	some
нельзя́	it is impossible/ not allowed
одни́ ... други́е	some ... others
отде́л периo´дики	periodical section
пережива́ть/ пережи́ть I	to go through
пла́тный	paid
поступа́ть I/ поступи́ть II в (+ *acc*)	to enter
предме́т	subject

прису́тствовать I	to be present	**статья́**	article
просма́тривать I/ просмотре́ть II	to look through	**те́ма**	subject
		учен‖и́к, -и́ца	pupil (male, female)
расписа́ние	timetable		
составля́ть I библиогра́фию	to compile a bibliography	**учи́ться II**	to study
		отде́льно	separately
справедли́вый	just, fair	**ча́стный**	private
сре́дняя шко́ла	secondary school	**что́бы**	in order

Телефо́н!

вон там	over there
(по)звони́ть по телефо́ну	to telephone
набра́ть но́мер	to dial a number
опусти́ть моне́ту	to insert a coin
ждать гудка́	to wait for a tone
У вас есть мелочь?	Do you have change?

N.B. **по-мо́ему (по моему́ мне́нию)** in my opinion
по-ва́шему (по ва́шему мне́нию) in your opinion

Language in action

Да или нет!

В специа́льной англи́йской шко́ле (все предме́ты преподаю́тся на англи́йском языке́, де́ти говоря́т то́лько по-англи́йски, не́которые предме́ты преподаю́тся на англи́йском языке́?)
Мари́на интересу́ется образова́нием в Росси́и, потому́ что (систе́ма образова́ния там хоро́шая, у неё там ро́дственники, она́ хо́чет стать учи́тельницей?)
Шко́ла в Росси́и справедли́ва, потому́ что (она́ даёт отли́чные зна́ния, все де́ти име́ют ра́вные возмо́жности?)

Вопро́сы

Как Мари́на пи́шет свою́ диссерта́цию?

Что мóжно читáть в отдéле perióдики?
Что сдéлала Марúна за четы́ре мéсяца?
Какúе шкóлы посетúла Марúна?
Что такóе специáльная англúйская шкóла?
Почемý Марúна решúла стать учúтельницей?

Импровизáция

Интервью́ (*interview*) с дирéктором шкóлы

— *Introduce yourself as an English student in Moscow. Explain that you are writing a dissertation about education in Russia. May you ask* (**задáть**) *him/her questions about his/her school and about the education system?*
— Да, пожáлуйста.
— *Ask him/her if the school is a secondary school.*
— Нáша шкóла типúчная срéдняя шкóла.
— *Say that you know that there are also special English schools. Ask if the pupils have to speak English all the time and if all the subjects there are taught in English.*
— Нет, там тóлько нéкоторые предмéты преподаю́тся на англúйском языкé.
— *Ask him/her if they have problems in education in Russia.*
— Проблéмы сейчáс вездé, и в образовáнии тóже. Нужны́ рефóрмы. Нáдо изменя́ть систéму.
— *Ask which journals s/he recommends about education and where you can read them.*
— Я рекомендýю журнáлы «Семья́ и шкóла», «Нарóдное образовáние», и осóбенно «Учúтельскую газéту». В ней сейчас идёт дискýссия об образовáнии.
— *Say thank you very much, that the conversation has been very interesting. You would very much like to visit the school again and attend an English lesson.*
— Да, пожáлуйста, мы бýдем рáды вúдеть вас у нас в шкóле.

Вашá шкóла (анкéта)

1 В шкóле вы изучáете (изучáли) мнóгие предмéты (инострáнный язы́к, литератýра, истóрия, геогрáфия, биолóгия, фúзика, хúмия, математúка)?
2 Какóй (был) ваш любúмый предмéт и почемý?
3 Кто преподаёт (преподавáл) э́тот предмéт?

Choose the right institute (**театра́льный институ́т**, **университе́т**, **консервато́рия**, **медици́нский институ́т**, **архитекту́рный институ́т**):
По ва́шему мне́нию, куда́ на́до поступи́ть, что́бы стать (учи́телем, актёром, врачо́м, музыка́нтом, архите́ктором)?
Что́бы стать ... на́до поступи́ть в ...

Грамма́тика

Imperfective and perfective aspects

Each English infinitive has two equivalents in Russian. 'To read' can be translated either by **чита́ть** or **прочита́ть. Чита́ть** is called the imperfective infinitive or the infinitive of the imperfective aspect. All the verbs you have used so far have been imperfective. From the imperfective infinitive you can form the present tense, the imperfective past and the imperfective future:

чита́ть	present tense:	**чита́ю**, **чита́ешь**, **чита́ет**, etc.
	past tense:	**чита́л**, **чита́ла**, **чита́ло**, **чита́ли**
	future tense:	**бу́ду чита́ть**, **бу́дешь чита́ть**, etc.

Прочита́ть is called the perfective infinitive or the infinitive of the perfective aspect. From the perfective infinitive you can form the perfective past and the perfective future.

Formation of the perfective past

You form the perfective past in exactly the same way as the imperfective past, but by using the perfective infinitive, e.g.

прочита́ть	**я/ты/он**	**прочита́л**	'I read, have read, had read', etc.
	я/ты/она́	**прочита́ла**	
	оно́	**прочита́ло**	
	мы/вы/они́	**прочита́ли**	

Formation of the perfective future

The future tense is formed from a perfective infinitive in the same way that the present tense is formed from the imperfective infinitive, by using the familiar first or second conjugation endings, e.g.

прочита́ть 'to read' (perfective) 1st conjugation

я	**прочита́ю**	I shall read, shall have read, etc.	**мы прочита́ем**
ты	**прочита́ешь**		**вы прочита́ете**
он/она́/оно́	**прочита́ет**		**они́ прочита́ют**

измени́ть 'to change' (perfective) 2nd conjugation

я	**изменю́**	I shall change, shall have changed, etc.	**мы изме́ним**
ты	**изме́нишь**		**вы изме́ните**
он/она́/оно́	**изме́нит**		**они́ изме́нят**

Imperfective and perfective pairs

The two verbs are usually very similar. The two commonest ways in which perfective verbs differ from their imperfective partners are (a) by the addition of a prefix or (b) by internal modification.

(a) Some common perfectives with prefixes

The perfective future of these verbs will be conjugated in the same way as the present tense but with the addition of the prefix.

Imperfective	*Perfective*
пить	**вы́пить**
писа́ть	**написа́ть**
рисова́ть	**нарисова́ть**
ду́мать	**поду́мать**
за́втракать	**поза́втракать**
знако́миться	**познако́миться**
обе́дать	**пообе́дать**
сове́товать	**посове́товать**
смотре́ть	**посмотре́ть**
стро́ить	**постро́ить**
гото́вить	**пригото́вить**
чита́ть	**прочита́ть**
де́лать	**сде́лать**
есть	**съесть**
фотографи́ровать	**сфотографи́ровать**
ви́деть	**уви́деть**

(b) Some common imperfective/perfective pairs which differ as a result of internal modification

These include a large number of pairs where the imperfective ends in the suffix **-ать** or **-ять** and is 1st conjugation and the perfective ends in **-ить** or **-еть** and is 2nd conjugation. The first group of examples below follows this pattern.

Imperfective	*Perfective*	
вспомина́ть	**вспо́мнить**	**(вспо́мню, вспо́мнишь ... вспо́мнят)**
встреча́ть	**встре́тить**	**(встре́чу, встре́тишь ... встре́тят)**

изменя́ть	**измени́ть**	**(изменю́, изме́нишь ... изме́нят)**
изуча́ть	**изучи́ть**	**(изучу́, изу́чишь ... изу́чат)**
поздравля́ть	**поздра́вить**	**(поздра́влю, поздра́вишь ... поздра́вят)**
покупа́ть	**купи́ть**	**(куплю́, ку́пишь ... ку́пят)**
посеща́ть	**посети́ть**	**(посещу́, посети́шь ... посетя́т)**
приглаша́ть	**пригласи́ть**	**(приглашу́, пригласи́шь ... приглася́т)**
реша́ть	**реши́ть**	**(решу́, реши́шь ... реша́т)**
украша́ть	**укра́сить**	**(укра́шу, укра́сишь ... укра́сят)**
встава́ть	**встать**	**(вста́ну, вста́нешь ... вста́нут)**
надева́ть	**наде́ть**	**(наде́ну, наде́нешь ... наде́нут)**
одева́ться	**оде́ться**	**(оде́нусь, оде́нешься ... оде́нутся)**
принима́ть	**приня́ть**	**(приму́, при́мешь ... при́мут)**
просма́тривать	**просмотре́ть**	**(просмотрю́, просмо́тришь ... просмотря́т)**
собира́ть	**собра́ть**	**(соберу́, соберёшь ... соберу́т)**
станови́ться	**стать**	**(ста́ну, ста́нешь ... ста́нут)**
умыва́ться	**умы́ться**	**(умо́юсь, умо́ешься ... умо́ются)**
дава́ть	**дать**	(see below for conjugation)
продава́ть	**прода́ть**	(see below for conjugation)

Perfective future of **дать** 'to give'

я	**дам**	**мы**	**дади́м**
ты	**дашь**	**вы**	**дади́те**
он/она́/оно́	**даст**	**они́**	**даду́т**

прода́ть follows the same pattern as **дать**

Note also the verb **говори́ть**:

Imperfective	*Perfective*
говори́ть (to say, tell)	**сказа́ть (скажу́, ска́жешь ... ска́жут)**
говори́ть (to talk, speak)	**поговори́ть**

Differences in usage between the imperfective and perfective aspects

Imperfective aspect

(a) Habitual or repeated action:

Я смотре́ла ру́сский телеви́зор ка́ждый день 'I watched/used to watch Russian television every day'. **Мари́на ча́сто бу́дет дава́ть уро́ки в англи́йской шко́ле** 'Marina will often give/often be giving lessons at the English school'.

(b) Unfinished or continuous action:

Пи́тер смотре́л телеви́зор 'Peter was watching television'. **Мари́на весь год бу́дет рабо́тать над диссерта́цией** 'Marina will be working on her dissertation the whole year'.

(c) Emphasis on the process of an action:
Он лю́бит смотре́ть телеви́зор 'He loves to watch/watching television'.

(d) After certain verbs:
After the verbs **начина́ть** 'to begin'; **конча́ть** 'to finish'; **продолжа́ть** 'to continue' the imperfective infinitive is always used: **Мари́на начина́ет собира́ть материа́лы для диссерта́ции** 'Marina is beginning to collect material for her dissertation'.

Perfective aspect

(a) Single actions with the emphasis on completion or result:
Мари́на прочита́ла ну́жные статьи́ 'Marina has read the necessary articles'. Note: this could also mean 'Marina had read the necessary articles', dependent on the context, as there is no pluperfect past in Russian. **За́втра Мари́на даст уро́к** 'Tomorrow Marina will give a lesson'. **Я хочу́ прочита́ть э́ту кни́гу** 'I want to read (finish reading/read to the end) this book'.

(b) A series of actions, each one completed before the next one starts: **Я вста́ла, приняла́ душ и оде́лась** 'I got up, took a shower and dressed'.

(c) The start of an action:
Certain verbs, e.g. **хоте́ть** 'to want', have a perfective formed with the prefix **за-**, which is only used to convey the sense of initiating the action: **он захоте́л** 'he conceived the desire/started to want'.

(d) An action performed for a limited period of time:
Many verbs, e.g. **сиде́ть**, have a perfective formed with the prefix **по-**, which gives the meaning 'to do (something) for a while': **Он посиде́л в па́рке** 'He sat in the park for a while'.

Verbs of motion

For verbs of motion use the perfectives formed by adding the prefix **по-** to the (b) verb: **пойти́**, **пое́хать**, **понести́**, **повести́**, **повезти́**, **побежа́ть**, **полете́ть**. Note the perfective future of **пойти́**: **я пойду́, ты пойдёшь**, etc. The other perfectives follow the same conjugation pattern as the equivalent (b) verbs.

Present tense to describe actions begun in the past

Note the translation of the present tense **собира́ет** in the following sentence: **Уже́ четы́ре ме́сяца Мари́на собира́ет материа́лы для диссерта́ции** 'Marina has already been collecting material for her dissertation for four months'. To describe an action which began in the past but is still going on in the present, Russian, unlike English, uses the present tense. This kind of construction is often found with **давно́** 'long since, for a long time, long ago': **Мари́на уже́ давно́ интересу́ется образова́нием** 'Marina has been interested in education for a long time'.

Что́бы

Что́бы followed by an infinitive means 'in order to, so as to': **Мари́на реши́ла поступи́ть в университе́т, что́бы стать учи́тельницей** 'Marina decided to enter university (in order) to become a teacher'. **Что́бы** must be used here even though 'in order' is frequently omitted in English.

Нельзя́

Нельзя́ is an impersonal expression meaning 'one may not/one cannot'. It is generally used with the imperfective infinitive in the sense of 'it is forbidden' and with the perfective infinitive in the sense of 'it is impossible': **нельзя́ посеща́ть шко́лу** 'it is forbidden to (one may not) visit the school'; **нельзя́ посети́ть шко́лу** 'it is impossible (one cannot) visit the school'.

Упражне́ния

1 Replace the imperfective with the perfective future:

Я бу́ду писа́ть письмо́. Я бу́ду чита́ть кни́гу. Он бу́дет рисова́ть карти́ну. Она́ бу́дет гото́вить обе́д. Ты бу́дешь фотографи́ровать Москву́. Вы бу́дете за́втракать в буфе́те. Она́ бу́дет есть пирожо́к. Он бу́дет пить ко́фе. Мари́на бу́дет знако́миться с но́вой програ́ммой. За́втра мы бу́дем обе́дать в рестора́не.

2 Replace the imperfective with the perfective past:

Мари́на собира́ла материа́лы. Са́ша встава́л ра́но у́тром. Она́ изуча́ла пробле́му. Они́ посеща́ли шко́лу. Мы встреча́ли её на у́лице. Пи́тер покупа́л во́дку в магази́не. Худо́жник продава́л карти́ну. Са́ша станови́лся хоро́шим архите́ктором. Он умыва́лся холо́дной водо́й. Они поздравля́ли его́ с днём рожде́ния. Он вспомина́л своё де́тство.

3 Complete the sentences using the verbs in brackets in an appropriate tense and aspect:

Он всегда́ ... мне четы́ре рубля́, а сего́дня он...мне два рубля́. (дава́ть-дать)
Я всегда́ ... ба́бушку в больни́це, за́втра я то́же ... её. (посеща́ть–посети́ть)
Я весь день ... кни́гу, за́втра я ... её до конца́. (чита́ть-прочита́ть)
Я всегда́ ... «Огонёк» в гости́нице, а вчера́ я ... его́ в метро́. (покупа́ть-купи́ть)
Са́ша обы́чно ... ра́но и ... на ре́ку. Сего́дня он то́же ... ра́но и ... на ре́ку. (встава́ть-встать, идти́-пойти́)
Мы всегда́ ... Пи́тера на Арба́те, но сего́дня мы ... его́ на Кра́сной пло́щади. (встреча́ть-встре́тить)

Перево́д

1 I was watching television all day.
2 In the morning she finally wrote a letter to her mother.
3 Peter was walking along the Arbat when he suddenly saw Marina. She was talking to a young artist.
4 Marina has already collected all the material for her thesis.
5 Last week she visited a school in Moscow and liked it very much.
6 Tomorrow she will give a lesson in a Russian school.
7 Did you like this film? Yes, I liked it very much.
8 Sasha invited Peter to the football match. They decided to go to the café first.
9 I think Marina will become an excellent teacher.

12 Уро́к двена́дцатый

In this lesson you will learn how to:

- Talk about the press
- Form nominative, accusative and genitive plurals
- Use the imperative
- Use adjectives with numerals
- Ask questions using **ли**

Что вы́писать?

Ка́ждый год Петро́вы выпи́сывают журна́лы и газе́ты, и ка́ждый год в семье́ иду́т спо́ры, что лу́чше вы́писать. В э́том году́ спо́ров осо́бенно мно́го. Де́ло в том, что у люде́й тепе́рь большо́й вы́бор, но це́ны на газе́ты и журна́лы высо́кие, и ну́жно мно́го де́нег, что́бы вы́писать всё, что они́ выпи́сывали ра́ньше. Как и большинство́ москвиче́й, Петро́вы выпи́сывали мно́го газе́т и журна́лов. Не́которые из них интересу́ют и роди́телей, и дете́й, как наприме́р, ежедне́вная газе́та «Изве́стия», но́вая «Незави́симая газе́та», еженеде́льники «Литерату́рная газе́та» и «Огонёк», ежеме́сячный журна́л «Но́вый мир». Все они́ о́чень интере́сны, и у них ма́сса чита́телей. В них всегда́ мо́жно найти́ мно́го информа́ции об иску́сстве и культу́ре, о поли́тике и эконо́мике, о жи́зни за рубежо́м. От э́тих изда́ний Петро́вы не отка́жутся. Не мо́гут они́ отказа́ться и от еженеде́льника «Семь дней». В нём обзо́р всех переда́ч по ра́дио и телеви́зору, всех фи́льмов и сериа́лов. Та́ня и Ди́ма хотя́т вы́писать свою́ люби́мую газе́ту «Комсомо́льская пра́вда». Та́ня мечта́ет о журна́ле «Нау́ка и жизнь». А как быть Гали́не Серге́евне и Алексе́ю Ива́новичу? Алексе́й Ива́нович всегда́ получа́л «Медици́нскую газе́ту» для враче́й, а Гали́на Серге́евна — «Учи́тельскую газе́ту». И ра́зве мо́жет Гали́на Серге́евна прожи́ть без своего́ люби́мого журна́ла «Здоро́вье», без его́ поле́зных сове́тов и реце́птов?

Я рекоменду́ю газе́ту

ПИ́ТЕР: Са́ша, посове́туй, каку́ю газету мне вы́писать!
СА́ША: Это зави́сит от того́, что тебя́ интересу́ет.
ПИ́ТЕР: Ты же зна́ешь, меня́ интересу́ет би́знес и информа́ция о Росси́и.
СА́ША: Тогда́ вы́пиши журна́л «Деловы́е лю́ди». Слу́шай, кака́я у него́ рекла́ма: «Журна́л «Деловы́е лю́ди» помо́жет вам найти делово́го партнёра, помо́жет созда́ть совме́стное предприя́тие».
ПИ́ТЕР: Да, ты прав. Журна́л, ка́жется, интере́сный. А каку́ю газе́ту ты рекоменду́ешь?
СА́ША: Ты делово́й челове́к. А у деловы́х люде́й ма́ло вре́мени. Поэ́тому рекоменду́ю газе́ту «Аргуме́нты и фа́кты». Это коро́ткая газета. В ней то́лько шесть коро́тких страни́ц, но мно́го информа́ции.
ПИ́ТЕР: Хорошо́! Вы́пишу «Деловы́е лю́ди» и «Аргуме́нты и фа́кты».

Слова́рь

большинство́	majority
выпи́сывать I/ вы́писать	to subscribe
делово́й партнёр	business partner
де́ньги	money
ежедне́вный	daily
еженеде́льник (*n*), **еженеде́льный** (*adj*)	weekly
ежеме́сячный	monthly
жизнь за рубежо́м	life abroad
зави́сеть II от (+ *gen*)	to depend on
изда́ние	publication, edition
иску́сство	art
коро́ткий	short
нау́ка	science
незави́симый	independent
не́сколько	several
обзо́р	review
отка́зываться/ отказа́ться I (откаж‖у́сь, -ешься) от (+ gen)	to refuse, turn down
переда́ча	broadcast
поле́зный сове́т	useful advice
получа́ть I/ получи́ть II	to receive
прав, права́, etc.	right, correct
прожи́ть	to survive
рекла́ма	advertising
созда́ть (*pf*) **совме́стное предприя́тие**	to create a joint enterprise
спор	argument
цена́	price
чита́тель (*m*)	reader

Де́ло в том, что	The point is, that
Как мне быть?	What am I to do?
Как быть Гали́не Серге́евне?	What is Galina Sergeevna to do?
Ра́зве мо́жет она́ прожи́ть?	Can she really survive?

Some Popular Russian Magazines and Journals

Газе́ты: Изве́стия (*News*), **Моско́вские но́вости, Незави́симая газе́та, Литерату́рная газе́та, Комсомо́льская пра́вда, Аргуме́нты и фа́кты, Учи́тельская газе́та, Медици́нская газе́та, Вече́рняя Москва́, За рубежо́м, Неде́ля, Семь дней Журна́лы: Но́вое вре́мя, Огонёк, Но́вый мир, Нау́ка и жизнь, Здоро́вье** (*Health*), **Семья́ и шко́ла, Столи́ца, Ю́ность** (*Youth*).

Language in action

Вопро́сы

Каки́е газе́ты и журна́лы выпи́сывают Петро́вы?
Почему́ Петро́вы выпи́сывают э́ти газе́ты и журна́лы?
Почему́ Петро́вы выпи́сывают еженеде́льник «Семь дней»?
Что хотя́т вы́писать Та́ня и Ди́ма?
Каки́е газе́ты получа́ют Гали́на Серге́евна и Алексе́й Ива́нович?
Почему́ Гали́на Серге́евна выпи́сывает журна́л «Здоро́вье»?
Почему́ Пи́тер реша́ет вы́писать «Деловы́е лю́ди»?
Что мо́жно найти́ в газе́те «Аргуме́нты и фа́кты»?

Опро́с (*questionnaire*) **по англи́йской пре́ссе**
(put all English titles into the Russian alphabet)

1 **Получа́ете ли вы ежедне́вную газе́ту?** ... **Каку́ю?** ....
2 **Ско́лько журна́лов вы покупа́ете в ме́сяц?** ...**Каки́е?** ....
....
3 **Кака́я ва́ша люби́мая газе́та?** ....
4 **Како́й ваш люби́мый журна́л?** ....
5 **Чита́ете ли вы воскре́сную газе́ту?** .... **Каку́ю?** ....
6 **Кака́я информа́ция вас интересу́ет?** .... **спорт** ....
жизнь за рубежо́м .... **поли́тика** .... **эконо́мика**.......
культу́рная жизнь .... **иску́сство** .... **ку́хня** ....
би́знес .... **нау́ка** .... **здоро́вье**.........
7 **Чита́ете ли вы рекла́му?**...
8 **Получа́ете ли вы еженеде́льник «Что идёт по телеви́зору»?**
....
9 **Поле́зен ли он для вас?**..
10 **Не ду́маете ли вы, что цены́ на газе́ты и журна́лы сли́шком высо́кие?** ....

Импровиза́ция

— *Say that you want to subscribe to some Russian newspapers and magazines. Ask for advice.*
— Это зави́сит от ва́ших интере́сов.
— *Say that you are interested in literature and culture.*
— Я рекоменду́ю «Литерату́рную газе́ту» и журна́л «Но́вый мир».
— *Explain that for your work you have to read information about Russia, about economics and politics but you do not have time to read much.*
— Тогда́ я сове́тую вы́писать газе́ту «Аргуме́нты и фа́кты». В ней ма́сса фа́ктов и информа́ции.
— *Ask if there is a paper which gives information about television and radio.*
— Да, в газе́те «Семь дней» обзо́р всех переда́ч по ра́дио и телеви́зору.
— *Say that, of course, your main* (**гла́вный**) *interest is not literature, economics, politics or television but sport.*
— Е́сли вас интересу́ет спорт, вы мо́жете вы́писать журна́л «Спорт».
— *Say thank you for the advice and state which papers you will subscribe to.*

Что сего́дня по телеви́зору?

ПЕ́РВЫЙ КАНА́Л
6.00 Но́вости
6.30 У́тренняя гимна́стика
9.00 Де́тский час «В ми́ре ска́зки»
10.15 Документа́льный фильм «Легко́ ли быть молоды́м?»
14.00 Клуб путеше́ственников
14.50 Мультфи́льм «Семь бра́тьев»
19.30 Чемпиона́т Евро́пы по футбо́лу
21.00 Но́вости
21.30 Худо́жественный (*feature*) фильм «Э́то бы́ло у мо́ря»
23.00 Музыка́лный час
24.00 Прогно́з пого́ды на за́втра

КАНА́Л «РОССИ́Я»
8.00 Ве́сти (*news*)
8.20 Вре́мя деловы́х люде́й
9.30 Испа́нский язы́к
11.00 Мультфи́льм (*cartoon*) «Ви́нни Пух»
14.00 Документа́льный фильм «Моско́вский Кремль»
15.00 Ша́хматная шко́ла
19.00 Наш сад
19.55 Рекла́ма
20.00 Ве́сти
20.20 Чемпиона́т по те́ннису
21.30 Телесериа́л «Инспе́ктор Морс»
23.00 Музыка́льная програ́мма

1 Каки́е програ́ммы вы предпочита́ете?
2 Что вы хоти́те смотре́ть по пе́рвому кана́лу, по кана́лу «Росси́я»?
3 Кака́я э́то програ́мма? О чём она́?

Грамма́тика

Nominative plural

Masculine nouns endings in a consonant and feminine nouns ending in **-а** usually take the nominative plural ending **-ы**: **журна́л — журна́лы**; **газе́та — газе́ты**.

Note the stress change: **сестра́ — сёстры**. The stress on several two-syllable nouns moves to the first syllable in the plural.

Nouns affected by the spelling rule take the ending **-и**: **па́мятник — па́мятники**; **переда́ча — переда́чи**.

Masculine nouns ending in **-й** and feminine nouns ending in **-я** and both masculine and feminine nouns ending in **-ь** also have their plural in **-и**: **музе́й — музе́и**; **неде́ля — неде́ли**; **чита́тель — чита́тели**; **но́вость — но́вости**; **мать — ма́тери**; **дочь — до́чери**.

Do not forget that some masculine nouns drop the vowel **о**, **е** or **ё** from the last syllable of the nominative singular when other endings are added: **день — дни**; **оте́ц — отцы́**; **пирожо́к — пирожки́**.

Neuter nouns ending in **-о** take the nominative plural ending **-а** and neuter nouns ending in **-е** take the plural ending **-я**: **окно́ — о́кна**; **изда́ние — изда́ния**.

Neuter nouns ending in **-мя** take the ending **-ена**: **и́мя — имена́**.

Some masculine nouns have an irregular nominative plural ending in **-а́**: **дом — дома́**; **а́дрес — адреса́**; **ве́чер — вечера́**; **дире́ктор — директора́**; **лес — леса́**; **го́род — города́**. The plural of **учи́тель** is **учителя́**.

Some masculine and neuter nouns have an irregular nominative plural in **-ья**: **брат — бра́тья**; **стул — сту́лья**; **друг — друзья́**; **де́рево — дере́вья**.

Masculine nouns ending in **-анин**, **-янин** usually end in **-ане**, **-яне** in the nominative plural: **англича́нин — англича́не**.

Лю́ди is used as the plural of **челове́к** and **де́ти** is used as the plural of **ребёнок**.

Some words which are nouns in English, like **ва́нная** 'bathroom', are adjectives in Russian and thus form their plurals in the same way as adjectives: **ва́нная — ва́нные**.

Genitive plural

Masculine nouns

Most nouns ending in a consonant take the genitive plural ending **-ов**: **журна́л — журна́лов**. This ending may be affected by one of the rules of spelling: **ме́сяц — ме́сяцев**. Contrast **оте́ц — отцо́в**; **дворе́ц — дворцо́в** where the ending is stressed.

Nouns ending in **ж, ч, ш, щ** take the genitive plural ending **-ей**; **москви́ч — москвиче́й**.

Nouns ending in **-й** take the ending **-ев** or **-ёв** if the ending is stressed: **музе́й — музе́ев**; **слой** 'layer' — **слоёв**.

Nouns ending in **-ь** take the ending **-ей**: **жи́тель — жи́телей**.

The genitive plural of **англича́нин** is **англича́н**.

Note the following irregular genitive plurals:

Nominative singular	Nominative plural	Genitive plural
брат	**бра́тья**	**бра́тьев**
стул	**сту́лья**	**сту́льев**
друг	**друзья́**	**друзе́й**
сын	**сыновья́**	**сынове́й**
ребёнок	**де́ти**	**дете́й**
раз	**разы́**	**раз**
—	**де́ньги**	**де́нег**
—	**кани́кулы**	**кани́кул**
челове́к	**лю́ди**	**люде́й**

Note, however, that after numerals taking the genitive plural, **ско́лько** and **не́сколько** the form **челове́к** is used as the genitive plural: **пять челове́к**.

Feminine nouns

Nouns ending in -**а** remove the -**а**: **переда́ча** — **переда́ч**; **газе́та** — **газе́т**. Nouns ending in -**я** replace it by -**ь**: **неде́ля** — **неде́ль**.

Sometimes a vowel (**о**, **е**, **ё**) is inserted between the last two consonants: **студе́нтка** — **студе́нток**; **де́вушка** — **де́вушек**.

Nouns ending in -**ня** generally do not have a soft sign in the genitive plural: **пе́сня** — **пе́сен**. But note: **дере́вня** — **дереве́нь**; **ку́хня** 'kitchen' — **ку́хонь**.

Nouns ending in -**ь** take the ending -**ей**: **но́вость** — **новосте́й**; **мать** — **матере́й**; **дочь** — **дочере́й**.

Nouns ending in -**ея** take the ending -**ей**: **иде́я** — **иде́й**. Note also: **статья́** — **стате́й**; **семья́** — **семе́й**.

Nouns ending in -**ия** take the ending -**ий**: **се́рия** — **се́рий**.

Neuter nouns

Nouns ending in -**о** remove the -**о**: **де́ло** — **дел**; **о́зеро** — **озёр**.

Sometimes a vowel is inserted between the last two consonants: **окно́** — **о́кон**; **письмо́** — **пи́сем**; **кре́сло** — **кре́сел**.

Nouns ending in -**е** take the ending -**ей**: **мо́ре** — **море́й**.

Nouns ending in -**ие** take the ending -**ий**: **изда́ние** — **изда́ний**.

Nouns ending in -**мя** take the ending -**ён**: **и́мя** — **имён**.

Note: **де́рево** — **дере́вьев**.

Accusative plural

The accusative plural of inanimate nouns is the same as the nominative. The accusative plural of animate nouns is the same as the genitive.

Genitive plural of adjectives

The genitive plural for all three genders is -**ых** for hard adjectives and -**их** for soft adjectives: **типи́чных**; **после́дних**.

Some mixed adjectives also take the ending -**их** as a result of the spelling rule: **ру́сских**, **хоро́ших**.

Adjectives used with plural animate accusative nouns will also end in **-ых/-их**: **Он зна́ет молоды́х англича́н** 'He knows the young Englishmen'.

Plurals of possessives, э́тот, тот and весь

All Genders

Nom. Sing.	Nom. Plural	Acc. Plural	Gen. Plural
мой/моя́/моё	**мои́**	**мои́/мои́х**	**мои́х**
твой/твоя́/твоё	**твои́**	**твои́/твои́х**	**твои́х**
свой/своя́/своё	**свои́**	**свои́/свои́х**	**свои́х**
наш/на́ша/на́ше	**на́ши**	**на́ши/на́ших**	**на́ших**
ваш/ва́ша/ва́ше	**ва́ши**	**ва́ши/ва́ших**	**ва́ших**
э́тот/э́та/э́то	**э́ти**	**э́ти/э́тих**	**э́тих**
весь/вся/всё	**все**	**все/всех**	**всех**
тот/та/то	**те**	**те/тех**	**тех**

The alternative accusative plural is used with animate nouns.

The imperative

The second person imperative

This is the form of the verb used to give an order or instruction: **Чита́й э́ту кни́гу!** 'Read this book!'

To form the imperative remove the last two letters from the 3rd person plural (**они́** form) of the present tense of the verb. This will give you the present tense stem. Add **-й** if the stem ends in a vowel or **-и** if it ends in a consonant: **чита́ют — чита — чита́й; пи́шут — пиш — пиши́.**

For the plural form add **-те**: **чита́йте, пиши́те.**

Note: some verbs with their stem ending in a single consonant have their imperative ending in **-ь**: **гото́вить — гото́вь/гото́вьте** 'prepare'; **ста́вить — ставь/ста́вьте** 'put'. This only applies to verbs that have their stress on the stem throughout the conjugation.

Reflexive ending is **-ся** after **й** or **ь** and **-сь** after **и** or **-те**: **умыва́йся, умыва́йтесь.**

Irregular imperatives

есть 'to eat' **ешь, е́шьте; дава́ть** 'to give' **дава́й, дава́йте; встава́ть** 'to get up' **встава́й, встава́йте; пить** 'to drink' **пей, пе́йте.**

Stress falls on the same syllable in the imperative as in the 1st person singular.

The imperative can be formed either from the imperfective or the perfective verb. The perfective imperative is formed in the same way as the imperfective imperative but starts from the 3rd person plural of the perfective future: **прочита́ют** — **прочита** — **прочита́й/прочита́йте**; **напи́шут** — **напиш** — **напиши́/напиши́те**. The perfective imperative is used to order the completion of a single action. Negative imperatives are usually in the imperfective.

Expressions of quantity with the genitive

Note the use of the following expressions with the genitive:

мно́го информа́ции 'much information'; **мно́го интере́сных журна́лов** 'many interesting magazines'; **мно́гие из э́тих изда́ний** 'many of these publications'; **ма́ло хоро́ших газе́т** 'few interesting newspapers'; **большинство́ ру́сских** 'the majority of Russians'; **ско́лько газе́т?** 'how many newspapers?'; **не́сколько челове́к** 'several people'. By contrast with **не́сколько**, which simply indicates a quantity, **не́которые из** means 'some of' in a selective sense: **не́которые из э́тих газе́т** 'some of these newspapers'. **Из** is also used after **оди́н/одна́/одно́** when translating 'one of': **оди́н из э́тих журна́лов** 'one of these magazines'.

Numerals

The numerals **пять** (five) and above, excluding compounds ending in **оди́н/одна́/одно́**, **два/две**, **три** or **четы́ре**, are followed by the genitive plural of nouns and adjectives: **пять хоро́ших газе́т** 'five good newspapers'; **два́дцать шесть хоро́ших журна́лов** 'twenty-six good magazines'.

Although **два/две**, **три**, **четы́ре** are followed by nouns in the genitive singular, adjectives describing these nouns go into the genitive plural with masculine and neuter nouns and usually the nominative plural with feminine nouns. The same rules apply to compound numerals ending in **два/две**, **три**, **четы́ре**: **два́дцать два хоро́ших студе́нта** 'twenty-two good male students'; **два́дцать две хоро́шие студе́нтки** 'twenty-two good female students'.

Оди́н/одна́/одно́ behaves like an adjective agreeing with the noun it describes. Compound numerals ending in **оди́н/одна́/одно́** are followed by a noun and adjective in the singular: **два́дцать оди́н хоро́ший студе́нт** 'twenty one good male students; **два́дцать одна́ хоро́шая студе́нтка** 'twenty one good female students'

Questions with ли

The particle **ли** may be used to ask questions. The emphasized word in the question usually comes first followed by **ли**: **Получа́ете ли вы газе́ту?** 'Do you take a newspaper?' **Интере́сна ли э́та газе́та?** 'Is this newspaper interesting?'

ли is also used to translate 'whether' or 'if' in indirect questions. In Russian, unlike English, the tense used to report indirect speech is the same as would have been used for direct speech. **Он спроси́л, получа́ете ли вы газе́ту** 'He asked whether/if you took (lit. take) a newspaper.' **Она́ спроси́ла, бу́ду ли я до́ма** 'She asked whether/if I would be (lit. will be) at home.

Упражне́ния

1 Give the nominative plural of the following nouns:

бизнесме́н, де́вушка, дом, учи́тель, вре́мя, и́мя, друг, челове́к, окно́, мо́ре, зда́ние, врач, лес, оте́ц, пирожо́к, день, ве́чер, англича́нин, дежу́рная, музе́й, ле́кция, общежи́тие, каранда́ш, письмо́, ва́нная, сестра́, мать, дочь,

2 Complete the phrases by putting the words into the genitive plural:

(a) оди́н из ...
интере́сный журна́л, холо́дный ме́сяц, молодо́й оте́ц, вку́сный пирожо́к, но́вый трамва́й, хоро́ший учи́тель, отли́чный врач, у́мный англича́нин, прия́тный день, весёлый москви́ч, прекра́сный челове́к, ма́ленький ребёнок, ста́рый друг
(b) одно́ из ...
большо́е окно́, моё письмо́, хоро́шее де́ло, тёплое мо́ре, краси́вое зда́ние, совме́стное предприя́тие, интере́сное и́мя, вку́сное блю́до, удо́бное кре́сло
(c) одна́ из ...
ру́сская учи́тельница, серьёзная студе́нтка, ста́рая ба́бушка, споко́йная мать, дли́нная о́чередь, нового́дняя ёлка, краси́вая

пло́щадь, ску́чная ле́кция, коро́ткая неде́ля, но́вая дежу́рная, прия́тная англича́нка

3 Complete the sentences by putting the phrases into the accusative plural:

Мы по́мним (ва́ши поле́зные сове́ты, хоро́шие врачи́, ва́ши ста́рые друзья́, э́ти делові́е лю́ди, на́ши англи́йские ро́дственники, но́вые изда́ния, все спортсме́ны, интере́сные ле́кции, спосо́бные студе́нтки и студе́нты)

4 Form the imperatives of the following verbs:

писа́ть/написа́ть письмо́, чита́ть/прочита́ть кни́гу, говори́ть/сказа́ть пра́вду, петь/спеть пе́сню, пить/вы́пить молоко́, занима́ться ру́сским языко́м, есть/съесть пирожо́к

5 Change direct questions to indirect questions:

For example: **Он спроси́л: "Вы получа́ете газе́ты?" Он спроси́л, получа́ю ли я газе́ты.**

Он спроси́л: (вы чита́ете воскре́сные газе́ты? ты хо́чешь быть врачо́м? у тебя́ есть брат? вы интересу́етесь спо́ртом? вы пойдёте в кино́? тебе́ нужны́ кни́ги?)

Перево́д

1 Everyone says that your press has changed a lot and is now independent. There is such a wide choice of popular magazines and newspapers.
2 The majority of Muscovites prefer to subscribe to daily newspapers. Some of these daily newspapers are very interesting.
3 One of my friends bought a new magazine five days ago. In it there were many useful facts about life in England. I wanted to buy it but could not find it. It seems the magazine was only on sale for a few weeks.
4 Business people do not have much time to read all these long newspapers. Perhaps you can recommend to me a short one?
5 I advise you to subscribe to the weekly newspaper *Arguments and Facts*. It is a very short newspaper but one can find many facts and much information it it. It has many readers.
6 There are two big financial journals in Russia now and five independent financial newspapers.

13 Уро́к трина́дцатый

In this lesson you will learn how to:

- Make purchases and deal with prices
- Use dative, instrumental and prepositional plurals
- Use the partitive genitive

Как де́лать поку́пки в Москве́

Не́сколько дней наза́д Пи́тер снял кварти́ру в большо́м многоэта́жном до́ме. Тепе́рь он до́лжен устро́ить новосе́лье и пригласи́ть всех свои́х друзе́й. Но в кварти́ре не хвата́ет мно́гих веще́й. Нет холоди́льника, нет таре́лок, ви́лок, ноже́й, ло́жек. Са́ша говори́т, что всё э́то мо́жно купи́ть в универма́ге. А за проду́ктами он сове́тует идти́ на ры́нок. Там мо́жно купи́ть всё сра́зу, не на́до тра́тить весь день и ходи́ть из одного́ магази́на в друго́й в по́исках ну́жных проду́ктов. На ры́нке изоби́лие всех проду́ктов. На мясны́х прила́вках есть мя́со ра́зных сорто́в, на моло́чных — све́жий сыр, ма́сло, смета́на. Овощны́е прила́вки полны́ све́жих овоще́й и фру́ктов. Здесь большо́й вы́бор я́блок, гру́ш, виногра́да. Свои́ това́ры предлага́ют продавцы́ со всех концо́в страны́. И коне́чно, здесь де́йствует зако́н ры́нка: всё зави́сит от спро́са и предложе́ния. Це́ны на ры́нке высо́кие, по слова́м Са́ши, про́сто ди́кие! Килогра́мм мя́са сто́ит се́мьсот рубле́й, а за килогра́мм помидо́ров зимо́й на́до плати́ть ты́сяча рубле́й. Немно́гие лю́ди мо́гут покупа́ть проду́кты по таки́м высо́ким це́нам. Но ка́чество на ры́нке отли́чное, и проду́кты всегда́ све́жие.

Пойдём на ры́нок

ПИ́ТЕР: Куда́ пойдём за проду́ктами?

МАРИ́НА: Пойдём на ры́нок! Пра́вда, там проду́кты дороги́е, но зато́ мо́жно купи́ть всё, и о́череди нет.

ПИ́ТЕР: С удово́льствием! Что бу́дем гото́вить?

МАРИ́НА: Я уже́ ду́мала об э́том. Пригото́вим сала́ты: мясно́й, ры́бный. У меня́ есть хоро́ший реце́пт. Сде́лаем бутербро́ды, пирожки́. А для э́того на́до купи́ть... Запи́сывай!

ПИ́ТЕР: Хоро́шо! Запи́сываю ... сы́ру, полкило́ колбасы́, две ба́нки ры́бных консе́рвов, килогра́мм мя́са, пятьсо́т грамм ма́сла, деся́ток яи́ц, о́вощи, фру́кты.

МАРИ́НА: Торт и хлеб ку́пим на Арба́те, там хоро́ший конди́терский магази́н. Там мо́жно купи́ть конфе́ты, чай, ко́фе. Пиши́!

ПИ́ТЕР: Пишу́ ... две па́чки ча́я, ба́нка ко́фе, две коро́бки шокола́дных конфе́т. А моро́женое?

МАРИ́НА: Моро́женое мо́жно купи́ть везде́.

ПИ́ТЕР: Чуть не забы́л вино́! Ку́пим пять буты́лок кра́сного вина́, пять буты́лок бе́лого и три буты́лки во́дки.

ПИ́ТЕР: Мари́на! Куда́ ста́вить таре́лки с заку́сками?

МАРИ́НА: Таре́лки поста́вь на большо́й стол в углу́, а стака́ны и буты́лки на ма́ленький сто́лик.

ПИ́ТЕР: А куда́ положи́ть ви́лки, ножи́, ло́жки?

Мари́на:	Ви́лки и ножи́ положи́ ря́дом с таре́лками. Пусть ка́ждый берёт, что ему́ нра́вится. А ско́лько нас челове́к?
Пи́тер:	Я пригласи́л два́дцать челове́к.
Мари́на:	Тогда́ поста́вь два́дцать таре́лок!

Слова́рь

ба́нка	tin, jar	**о́вощ**	vegetable
вещь (*f*)	thing	**па́чка**	packet
виногра́д	grapes	**плати́ть II (за-) за** (+ *acc*)	to pay for
гру́ша	pear	**по́иск (в по́исках)**	search (in search)
де́йствовать I (*impf*)	to act, work	**полкило́**	half a kilo
де́лать поку́пки	to do shopping	**по́лный** (+ *gen*)	full (of)
деся́ток	ten	**помидо́р**	tomato
ди́кий	wild, insane	**прила́вок**	stall, counter
дорого́й	expensive	**продаве́ц**	seller
забы́ть (*pf* of **забыва́ть**)	to forget	**проду́кты** (*m pl*)	foodstuffs
зако́н ры́нка	market forces (*lit*. law of the market)	**снима́ть/снять I (сним||у́, ешь) кварти́ру**	to rent a flat
запи́сывать/записа́ть I	to write down	**со всех концо́в страны́**	from all corners of the country
зато́	but then	**спрос и предложе́ние**	supply and demand
изоби́лие	abundance	**сто́ить II** (*impf*)	to cost
ка́чество	quality	**сыр**	cheese
колбаса́	sausage	**тра́тить II (по-)**	to spend
конди́терский магази́н	confectioner's	**това́р**	goods
консе́рвы (*m pl*)	tinned goods	**торт**	cake
коро́бка шокола́дных конфе́т	box of chocolates	**у́гол**	corner
купи́ть II всё сра́зу	to buy everything at once	**устро́ить II новосе́лье**	to have a house-warming
ма́сло	butter	**хвата́ть I (хвата́ет)**	to be enough
многоэта́жный	multistorey	**хлеб**	bread
моро́женое	ice cream	**я́блоко**	apple
		яйцо́	egg

У меня́ не хвата́ет (+ *gen*) ...	I am short of ...
Ско́лько сто́ит буты́лка молока́?	How much is a bottle of milk?
Ско́лько сто́ят сигаре́ты?	How much are cigarettes?
чуть не забы́л!	almost forgot!

N.B. **класть/положи́ть ви́лки, ножи́, ло́жки**: to put, place (lay) forks, knives, spoons

ста́вить/поста́вить таре́лки, стака́ны: to put, place (stand) plates, glasses

Language in action

Вопро́сы

Где Пи́тер снял кварти́ру?
Как Пи́тер хо́чет пра́здновать новосе́лье?
Каки́е пробле́мы у Пи́тера?
Каки́е фру́кты мо́жно купи́ть на ры́нке?
Ско́лько сто́ит килогра́мм мя́са на ры́нке?

Прейскура́нт (*price-list*)

Проду́кты	**Цена́ в рубля́х за 1 кг (в магази́не)**	**Цена́ в рубля́х за 1 кг (на ры́нке)**
	Мя́со (килогра́мм)	
говя́дина (*beef*)	400	600
свини́на (*pork*)	300	500
бара́нина (*lamb*)	450	700
ку́рица (*chicken*)	200	340
	Моло́чные проду́кты	
молоко́ (литр)	50	100
смета́на	350	500
ма́сло	700	950
сыр	750	900
творо́г (*cottage cheese*)	450	650
	О́вощи	
карто́фель (*m*) (*potatoes*)	30	60
морко́вь (*f*) (*carrots*)	40	80
капу́ста (*cabbage*)	30	70
помидо́ры (*tomatoes*)	200	500
огурцы́ (*cucumbers*)	100	300
лук (*onions*)	40	60

	Фру́кты	
я́блоки	330	550
гру́ши	400	640
виногра́д	660	850

N.B. Use карто́фель, морко́вь, капу́ста, лук, викногра́д, in the singular: килогра́мм лу́ка

1 Каки́е проду́кты вы покупа́ете в магази́не и на ры́нке?
2 Ско́лько кг мя́са, овоще́й, фру́ктов вы покупа́ете в неде́лю?
3 Ско́лько сто́ит ва́ша потреби́тельская корзи́нка (*shopping basket*) за неде́лю?

Импровиза́ция

— *Say good morning and that you need some fresh fruit. Ask if they have any pears.*
— Да. У нас есть болга́рские и францу́зские гру́ши.
— *Ask if they are fresh and of good quality.*
— Все фру́кты здесь све́жие, и ка́чество отли́чное.
— *Ask how much a kilo costs.*
— Болга́рские сто́ят 400 рубле́й, францу́зские 600 рубле́й.
— *Say that the Bulgarian pears are expensive but the price for the French pears is crazy. You will take half a kilo of the Bulgarian pears. Ask what kind of apples they have.*
— У нас сего́дня украи́нские и францу́зские я́блоки.
— *Say that at such high prices you are not interested in fruit from France. Ask how much the Ukrainian apples cost.*
— Килогра́мм сто́ит 250 руб.
— *Say that the price is good. You will buy a kilo. Ask how much you owe* (**Ско́лько с меня́**).
— 255 руб.
— *Say here is one thousand roubles.*
— Вот вам 245 руб.
— *Explain that you gave him/her one thousand roubles and she/he has to give you 745 not 245.*
— Извини́те.

Грамма́тика

Plurals of nouns

In comparison with the nominative, accusative and genitive plurals the dative, instrumental and prepositional plural endings are very straightforward.

Dative plural

Masculine nouns ending in a consonant, feminine nouns ending in **-a** and neuter nouns ending in **-o** take the ending **-ам**: **дом — домáм; квартúра — квартúрам; окнó — óкнам.**

Note: **друзья́м.**

Masculine nouns ending in **-й** or **-ь**, feminine nouns ending in **-я** or **-ь**, and neuter nouns ending in **-е** take the ending **-ям**: **музéй — музéям; рубль — рубля́м; здáние — здáниям.**

Instrumental plural

Masculine nouns ending in a consonant, feminine nouns ending in **-a** and neuter nouns ending in **-o** take the ending **-ами**: **дом — домáми; квартúра — квартúрами; окнó — óкнами.**

Note: **друзья́ми.**

Masculine nouns ending in **-й** or **-ь**, feminine nouns ending in **-я** or **-ь**, and neuter nouns ending in **-е** take the ending **-ями**: **музéй — музéями; рубль — рубля́ми; здáние — здáниями.**

Note: **людьмú, дочерьмú, детьмú.**

Prepositional plural

Masculine nouns ending in a consonant, feminine nouns ending in **-a** and neuter nouns ending in **-o** take the ending **-ах**: **дом — домáх; квартúра — квартúрах; окнó — óкнах.**

Note: **друзья́х.**

Masculine nouns ending in **-й** or **-ь**, feminine nouns ending in **-я** or **-ь**, and neuter nouns ending in **-е** take the ending **-ях**: **музéй — музéях; рубль — рубля́х; здáние — здáниях.**

Note that endings may be affected by the rules of spelling: **вещь** 'thing' — **вещáм** (*dat pl*), **вещáми** (*instru pl*), **вещáх** (*prep pl*).

Neuter nouns ending in **-мя** take the following endings: **úмя — именáм** (*dat pl*), **именáми** (*instru pl*), **именáх** (*prep pl*).

Plural of adjectives

The dative plural of hard adjectives for all genders is **-ым** and of soft and mixed adjectives is **-им**.

The instrumental plural of hard adjectives for all genders is **-ыми** and of soft and mixed adjectives is **-ими**.

The prepositional plural of hard adjectives for all genders is **-ых** and of soft and mixed adjectives is **-их**.

Full tables can be found in the Grammar summary.

The plural of possessives and э́тот, тот, весь and оди́н

Tables for these can be found in the Grammar summary.

Cardinal numerals 40 — 1,000

forty	**со́рок**	three hundred	**три́ста**
fifty	**пятьдеся́т**	four hundred	**четы́реста**
sixty	**шестьдеся́т**	five hundred	**пятьсо́т**
seventy	**се́мьдесят**	six hundred	**шестьсо́т**
eighty	**во́семьдесят**	seven hundred	**семьсо́т**
ninety	**девяно́сто**	eight hundred	**восемьсо́т**
a hundred	**сто**	nine hundred	**девятьсо́т**
two hundred	**две́сти**	a thousand	**ты́сяча**

Partitive genitive

The genitive is sometimes used to indicate 'some'. This is called the 'partitive' genitive.

Contrast: **Купи́, пожа́луйста, колбасы́** 'Buy some sausage, please'. **Мари́на покупа́ет колбасу́** 'Marina is buying the sausage'.

Some masculine nouns have a special partitive genitive ending in **-у** or **-ю**: **сыр — сы́ру; са́хар — са́хару; чай — ча́ю: Пи́тер ку́пит сы́ру** 'Peter will buy some cheese'.

This form of the genitive can also be used with expressions denoting quantity: **Пи́тер ку́пит килогра́мм сы́ру** 'Peter will buy a kilogram of cheese'.

To put

Класть/положи́ть 'to put, lay'

класть (1st conjugation)
Present tense: **кладу́, кладёшь ... кладу́т**
Imperfective past tense: **клал, кла́ла, кла́ло, кла́ли**
Положи́ть (2nd conjugation)
Perfective future: **положу́, поло́жишь ... поло́жат**

Ста́вить/поста́вить 'to put, stand'

ста́вить (2nd conjugation)
Present tense: **ста́влю, ста́вишь ... ста́вят**

The above verbs are transitive. They can be followed by an object. Because they imply motion into a certain position they are also often followed by a preposition with the accusative case: **Пи́тер положи́л ви́лки и ножи́ на стол** 'Peter put the forks and knives on the table'. **Мы поста́вили телеви́зор в ко́мнату** 'We put/stood the television in the room'.

Note that, rather surprisingly, **ста́вить/поста́вить** is used with **таре́лки** 'plates': **Официа́нтка ста́вит таре́лки** 'The waitress is putting out/laying out the plates.'

In contrast to the above verbs are **стоя́ть/постоя́ть** (second conjugation) 'to stand, be standing'; **лежа́ть/полежа́ть** (second conjugation) 'to lie, be lying'. These verbs are intransitive and cannot be followed by an object. They describe the position in which someone or something is located and therefore are frequently followed by a preposition with the prepositional case.

Ви́лки и ножи́ лежа́ли на столе́ 'The forks and knives were lying on the table.'
Телеви́зор стои́т в ко́мнате 'The television stands in the room.'
Таре́лки стоя́ли на столе́ 'The plates were lying on the table.'

Упражне́ния

1 Complete the sentence by putting the phrases into the correct cases in the plural:

(a) Пи́тер уже́ был в (на) ...
ча́стные ры́нки, ма́ленькие кварти́ры, де́тские больни́цы, спорти́вные стадио́ны, ру́сские дома́ о́тдыха, истори́ческие музе́и.
(b) Он уже́ знако́м с ...
моско́вские пробле́мы, прия́тные англича́не, англи́йские врачи́ и учителя́, дли́нные о́череди.
(c) Нелегко́ бы́ло ходи́ть по ...
дли́нные доро́ги и у́лицы, больши́е пло́щади и проспе́кты, ма́ленькие города́ и дере́вни.
(d) Како́е изоби́лие ...!
све́жие о́вощи и фрукты, ра́зные гру́ши и я́блоки, мясны́е проду́кты, ры́бные консе́рвы, францу́зские ви́на, шокола́дные конфе́ты.

2 Complete the sentences using the words in brackets:

Купи́, пожа́луйста, килогра́мм (хлеб, сыр, колбаса́, са́хар, ма́сло, ры́ба, я́блоки, виногра́д, конфе́ты).
Да́йте мне две па́чки (чай, ко́фе, са́хар, сигаре́ты).
Да́йте, пожа́луйста, буты́лку (кра́сное вино́, армя́нский коньяк, ру́сская во́дка, кока-ко́ла, тома́тный сок, лимона́д, молоко́).
Ско́лько сто́ит ба́нка (кофе, майоне́з, грибы́, ры́бные консе́рвы).

3 Answer the following questions using the figures in brackets:

Ско́лько сто́ит кофе? (800 руб.) Ско́лько сто́ят конфе́ты? (600 руб.) Ско́лько сто́ит па́чка сигаре́т? (90 руб.) Ско́лько сто́ит торт? (1000 руб.) Ско́лько сто́ит са́хар? (200 руб.)

4 Replace the verbs **стоя́ть** and **лежа́ть** with **ста́вить** or **класть** using the personal pronouns **я** and **он**.

For example: **Таре́лка стои́т на столе́. Я ста́влю (он ста́вит) таре́лку на стол.**

Телеви́зор стои́т в углу́. Холоди́льник стои́т в ку́хне. Буты́лки стоя́т в шкафу́. Кни́га лежи́т на прила́вке. Ножи́ лежа́т на столе́. Ви́лка лежи́т ря́дом с ножо́м.

5 Now put these sentences in the perfective past.

Перево́д

I usually do my shopping in our market. We have a very good market in the main square of the town. The vegetables and fruit are not usually very expensive, but the quality is good and everything is fresh. The price of meat in the market is quite high, so I prefer to buy meat in the large foodstore (**гастроно́м**) not far from our house. One can always find good, cheap meat there. Today I am preparing a large meal. It is my daughter's birthday. She is having a party (**вечери́нка**) and has invited many friends. So I have a lot to buy. I decided to make (prepare) her favourite dish: meat with vegetables. I have already bought all the vegetables but today I have to buy a cake. I will go to the confectioner's where there is always a good choice of fresh cakes.

14 Уро́к четы́рнадцатый

In this lesson you will learn how to:

- Buy a rail or air ticket
- Tell the time using the twenty-four hour clock
- Describe a journey
- Use prefixed verbs of motion

Путеше́ствие по Золото́му кольцу́

Туристи́ческий маршру́т «Золото́е кольцо́» прохо́дит по дре́вним ру́сским города́м: Росто́в, Яросла́вль, Кострома́, Влади́мир, Су́здаль. Э́ти города́ изве́стны свои́ми па́мятниками ру́сской культу́ры. Пи́тер давно́ хоте́л пое́хать по э́тому маршру́ту. И вот, наконе́ц, ему́ повезло́: Са́ша купи́л маши́ну. Тепе́рь они́ мо́гут пое́хать туда́ на маши́не.

Они́ вы́ехали из Москвы́ ра́но у́тром, когда́ на доро́гах ещё ма́ло движе́ния. Са́ша вёл маши́ну отли́чно, и че́рез два часа́ они́ подъезжа́ли к Заго́рску. Они́ реши́ли не заезжа́ть в Заго́рск, но бы́ло прия́тно прое́хать ми́мо дре́внего го́рода. Часа́ три они́ е́хали по Ру́сской равни́не. Доро́га была́ о́чень ро́вной и немно́го однообра́зной. И вдруг посреди́ равни́ны, когда́ они́ подъезжа́ли к Росто́ву, пе́ред ни́ми откры́лся замеча́тельный вид: о́зеро Не́ро и на берегу́ белока́менный го́род.

Они́ до́лго ходи́ли по го́роду. Не́сколько раз обошли́ со всех сторо́н знамени́тый Росто́вский кремль и сфотографи́ровали его́, попроси́ли рыбака́ перевезти́ их на ло́дке на друго́й бе́рег о́зера и отту́да сно́ва фотографи́ровали всё. У вхо́да в собо́р они́ разговори́лись с симпати́чным старико́м. Его́ зва́ли Ива́н

Кузьми́ч Тра́вкин. Ива́н Кузьми́ч оказа́лся ме́стным исто́риком и рассказа́л им мно́го интере́сного об исто́рии дре́внего го́рода. Они́ узна́ли, что Росто́в существова́л уже́ в седьмо́м ве́ке, и что в дре́вние времена́ че́рез него́ проходи́ла доро́га на Восто́к. Вме́сте с ним они́ вошли́ в собо́р и до́лго рассма́тривали фре́ски неизве́стного худо́жника.

Ива́н Кузьми́ч е́хал в сосе́днюю дере́вню, и Са́ша с Пи́тером бы́ли ра́ды подвезти́ его́. Пра́вда, сосе́дняя дере́вня оказа́лась далеко́, и то́лько к ве́черу они́ довезли́ Ива́на Кузьмича́ до его́ дере́вни. Бы́ло уже́ по́здно, когда́ они́ прие́хали я Яросла́вль.

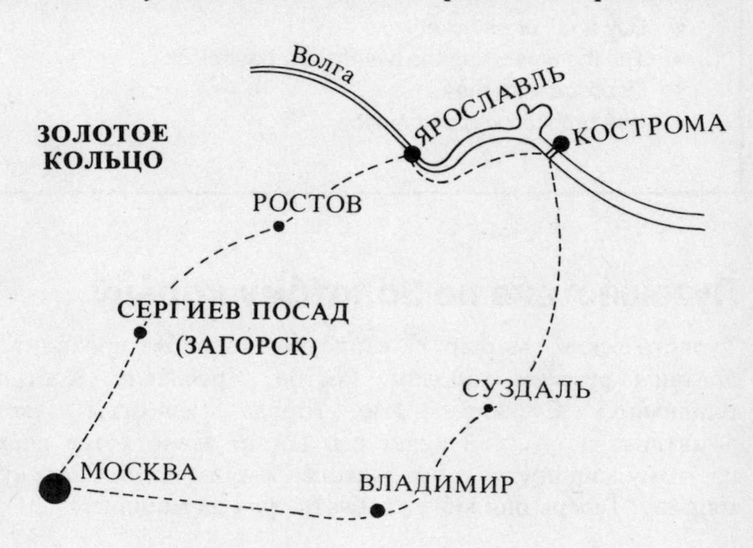

Мне ну́жен биле́т

— Бу́дьте добры́! Мне ну́жен биле́т в Петербу́рг.
— На како́е число́?
— На сего́дня, на ночно́й по́езд.
— В Петербу́рг идёт во́семь ночны́х поездо́в. На како́й по́езд вы хоти́те?
— На по́езд но́мер два. Он прихо́дит в Петербу́рг ра́но у́тром в во́семь часо́в.
— На э́тот по́езд биле́тов уже́ нет.
— Как жаль! Э́то так удо́бно! Ложи́шься спать в Москве́, а у́тром уже́ в Петербу́рге. Как же мне быть? Придётся лете́ть самолётом. На каки́е ре́йсы у вас есть биле́ты?
— В Петербу́рг есть биле́ты на все ре́йсы. Вот хоро́ший ре́йс:

самолёт вылета́ет из Москвы́ в де́сять утра́ и в оди́ннадцать прилета́ет в Петербу́рг. О́чень удо́бно. Ся́дете на самолёт у́тром и у́тром бу́дете в Петербу́рге.

— Хоро́шо! Полечу́ на самолёте. Ско́лько сто́ит биле́т?

— Биле́т сто́ит пять ты́сяч рубле́й.

Слова́рь

белока́менный	(built of) white stone
вдруг	suddenly
води́ть II/ вести́ I маши́ну	to drive a car
вход	entrance; **~ить** to enter, come in
выезжа́ть/ вы́ехать I	to depart, drive out
движе́ние	traffic
довози́ть II/ довезти́ I	to take to
до́лго	for a long time
доезжа́ть/ дое́хать I	to reach
дре́вний	ancient
заезжа́ть/ зае́хать I (**к** + *dat*) (**в, на** + *acc*)	to call in (at)
замеча́тельный вид	magnificent view
знамени́тый (изве́стный)	famous (known) for
Золото́е кольцо́	Golden ring
ме́стный	local
обходи́ть II/ обойти́ I	to go round
однообра́зный	monotonous
ока́зываться/ оказа́ться I (окаж||у́сь, -ешься (+ *inst*)	to turn out (to be)
открыва́ться/ откры́ться I (откро́||юсь, -ешься)	to open, be revealed
па́мятник	monument
перевози́ть/ перевезти́ на ло́дке	to transport by boat
подвози́ть II/ подвезти́ I	to give a lift
подъезжа́ть/ подъе́хать I	to drive up
по́здно	late
приезжа́ть/ прие́хать I	to arrive
приходи́ться II/ прийти́сь I	to have to (+ *dat*)
проезжа́ть/ прое́хать I	to drive (by, through)
проходи́ть II/ пройти́ I	to pass, go past
разговори́ться II (*pf*) (**с** + *inst*)	to get into conversation (with)
рассма́тривать I/ рассмотре́ть II	to examine
ро́вный	flat, even
Ру́сская равни́на	Russian plain
симпати́чный стари́к	likeable old man
сно́ва	again
сосе́дний	neighbouring
сторона́	side
существова́ть (про-) I	to exist
узнава́ть/ узна́ть I	to find out

Бу́дьте добры́!	Be so kind!
биле́т на по́езд/на самолёт/ на рейс	ticket for the train/plane/flight
ложи́ться спать	to go to bed
сади́ться/сесть на по́езд/ на самолёт	to get on the train/on the plane

N.B. **Мне (ему́, ей,** etc.**) везёт/повезло́** I am (he, she is) lucky/was lucky
Мне (ему́, ей, etc.**) прихо́дится/придётся (приходи́лось/пришло́сь)** I have (he, she has) to/will have (had) to ...

Language in action

Да или нет?

Золото́е кольцо́ — прекра́сный маршру́т, потому́ что там (интере́сные дре́вние города́, прекра́сные кафе́, хоро́шие доро́ги?)
Пи́теру повезло́, потому́ что (Са́ша купи́л маши́ну, Са́ша пое́хал по маршру́ту «Золото́е кольцо́»?)
Росто́в знамени́т (кремлём, собо́ром, Кра́сной пло́щадью?)
В дре́вние времена́ че́рез Росто́в (проходи́ла доро́га на Восто́к, шла торго́вля с Евро́пой?)
Ива́н Кузьми́ч оказа́лся (хоро́шим архите́ктором, знамени́тым худо́жником, ме́стным исто́риком?)

Вопро́сы

Как называ́ется маршру́т по дре́вним ру́сским города́м?
Почему́ Пи́тер с Са́шей вы́ехали ра́но?
Что уви́дели Пи́тер с Са́шей, когда́ они́ подъезжа́ли к Росто́ву?
Что они́ ви́дели в Росто́ве?
Кого́ они́ встре́тили в Росто́ве?
Кем оказа́лся Ива́н Кузьми́ч?
Что узна́ли они́ от Ива́на Кузьмича́?
Куда́ е́хал Ива́н Кузьми́ч?
Как и куда́ вы е́здили в после́дний раз?

Внима́ние! Москвичи́ и го́сти Москвы́

Моско́вское аге́нство по тури́зму предлага́ет путёвки по сле́дующим маршру́там:

— Пое́здка на теплохо́де по Во́лге (с зае́здом в Ни́жний Но́вгород, Каза́нь)

Сто́имость (*cost*) путёвки 50,000 рубле́й.
Продолжи́тельность (*length*) по́ездки 15 дней.
За э́то вре́мя вы смо́жете уви́деть живопи́сные берега́ Во́лги, посети́ть дре́вние ру́сские города́, осмотре́ть музе́и.

— Пое́здка по Сре́дней А́зии. Во вре́мя путеше́ствия тури́сты проведу́т 3 дня в столи́це Узбекиста́на — Ташке́нте. Путеше́ствие зака́нчива́ется в го́роде Хи́ва. Продолжи́тельность пое́здки 12 дней, прое́зд туда́ и обра́тно (*back*) самолётом. Сто́имость пое́здки 80,000 рубле́й.

Есть та́кже туристи́ческие путёвки за грани́цу (*abroad*):

— Круи́з по Дуна́ю (1 неде́ля). Сто́имость 120,000 рубле́й.
— Пое́здка по Че́хии на авто́бусе (2 неде́ли). Сто́имость 100,000, рубле́й Опла́та возмо́жна в валю́те (*foreign currency*) или в рубля́х.

1 По како́му из э́тих маршру́тов вы хоти́те пое́хать?
2 Ско́лько сто́ит путёвка по э́тому маршру́ту?
3 Что мо́жно уви́деть во вре́мя путеше́ствия?
4 Где нахо́дятся э́ти места́?
5 Чем, по-ва́шему, знамени́ты э́ти места́?
6 На како́м тра́нспорте бу́дет пое́здка?
7 Как мо́жно плати́ть за пое́здку?

Импровиза́ция

— *Ask if there is a train to Moscow early in the morning.*
— Да, есть ско́рый (*fast*) по́езд но́мер пятьдеся́т три.
— *Ask when the train departs and arrives in Moscow.*
— По́езд отхо́дит в семь часо́в и прихо́дит в четы́надцать три́дцать.
— *Say that you need two tickets.*
— На како́е число́?
— *Say for the twenty-fourth.*
— К сожале́нию, на два́дцать четвёртое биле́тов уже́ нет.
— *Ask if there is another train.*
— Да, есть пассажи́рский (*passenger*) по́езд но́мер пятьдеся́т пять в де́сять часо́в.
— *Ask when this train arrives in Moscow and at which station* (**вокза́л**).
— Пассажи́рский прихо́дит в два́дцать два часа́ на Каза́нский вокза́л.

— *Say that is too late. Ask if there is a plane to Moscow.*
— Да, есть удобный рейс в девять часов.
— *Ask when the plane arrives in Moscow.*
— Самолёт прилетает в Москву в десять сорок пять.
— *Ask if they have two tickets for the twenty-fourth.*
— Да, есть.
— *Ask how much two tickets cost.*
— Шесть тысяч.
— *Say fine, you will fly to Moscow.*

Грамматика
Prefixed verbs of motion

Prefixes may be added to all the verbs of motion dealt with in Chapter 10 to give them additional meaning. Very often this additional meaning is concerned with the direction of travel e.g. **входить** 'to go in, enter'. Prefixed verbs of motion generally form their imperfective from the (a) imperfective of the unprefixed verb and their perfective from the (b) imperfective. These verbs are often followed by a preposition.

Some common prefixed forms from ходить/идти

Imperfective	Perfective	Preposition	Meaning
входить	**войти**	**в** + *acc*	to enter, go/come in
выходить	**выйти**	**из** + *gen*	to go/come out
доходить	**дойти**	**до** + *gen*	to go as far as, to reach
заходить	**зайти**	**в** or **на** + *acc*	to call (at a place)
заходить	**зайти**	**к** + *dat*	to call (on a person)
заходить	**зайти**	**за** + *instr*	to call for
обходить	**обойти**	+ *acc* without a preposition	to go round
отходить	**отойти**	**от** + *gen*	to step away from
переходить	**перейти**	**через** + *acc* or + *acc* without a preposition	to cross
приходить	**прийти**	**в** or **на** + *acc*	to arrive, come
подходить	**подойти**	**к** + *dat*	to approach, go/ come up to
проходить	**пройти**	**мимо** + *gen*	to go past
сходить	**сойти**	**с** + *gen*	to go/come down
уходить	**уйти**	**из** or **с** + *gen*	to leave (a place)
уходить	**уйти**	**от** + *gen*	to leave (a person)

Other verbs with meaning less obviously related to **ходи́ть/идти́** but formed in the same way include:

находи́ть	**найти́**	to find (come upon)
происходи́ть	**произойти́**	to happen (come about)
приходи́ться	**прийти́сь**	to have to

Notes

Prefixed forms of **ходи́ть** are conjugated in the same way as **ходи́ть** in the present and past tenses: **я вхожу́, ты вхо́дишь**, etc. **я входи́л/входи́ла**, etc. **Идти́** changes to **-йти** when a prefix is added. Prefixes ending in a consonant add -**о**- before -**йти**, e.g. **войти́**

Most prefixed forms of **идти́** follow the same patterns as **войти́**:

Perfective future		Perfective past			
я	**войду́**	**я/ты/он**	**вошёл**	**мы/вы/они́**	**вошли́**
ты	**войдёшь**	**я/ты/она́**	**вошла́**		
он/она́/оно́	**войдёт**, etc.	**оно́**	**вошло́**		

An exception to this future tense pattern is **прийти́: я приду́, ты придёшь**, etc.

The stress on **вы́йти** always falls on the prefix: **я вы́йду, ты вы́йдешь**, etc. and **вы́шел, вы́шла, вы́шло, вы́шли**.

Examples: **Я зайду́ к Мари́не** 'I will call on Marina'. **Они прохо́дят ми́мо гости́ницы** 'They are walking past the hotel'. **Пи́тер подошёл к худо́жнику** 'Peter went up to the artist'. **Мы перешли́ (через) у́лицу** 'We crossed the street'.

These prefixes are used similarly with other verbs of motion.

Prefixed forms from е́здить/е́хать

Е́здить is replaced by **-езжать** when prefixes are added and the resultant verbs are regular 1st conjugation: e.g. **въезжа́ть** 'to drive in': **я въезжа́ю, ты въезжа́ешь**, etc.

Prefixed forms of **е́хать** are conjugated in the same way as **е́хать**: **въе́хать: я въе́ду, ты въе́дешь**, etc., and **въе́хал, въе́хала, въе́хало**, etc.

Note the hard sign **ъ** after prefixes ending in a consonant before **-езжать/-ехать**.

Some common forms:

Imperfective	Perfective	Preposition	Meaning
въезжа́ть	**въе́хать**	**в** + *acc*	to drive in
выезжа́ть	**вы́ехать**	**из** + *gen*	to drive out
доезжа́ть	**дое́хать**	**до** + *gen*	to drive as far as
заезжа́ть	**зае́хать**	**в** *or* **на** + *acc*	to call (at a place)
заезжа́ть	**зае́хать**	**к** + *dat*	to call (on a person)
заезжа́ть	**зае́хать**	**за** + *instr*	to call for
отъезжа́ть	**отъе́хать**	**от** + *gen*	to drive away from
переезжа́ть	**перее́хать**	**че́рез** + *acc* *or* without a preposition	to cross
переезжа́ть	**перее́хать**	**из** *or* **с** + *gen*	to move from
		в *or* **на** + *acc*	to move to
подъезжа́ть	**подъе́хать**	**к** + *dat*	to drive up
приезжа́ть	**прие́хать**	**в** *or* **на** + *acc*	to arrive, come
проезжа́ть	**прое́хать**	**ми́мо** + *gen*	to drive past
уезжа́ть	**уе́хать**	**из** *or* **с** + *gen*	to leave

Examples: **Мы прие́хали в Москву́** 'We arrived in Moscow'. **Он переезжа́ет из Москвы́ в Ло́ндон** 'He is moving from Moscow to London'. **Они дое́дут до Петербу́рга** 'They will go as far as St Petersburg'.

Prefixed forms of носи́ть/нести́, вози́ть/везти́, води́ть/вести́, лета́ть/лете́ть, бе́гать/бежа́ть

All the following prefixed verbs of motion are conjugated in the same way as the unprefixed forms.

вноси́ть/внести́ 'to bring in'; **выноси́ть/вы́нести** 'to take out'; **доноси́ть/донести́** 'to take as far as' **заноси́ть/занести́** 'to drop off'; **переноси́ть/перенести́** 'to move from/to'; **подноси́ть/поднести́** 'to take up to';
приноси́ть/принести́ 'to bring'; **уноси́ть/унести́** 'to take away'.

ввози́ть/ввезти́ 'to bring in/import'; **вывози́ть/вы́везти** 'to take out/export';
довози́ть/довезти́ 'to take as far as'; **завози́ть/завезти́** 'to deliver (on one's way elsewhere);
отвози́ть/отвезти́ 'to deliver'; **перевози́ть/перевезти́** 'to transfer'; **подвози́ть/подвезти́** 'to give a lift to'; **привози́ть/привезти́** 'to bring';
увози́ть/увезти́ 'to take away'.

вводи́ть/ввести́ 'to lead in'; **выводи́ть/вы́вести** 'to lead out'; **приводи́ть/привести́** 'to bring'; **уводи́ть/увести́** 'to lead away'.

влета́ть/влете́ть 'to fly in'; **вылета́ть/вы́лететь** 'to fly out'; **прилета́ть/прилете́ть** 'to arrive by air'; **улета́ть/улете́ть** 'to depart by air/fly away'.

вбега́ть/вбежа́ть 'to run in'; **выбега́ть/вы́бежать** 'to run out'; **убега́ть/убежа́ть** 'to run away'.

Examples: **Мы привезём бага́ж на маши́не.** 'We will bring the luggage by car'. **Они́ прилетя́т в Москву́ сего́дня.** 'They will fly into Moscow today'. **Ма́льчики бу́дут убега́ть от учи́теля.** 'The boys will run away from the teacher'.

'To sit' and 'to lie'

Ложи́ться/лечь 'to lie down'

ложи́ться (2nd conjugation)
Present tense: **ложу́сь, ложи́шся ... ложа́тся**
лечь
(Irregular)
Perfective future: **ля́гу, ля́жешь, ля́жет, ля́жем, ля́жете, ля́гут**
Perfective past tense: **лёг, легла́, легло́, легли́**
Imperative: **ляг, ля́гте**

Сади́ться/сесть 'to sit down'

сади́ться (2nd conjugation)
Present tense: **сажу́сь, сади́шься ... садя́тся**
сесть (1st conjugation)
Future perfective tense: **ся́ду, ся́дешь ... ся́дут**
Perfective past tense: **сел, се́ла, се́ло, се́ли**
Imperative: **сядь, ся́дьте**

Because these verbs refer to taking up a position, they are followed by a preposition with the accusative case. Contrast the verbs **лежа́ть/полежа́ть** 'to lie/be lying' and **сиде́ть/посиде́ть** 'to sit/be seated', which are followed by a preposition with the prepositional case.

Examples: **Он ложи́тся на крова́ть** 'He lies down on the bed'. **Он лежи́т на крова́ти** 'He is lying on the bed'. **Мы се́ли в авто́бус** 'We got (lit. sat down) into the bus'. **Мы сиде́ли в авто́бусе** 'We were sitting in the bus'.

Inversion of numeral and noun

If the numeral is placed after the noun it means that the number is approximate: **Они́ е́хали часа́ три** 'They travelled for about three hours'. Any preceding preposition remains with the number: **часо́в в во́семь** 'at about eight o'clock'.

Упражне́ния

1 Insert the correct prepositions and put the words in brackets into the correct case:

(a) Они́ дое́хали ... (Заго́рск). Самолёт прилете́л ... (Москва́) ра́но у́тром. По доро́ге на рабо́ту Пи́тер зашёл ... (кни́жный магази́н). Ве́чером я зашёл ... (роди́тели). Мы вы́шли ... (теа́тр) по́здно. Днём мы перее́хали ... (река́ Во́лга). В два часа́ они́ прие́хали ... (Росто́в). Маши́на подъе́хала пря́мо ... (дом). Мы зашли́ ... (Мари́на) и пошли́ ... (кино́). Такси́ бы́стро отъе́хало ... (гости́ница).
(b) Now put the sentences into the perfective future tense.
(c) Now put the sentences into the present tense.

2 Choose suitable prefixed forms of **ходи́ть/идти́** to complete the sentences and put them first into the present tense, then the perfective past tense, then the perfective future tense:

> *For example:* **Он ... в ко́мнату. Он вхо́дит в ко́мнату. Он вошёл в ко́мнату. Он войдёт в ко́мнату.**

Пи́тер ... че́рез пло́щадь и ... в кафе́. Они́ по́здно ... домо́й. По доро́ге домо́й Мари́на ... в магази́н. Са́ша ... с рабо́ты ра́но. Мы ... ми́мо Кремля́. Та́ня ... до конца́ у́лицы. Ребёнок ... от окна́. Вре́мя ... бы́стро. По доро́ге в бассе́йн Тама́ра ... к свое́й подру́ге. Полице́йский ... к тури́сту.

3 Insert suitable prefixed forms of **вози́ть/везти́**:

Он прие́хал к ма́тери и ... ей проду́кты. Он перее́хал че́рез ре́ку и ... тури́стов на друго́й бе́рег. Она́ пое́хала на ры́нок и ... туда́ молоко́. Когда́ Пи́тер прие́хал в Ло́ндон, он ... друзья́м ру́сские сувени́ры. Они́ дое́хали до дере́вни и ... старика́ до до́ма. Саша подъе́хал к гости́нице и ... Пи́тера пря́мо к двери́. Он уе́хал из го́рода и ... свою́ семью́ отту́да.

4 Insert suitable verbs of motion:

Однáжды Пи́тер реши́л ... в Загóрск. Он ... из дóма рáно ýтром и ... на автóбусе на вокзáл. Когдá он ... на вокзáл, оказáлось, что пóезд уже ... Слéдующий пóезд ... чéрез час. Пи́тер реши́л ... в магази́н и купи́ть газéту. Потóм он реши́л ... в кафé вы́пить чáшку кóфе. Он ... чéрез плóщадь и ... в кафé. Врéмя в кафé ... óчень бы́стро. Питер вы́пил кóфе, ... из кафé и ... на вокзáл. Когдá он ... до пóезда, он пóнял, что он ... на другýю платфóрму. Он бы́стро ... чéрез платфóрму, ... ми́мо дежýрного полицéйского и ... к поéзду. Пóезд ... чéрез минýту.

5 Replace the verbs **сидéть** and **лежáть** with **сади́ться/сесть** and **ложи́ться/лечь**, putting them first in the present tense, then in the imperfective and perfective past:

> *For example:* **Я сижý на стýле — Я сажýсь на стул. Я сади́лся на стул. Я сел на стул.**

Пи́тер сиди́т в крéсле. Мы сиди́м в автóбусе. Вы сиди́те на травé. Студéнты сидя́т на дивáне. Я лежý на дивáне. Бáбушка лежи́т на кровáти. Дéти лежáт на травé.

Перевóд

1 Peter went past the metro and was going to cross the street when he saw Sasha. They decided to drop into the café and have a cup of coffee.
2 He is a very good engineer. He always arrives at work early and leaves late.
3 On the way home Tamara often calls on her grandmother and always takes newspapers and books.
4 He gave me a lift to the station. From here I will go by train. I see that the train has already arrived.
5 The car went past the hotel and drove into the park. A tall man got out of the car. He was carrying a camera.
6 When Sasha goes to work by car he often takes his little daughter to the kindergarten.
7 Did you like your trip to Rostov? What did you bring back?
8 An old man approached me in the Arbat today. He did not know how to get to Red Square.
9 We left the village early in the morning, but it was already late when we arrived in town.
10 I am off to the Caucasus tomorrow. When I come back, I shall bring you a present.

15 Уро́к пятна́дцатый

In this lesson you will learn how to:

- Write a letter
- Give someone's age
- Express dates
- Use more numerals
- Use negatives
- Use **кото́рый**
- Use the subjunctive/conditional

Письмо́

Дорога́я Джейн!

Большо́е спаси́бо за твоё письмо́! Прости́, что я так до́лго не писа́ла! Ты так интере́сно описа́ла свою́ пое́здку в Вене́цию! А я то́лько что верну́лась из Петербу́рга. Како́й э́то прекра́сный го́род! Ты зна́ешь, я сейча́с ни о чём не могу́ говори́ть, кро́ме Петербу́рга. Ты пи́шешь о кана́лах и моста́х в Вене́ции. Я никогда́ не была́ там, но твои́ описа́ния так напомина́ют Петербу́рг! Я то́же никогда́ не ви́дела так мно́го кана́лов, так мно́го воды́! Ведь Петербу́рг располо́жен на ста пяти́ остро-ва́х, в го́роде о́коло трёхсо́т мосто́в.

Хоро́шо, что я пое́хала туда́ на кани́кулы! Е́сли бы я не пое́хала, я не узна́ла бы бли́зко свою́ ба́бушку. Како́й она́ интере́сный челове́к, и кака́я тру́дная у неё была́ жизнь! Ей девяно́сто лет, но она́ по́мнит все собы́тия, кото́рые произошли́ за её до́лгую жизнь, имена́ всех люде́й, с кото́рыми она́ встреча́лась. Она́ роди́лась в девятьсо́т пе́рвом году́ и по́мнит, как начала́сь револю́ция. Она́ учи́лась тогда́ в шко́ле, увлека́лась поэ́зией. На одно́м из литерату́рных вечеро́в она́ познако́милась с молоды́м поэ́том, мои́м де́душкой и вы́шла за него́ за́муж. Они́ бы́ли о́чень сча́стливы. Всё измени́лось в тридца́тые го́ды. В три́дцать четвёртом году́ в Ленингра́де начали́сь аре́сты. Де́душку арестова́ли, и до́лгое вре́мя она́ ничего́ не зна́ла о нём.

Предста́вь себе́, она́ оста́лась одна́ с тремя́ детьми́. Ста́ршему сы́ну бы́ло семь лет, мла́дшему два го́да, а до́чери пять ме́сяцев. У неё не́ было никаки́х средств к существова́нию: не́ было ни кварти́ры, ни рабо́ты. Е́сли бы она́ не нашла́ рабо́ту в де́тском до́ме, они́ бы не вы́жили. А пото́м, в ию́не со́рок пе́рвого го́да начала́сь война́. Девятьсо́т дней, с сентября́ со́рок пе́рвого го́да по янва́рь со́рок четвёртого продолжа́лась блока́да Ленингра́да. Лю́ди умира́ли от го́лода. Как она́ вы́жила во вре́мя войны́, тру́дно предста́вить! А пото́м, верну́лся из ссы́лки де́душка. Каза́лось, всё бу́дет тепе́рь хорошо́. Но он вско́ре у́мер. С тех пор она́ никуда́ не хо́чет уезжа́ть из Петербу́рга.

Дорога́я Джейн! Как хорошо́ бы́ло бы, е́сли бы ты прие́хала ле́том, и мы вме́сте пое́хали бы в Петербу́рг! Ты сама́ уви́дела бы, како́й э́то чуде́сный го́род!

Передава́й приве́т всем друзья́м: Ге́нри, Ма́йку, Ма́ргарет и Су!

Жду отве́та! Всего́ хоро́шего! Целу́ю! Твоя́ Мари́на.

Ско́лько лет Петербу́ргу?

— Мне так нра́вится Петербу́рг, осо́бенно Зи́мний дворе́ц!
— А я люблю́ гуля́ть по на́бережной Невы́. Отту́да замеча́тельный вид на Петропа́вловскую кре́пость.
— Хоро́шее ме́сто вы́брал Пётр. Здесь Нева́ впада́ет в Балти́йское мо́ре.
— Пётр хоте́л име́ть вы́ход к мо́рю. Вот почему́ он основа́л кре́пость здесь. Э́то бы́ло шестна́дцатого ма́я ты́сяча семьсо́т тре́тьего го́да.
— Зна́чит Петербу́ргу ско́ро бу́дет три́ста лет? А когда́ Петербу́рг стал называ́ться Ленингра́дом?
— Го́род меня́л назва́ние три ра́за. Снача́ла он называ́лся Петербу́рг, пото́м Петрогра́д, а в два́дцать четвёртом году́ по́сле сме́рти Ле́нина он стал называ́ться Ленингра́дом.
— А неда́вно го́род сно́ва стал Петербу́ргом!
— Да, тепе́рь он Санкт-Петербу́рг!

Слова́рь

арестова́ть I	to arrest
во вре́мя войны́	during the war
впада́ть в (+ *acc*)	to flow into
вско́ре	shortly after
выбира́ть/ вы́брать I (вы́бер‖у, -ешь) ме́сто	to choose a place
выжива́ть/ вы́жить I	to survive
вы́ход	exit
выходи́ть II/ вы́йти I за́муж за (+ *acc*)	to marry (for a woman)
Зи́мний дворе́ц	Winter Palace
кре́пость (*f*)	fortress
кро́ме (+ *gen*)	except
меня́ть I назва́ние	to change name
мла́дший	younger
мост	bridge
на́бережная	embankment
напомина́ть I/ напо́мнить II	to remind
начина́ть/ нача́ть I (начн‖у́, -ёшь)	to begin
описа́ние	description
опи́сывать/ описа́ть I	to describe
основа́ть I	to found
остава́ться/ оста́ться I (оста́н‖усь, -ешься)	to remain
предста́влять I/ предста́вить II (себе́)	to imagine (to oneself)
продолжа́ться I/ продо́лжиться II	to continue
происходи́ть II/ произойти́ I	to happen
располо́женный на о́строве	situated on the island
рожда́ться I/ роди́ться II	to be born
смерть (*f*)	death
сре́дства к существова́нию	livelihood
ссы́лка	exile
ста́рший	elder
стать (*pf*) **(ста́н‖у, -ешь)** (+ *inf*)	to begin
то́лько что	only just
умира́ть/ умере́ть I (умру́, умрёшь) от го́лода	to die from hunger
чуде́сный	wonderful

Как нача́ть и ко́нчить письмо́!

Неформа́льное: Доро́гой (Ми́лый) Са́ша! Дорога́я (Ми́лая) Мари́на!

Целу́ю (*love from = I kiss*) Всего́ хоро́шего (*all the best*)

Форма́льное: Уважа́емый (Уважа́емая) ... !
С уваже́нием Ваш (Ва́ша, Ва́ши)
(*yours sincerely = with respect*)

Useful phrases:	Прости́(те) что ...	Forgive me (us) for ...
	Передава́й-(те) приве́т (+ *dat*)	Give (my, our) regards to ...
	Жду́ (ждём) отве́та	Waiting for a reply
	Наде́юсь (наде́емся) на ско́рый отве́т	Hoping for a prompt reply

Language in action

Вопро́сы

Где нахо́дится Петербу́рг?
Ско́лько мосто́в в Петербу́рге?
Кто и когда́ основа́л Петербу́рг?
Где Пётр постро́ил Петропа́вловскую кре́пость?
Ско́лько раз го́род меня́л назва́ние?
Когда́ Петрогра́д стал называ́ться Ленингра́дом?
Ско́лько лет ба́бушке Мари́ны?
Когда́ она́ роди́лась?
Что она́ де́лала до револю́ции?
Где ба́бушка познако́милась со свои́м му́жем?
Когда́ начала́сь война́?
Ско́лько вре́мени продолжа́лась блока́да Ленингра́да?
Как мо́жно пое́хать в Петербу́рг?

Внима́ние! Студе́нты!

По воскресе́ньям и по сре́дам всегда́ есть экску́рсии по Пу́шкинским места́м

8 ИЮ́ЛЯ (ВОСКРЕСЕ́НЬЕ), 11 ИЮ́ЛЯ (СРЕДА́)

Экску́рсия в дом-музе́й Пу́шкина на Мойке (после́дняя кварти́ра Пу́шкина)

Авто́бус отправля́ется (*departs*) от общежи́тия в 9 утра́, возвраще́ние в час дня

15 ИЮ́ЛЯ (ВОСКРЕСЕ́НЬЕ), 18 ИЮ́ЛЯ (СРЕДА́)

Авто́бусная экску́рсия в го́род Пу́шкин (Ца́рское Село́). Во вре́мя экску́рсии вы посети́те Екатери́нинский дворе́ц, Царскосе́льский парк и лице́й, где учи́лся поэт.

Авто́бус отправля́ется с вокза́ла в 8 часо́в утра́, возвраще́ние в 9 часо́в ве́чера

23 ИЮ́ЛЯ (ВОСКРЕСЕ́НЬЕ), 26 ИЮ́ЛЯ (СРЕДА́)
Авто́бусная экску́рсия в музе́й-уса́дьбу Миха́йловское (ме́сто ссы́лки поэ́та)
Авто́бус отправля́ется с вокза́ла в 6 часо́в утра́, возвраще́ние в 9 часо́в ве́чера

1 По каки́м дням быва́ют экску́рсии по Пу́шкинским места́м?
2 Како́й музе́й вы хоте́ли бы посети́ть и почему́?
3 Чем знамени́ты э́ти музе́и?
4 Когда́ отправля́ется авто́бус?
5 Когда́ возвраща́ется авто́бус?

Сде́лайте вы́бор!

Что бы вы сде́лали,
(a) Е́сли бы вы бы́ли свобо́дны сего́дня ве́чером (пойти́ в рестора́н, занима́ться в библиоте́ке, смотре́ть телеви́зор)
(b) Е́сли бы у вас бы́ли де́ньги (пое́хать на Байка́л, купи́ть но́вый дом, откры́ть свой магази́н)
(c) Е́сли бы вы бы́ли в Петербу́рге (посети́ть Зи́мний дворе́ц, сходи́ть в консервато́рию, пойти́ гуля́ть по Не́вскому проспе́кту)

For example: **Е́сли бы я был(а́) свобо́ден(свобо́дна), я бы пошёл(пошла́) в рестора́н.**

Импровиза́ция

Ба́бушка и внук (вну́чка) (*grandson, granddaughter*)

— *Ask how old your grandmother is, and which year she was born in.*
— Я роди́лась, когда́ начала́сь война́. Как ты ду́маешь, когда́ э́то бы́ло?
— *Say that it cannot be so, you studied the War at school and you know the dates* (**да́ты**). *The War began in 1939 and finished in 1945.*
— Мой дорого́й (моя́ дорога́я), я говорю́ о пе́рвой мирово́й (*world*) войне́!
— *Say that the First World War was such a long time ago! She can't be that old! But you know when the War began , it was in 1914.*
— Пра́вильно (*correct*)! Я роди́лась в 1914 году́!
— *Say that means she is almost 78!*

— Да, в э́том году́ мне бу́дет 78 лет!
— *Say that you remember her birthday is on the first of April, in 5 days' time, and ask what she would like for her birthday.*
— Что я хоте́ла бы на день рожде́ния? Я хоте́ла бы быть молодо́й!
— *Say that you are serious because it is difficult to find a present for her.*

Грамма́тика

Age

Note these examples of how age is expressed in Russian: **Мари́не два́дцать оди́н го́д** 'Marina is twenty-one'. **Моéй ма́тери со́рок два го́да** 'My mother is forty-two'. **Пи́теру два́дцать во́семь лет** 'Peter is twenty-eight'. The person whose age is being stated goes into the dative case. After numbers ending in **оди́н** use **год** 'year' and after **два/три/четы́ре** use the genitive singular **го́да**. After numerals which take the genitive plural use **лет**, the genitive plural of **ле́то** 'summer', in place of the genitive plural of **год** 'year'.

Бу́дет is used to put these expressions into the future tense and **бы́ло** to put them into the past, unless they end in **оди́н год** in which case **был** is used: **Пи́теру бу́дет два́дцать во́семь лет** 'Peter will be twenty-eight'. **Мари́не бы́ло два́дцать два го́да** 'Marina was twenty-two'. **Ей был два́дцать оди́н год** 'She was twenty-one'.

Years

The year is expressed in Russian as an ordinal numeral followed by the noun **год** 'year': **ты́сяча девятьсо́т девяно́сто второ́й год** 'nineteen-ninety-two' (literally: the one thousand nine hundred ninety-second year).

To say 'in' a particular year use **в** followed by the prepositional case of both the ordinal numeral (N.B. only the last element changes) and the word **год**: **в ты́сяча девятьсо́т девяно́сто второ́м году́** 'in nineteen ninety two'. Note, however, the use of the accusative case as an alternative to prepositional in such expressions as **в тридца́тые го́ды** 'in the thirties'.

(For earlier information on numbers and dates see Chapters 9, 12 and 13.)

When the month is given first, the year goes into the genitive case: **в январе́ ты́сяча девятьсо́т девяно́ство второ́го года** ‘in January 1992’;
пе́рвое января́ ты́сяча девятьсо́т девяно́сто второ́го года ‘1st January 1992’;
пе́рвого января́ ты́сяча девятьсо́т девяно́сто второ́го года ‘on 1st January 1992’.

Ordinal numerals 40th – 1,000th

fortieth	**сороково́й**	three hundredth	**трёхсо́тый**
fiftieth	**пятидеся́тый**	four hundredth	**четырёхсотый**
sixtieth	**шестидеся́тый**	five hundredth	**пятисо́тый**
seventieth	**семидеся́тый**	six hundredth	**шестисо́тый**
eightieth	**восмидеся́тый**	seven hundredth	**семисо́тый**
ninetieth	**девяно́стый**	eight hundredth	**восьмисо́тый**
hundredth	**со́тый**	nine hundredth	**девятисо́тый**
two hundredth	**двухсо́тый**	thousandth	**ты́сячный**

Numerals

The rules which state that **два/две**, **три** and **четы́ре** are followed by the genitive singular, **пять** and above by the genitive plural only apply when the numeral itself is in the nominative case (or the accusative case, provided this is the same as the nominative case). If the structure of the sentence requires that the numeral go into a different case, for example because it follows a preposition, then a noun or adjective following the numeral will go into the PLURAL form of that same case: **Она́ оста́лась одна́ с тремя́ детьми́** ‘She was left alone with three children’.

Declensions of cardinal numerals

	два/две		**три**	**четы́ре**
	Masc/Neut	Fem	All genders	All genders
Nominative	**два**	**две**	**три**	**четы́ре**
Accusative	**два/двух**	**две/двух**	**три/трёх**	**четы́ре/четырёх**
Genitive	**двух**		**трёх**	**четырёх**
Dative	**двум**		**трём**	**четырём**
Instrumental	**двумя́**		**тремя́**	**четырмья́**
Prepositional	**двух**		**трёх**	**четырёх**

	пять	**во́семь**
Nominative	**пять**	**во́семь**
Accusative	**пять**	**во́семь**
Genitive	**пяти́**	**восьми́**
Dative	**пяти́**	**восьми́**
Instrumental	**пятью́**	**восемью́**
Prepositional	**пяти́**	**восьми́**

The numbers **шесть — два́дцать** and **три́дцать** are declined like **пять**. Declensions of other numerals can be found in the Grammar summary.

Notes: All elements of a compound cardinal numeral decline: **Э́то исто́рия о двадцати́ двух хоро́ших студентах** 'This is a story about twenty-two good students'.

Два/две, три, четы́ре are the only numerals with animate accusative forms. All other numerals follow the same rules when they are in the accusative as they do when in the nominative: **Я ви́жу двух студе́нтов** 'I see two students'. **Я ви́жу пять студе́нтов** 'I see five students'. **Я ви́жу два́дцать пять студе́нтов.** 'I see twenty-five students'.

In practice the animate forms of **два/две, три, четы́ре** are not used in compounds: **Я ви́жу два́дцать два студе́нта** 'I see twenty-two students.'

Negatives

The following is a typical Russian sentence in the negative: **Я никогда́ не ви́дела так мно́го кана́лов** 'I have never seen so many canals' (literally: I have *never not* seen so many canals). Double negatives are the norm in Russian. They are not ungrammatical nor do they cancel one another out as they tend to do in English. In fact, Russian does not stop at double negatives: **Я нигде́ никогда́ не ви́дела так мно́го кана́лов** 'I have never seen so many canals anywhere' (literally: I *nowhere never* have *not* seen so many canals.) In a negative sentence in Russian not only is the verb always negative but all elements such as 'anywhere', 'anyone', 'anything' 'either ... or', 'ever', 'any' will be translated as **нигде́/никуда́** 'nowhere', **никто́** 'no one', **ничто́** 'nothing' **ни ... ни** 'neither ... nor', **никогда́** 'never', **никако́й** 'not any, no'.

When the words **никто́** 'no one', **никако́й** 'not any, no', **ничто́** 'nothing', are used with a preposition the preposition comes between **ни** and the rest of the word: **Я ни о чём не могу́ говори́ть** 'I cannot talk about anything'. **Никто́** and **ничто́** are declined like **кто** and **что**, **никако́й** like the adjective **како́й**.

Кото́рый

Кото́рый 'who/whom', 'which' or 'that' is the relative pronoun used to introduce an adjectival clause which describes a noun in the preceding clause: **Я зна́ю студе́нтку, кото́рая у́чится в МГУ** 'I know a female student who is studying at Moscow University'.

Кото́рый declines like a hard adjective. The gender and number of **кото́рый** depends on the gender and number of the noun to which it refers. In the example above, **кото́рая** refers to **студе́нтку** and so is in the feminine singular. The case of **кото́рый** depends on its own role in the adjectival clause. In the above example it is the subject of the verb **у́чится** and so is in the nominative.

Examples: **Э́то журна́л, о кото́ром я вам говори́ла** 'This is the journal *that* I was telling you about'. **Пи́тер Грин — бизнесме́н, с кото́рым Ма́рина познако́милась на самолёте** 'Peter Green is the businessman with *whom* Marina became acquainted on the plane'. **У него́ есть материа́л, кото́рым я интересу́юсь** 'He has the material *which* I am interested in'.

Adjectival clauses are only introduced by **кто** or **что** if they refer back to a pronoun: **Тот, кто ду́мает так, не о́чень у́мный челове́к** 'He who thinks thus is not a very intelligent person.

То, что

Clauses introduced in English by 'what' are preceded in Russian by the appropriate form of the phrase **то, что**: **Э́то зави́сит от того́, что тебя́ интересу́ет** 'It depends on what interests you'.

То, что also translates the English '*preposition + ... ing*' construction: **Она́ начала́ с того́, что описа́ла войну́** 'She began by describing the war'. **То, что** also appears in the set phrases **де́ло в том, что** 'the fact/thing is that' and **беда́ в том, что** 'the trouble is that': **Де́ло в том, что она́ оста́лась одна́** 'The fact is that she was left alone'.

Беда́ в том, что он вско́ре у́мер 'The trouble is that he soon died'.

Subjunctive mood

Formation of the subjunctive mood

The subjunctive is formed quite simply in Russian by using the particle **бы** with the past tense of the verb: **он чита́л бы; он прочита́л бы** 'he would read, he would have read'. **бы** cannot be used with any tense other than the past.

Uses of the subjunctive mood

In conditional clauses:

The subjunctive is used in conditional clauses with **е́сли** 'if' when the condition is hypothetical i.e. cannot be fulfilled. The main clause is also in the subjunctive. **Бы** follows **е́сли** rather than the verb in the conditional clause: **Е́сли бы я была́ свобо́дна вчера́ ве́чером, я пошла́ бы в кино́** 'If I had been free yesterday evening I would have gone to the cinema'.

When a condition is not hypothetical, i.e. can be fulfilled, the subjunctive is not used. Note that, in this type of sentence, if the main clause is in the future tense the conditional clause will also be in the future: **Е́сли я бу́ду свобо́дна сего́дня ве́чером, я пойду́ в кино́** 'If I am free (lit. shall be free) this evening I shall go to the cinema'.

In main clauses expressing desirability:

Мне хоте́лось бы пое́хать в Петербу́рг 'I should like to go to Petersburg' **Бы́ло бы хорошо́** 'It would be good'. **Вы бы нам сказа́ли вчера́** 'You should have told us yesterday'.

Note that it is possible for **бы** to precede the verb.

Что́бы

Что́бы + infinitive

When **что́бы** means 'in order to, so as to' it is followed by an infinitive. **Мари́на написа́ла письмо́, что́бы описа́ть Петербу́рг свое́й подру́ге** 'Marina wrote a letter (in order) to describe St Petersburg to her friend'. Although 'in order' is frequently omitted from such English sentences, **чтóбы** is generally only omitted after verbs of motion: **Мы пришли́ поговори́ть с вáми** 'We came to have a talk to you'.'

Чтóбы + past tense

When **чтóбы** means 'in order that, so that' it is followed by the past tense: **Мари́на написáла письмó, чтóбы её подрýга приéхала в Петербýрг** 'Marina wrote a letter so that her friend would come to Petersburg'.

Чтóбы used with хотéть

Мари́на хóчет, чтóбы её подрýга приéхала лéтом 'Marina wants her friend to come in summer'.

Note that if the subject of both verbs is the same, then the infinitive is used instead of the **чтóбы** construction: **Её подрýга хóчет приéхать зимóй** 'Her friend wants to come in winter'.

Declension of foreign names

Foreign names will decline only if their ending resembles that of a Russian noun of appropriate gender. Boys' names ending in a consonant and girls' names ending in '**-а**' decline: **Я приглаcи́ла Ри́чарда, Бáрбару, Трéйси и Мáргарет** 'I invited Richard, Barbara, Tracy and Margaret'. In this example **Ри́чард** declines like a masculine noun ending in a consonant, **Бáрбара** like a feminine noun ending in **-а. Трéйси** does not decline because Russian singular nouns do not end in **-и** and **Мáргарет** does not decline because it is a girl's name ending in a consonant.

Упражнéния

1 Answer the following questions by using the numbers in brackets:

Скóлько вам лет? (22) Скóлько лет вáшей мáтери? (57) Скóлько лет отцý сегóдня? (61) Скóлько лет вáшему брáту? (25) Скóлько лет вáшему сы́ну? (4) Скóлько лет сегóдня вáшей дóчери? (6) Скóлько лет вáшей бáбушке? (93) Скóлько лет вáшему дéдушке? (88) Скóлько ей лет? (1)

Now put your questions and answers into the past and future tenses.

2 Give the dates of birth and death of the following people.

For example: **Пу́шкин роди́лся ... и у́мер...**

Пу́шкин (1799–1837). Ле́рмонтов (1814–1841). Че́хов (1860–1904). Го́рький (1868–1936). Ле́нин (1870–1924). Шекспи́р (1564–1616).

3 Answer these questions in the negative:

О чём вы говори́ли вчера́? Чем ты интересу́ешься? Куда́ ты ходи́л вчера́?
Каку́ю кни́гу он чита́ет? На что ты смо́тришь? О чём ты ду́маешь?
С кем он говори́т? Где ты был вчера́? Кого́ ты встре́тил? Кому́ ты писа́л письмо́?
У кого́ вы спра́шивали об э́том?

4 Combine the two sentences using the appropriate form of **кото́рый**:

For example: **Это го́род. В нём живёт друг — Это го́род, в кото́ро́м живёт друг.**

Это библиоте́ка. В ней занима́ется Мари́на. Это спортсме́н. Им все интересу́ются. Это кни́га. О ней все говоря́т. Это челове́к. С ним все разгова́ривают. Это де́вушка. Она́ мне нра́вится. Это друг. Я написа́л ему́ письмо́. Это худо́жник. Он нарисова́л э́ту карти́ну. Это же́нщина. Ей все помога́ют. Это газе́та. Её вы́писал Пи́тер.

5 Replace the future with the subjunctive:

Е́сли я бу́ду свобо́ден, я зайду́ к вам ве́чером. Е́сли бу́дет тепло́, мы пое́дем на мо́ре. Е́сли у меня́ бу́дут де́ньги, я куплю́ себе́ но́вый костю́м. Е́сли вы позво́ните мне, я вам всё расскажу́. Если ты сдашь экза́мен, ты посту́пишь в институ́т.

6 Change the sentences using **чтобы** and the word in brackets:

For example: **Я хочу́ купи́ть газе́ту (ты) — Я хочу́, что́бы ты купи́л(а) газе́ту.**

Я хочу́ пое́хать в Петербу́рг (Пи́тер). Я хочу́ поступи́ть в университе́т (моя дочь). Я хочу́ сходи́ть на ры́нок (Питер с Са́шей). Я хочу́ зайти́ к ба́бушке (вы). Я хочу́ постро́ить дом (они́).

Перево́д

1 Peter the Great founded St Petersburg in 1703. He needed an outlet to the sea, so he chose the place where the wide River Neva flows into the Baltic. There he built a fortress which he called the Peter and Paul fortress.

2 If Peter had not built St Petersburg, Russia would not have had an outlet to the sea.

3 If only I could have gone to St Petersburg this summer, I would have visited all the museums.

4 During the war Leningrad suffered (**пережи́ть**) a terrible blockade, which lasted 900 days. Many people died from hunger and cold. But Leningrad survived.

5 The great Russian writer Tolstoy was born in 1828 and died in November 1910, when he was 82 years old. During his long life he wrote many interesting books.

6 My friend liked St Petersburg very much. She had never seen such a beautiful town and so many bridges and canals.

16 Уро́к шестна́дцатый

In this lesson you will learn how to:

- Book a theatre ticket
- Talk about the theatre
- Tell the time
- Use comparatives

Теа́тр и́ли телеви́дение?

В после́днее вре́мя мно́го говоря́т, что теа́тр пережива́ет кри́зис. В теа́трах тепе́рь ме́ньше наро́ду, ле́гче купи́ть ли́шний биле́т. Одни́ объясня́ют э́то влия́нием телеви́дения: телеви́зор и ви́део ста́ли популя́рнее теа́тра. Други́е ви́дят причи́ну в измене́нии о́браза жи́зни люде́й. Ра́ньше лю́ди жи́ли бли́же к це́нтру, где нахо́дится большинство́ теа́тров. Мно́гие жи́ли в коммуна́льных кварти́рах, и им хоте́лось провести́ ве́чер в бо́лее прия́тной обстано́вке. Тепе́рь большинство́ живёт в отде́льных, бо́лее удо́бных кварти́рах обы́чно в но́вых райо́нах, далеко́ от це́нтра. Лю́ди ча́ще прово́дят свобо́дное вре́мя до́ма и ре́же хо́дят в теа́тр. Сиде́ть у телеви́зора про́ще, удо́бнее и деше́вле.

На́до сказа́ть, что в бо́лее популя́рных теа́трах, как всегда́, мно́го наро́ду, и зри́тельные за́лы полны́. В люби́мый теа́тр Мари́ны, Теа́тр дра́мы и коме́дии на Тага́нке попа́сть, как и пре́жде, тру́дно. Спекта́кли здесь я́рки и интере́сны, гора́здо я́рче и интере́снее, чем в любо́м друго́м теа́тре.

Коне́чно, ма́ссовая культу́ра то́же влия́ет на теа́тр. Зри́тель стал други́м, у него́ други́е вку́сы. Лю́ди ждут от теа́тра бо́лее интере́сных спекта́клей. Психологи́ческий традицио́нный теа́тр их интересу́ет ме́ньше. Ча́ще они́ предпочита́ют мю́зиклы, эстра́ду. Э́то влия́ет на репертуа́р теа́тров. Теа́тр стано́вится бо́лее развлека́тельным. Ста́вятся пе́рвые мю́зиклы, рок-о́перы. В них бо́льше фанта́зии, чем в традицио́нных спекта́клях, в них бо́лее бы́стрый темп, бо́лее совреме́нная му́зыка. На таки́х спекта́клях зал всегда́ по́лон.

Когда́ начина́ется спекта́кль?

МАРИ́НА:	Что бу́дем де́лать сего́дня ве́чером? Мо́жет быть, пойдём в теа́тр?
ПИ́ТЕР:	В теа́тр? А ско́лько сейча́с вре́мени? Ой, уже́ по́здно, семь часо́в! Мы уже́ опозда́ли в теа́тр!
МАРИ́НА:	Семь часо́в? Твои́ часы́ спеша́т! Ещё то́лько полседьмо́го!
ПИ́ТЕР:	А куда́ ты хо́чешь идти́? На «Три сёстры́» Че́хова? Я уже́ ви́дел э́ту пье́су. Пойдём лу́чше на мю́зикл!
МАРИ́НА:	Я не про́тив! За́втра идёт рок–о́пера «Юно́на и Аво́сь». Говоря́т, спекта́кль замеча́тельный. То́лько тру́дно доста́ть биле́ты на за́втра.
ПИ́ТЕР:	А послеза́втра идёт мю́зикл «Шерло́к Холмс», му́зыка Па́улса. Пойдём на Шерло́ка Хо́лмса!
МАРИ́НА:	С удово́льствием! Па́улс мой люби́мый компози́тор. И доста́ть биле́ты бу́дет ле́гче. У меня́ в теа́тре знако́мая актри́са.
ПИ́ТЕР:	А когда́ начина́ется спекта́кль?
МАРИ́НА:	Нача́ло в полови́не восьмо́го.
ПИ́ТЕР:	Тогда́ дава́й встре́тимся без че́тверти семь у теа́тра.
МАРИ́НА:	Нет, лу́чше прийти́ пора́ньше! Дава́й встре́тимся в шесть.
ПИ́ТЕР:	Хорошо́! Бу́ду ждать тебя́ ро́вно в шесть у теа́тра. Не опа́здывай!

Слова́рь

бли́же (*comp of* **бли́зко**)	closer	**гора́здо интере́снее**	much more interesting
влия́ние	influence	**деше́вле** (*comp of* **дёшево**)	cheaper
влия́ть I (по-*pf*) на(+ *acc*)	to influence	**доро́же** (*comp of* **до́рого**)	more expensive

достава́ть/ доста́ть I (доста́н||у, -ешь) (ли́шний) биле́т to get a (spare) ticket
зри́тель spectator; **~ный зал** auditorium
измене́ние change
коммуна́льная кварти́ра communal flat
ле́гче (*comp of* **легко́**) easier
любо́й друго́й any other
ме́ньше (*comp of* **ма́ло**) less, smaller
о́браз жи́зни way of life
обстано́вка environment
объясня́ть I/ объясни́ть II to explain
опа́здывать I/ опозда́ть II to be late
попада́ть/ попа́сть I (попад||у́, -ёшь), в (+ *acc*) to get to
(в) после́днее вре́мя lately
постано́вка production
пре́жде before
причи́на reason
про́ще (*comp of* **про́сто**) simpler
развлека́тельный entertaining
ре́же (*comp of* **ре́дко**) less often
совреме́нный modern
спекта́кль (*m*) performance
ста́вить II (по-) пьесу́ to stage a play
ча́ще (*comp of* **ча́сто**) more often
че́тверть (*f*) quarter
эстра́да light entertainment, variety
я́рче (*comp of* **я́рко**) brighter

TIME:	
кото́рый час? *or* **ско́лько вре́мени?**	what time is it?
твой часы́ спеша́т	your watch is fast
ро́вно в шесть	at 6 o'clock sharp
полови́на седьмо́го (полседьмо́го)	half past six

Language in action

Вопро́сы

Пра́вда, что лю́ди тепе́рь хо́дят в теа́тр ме́ньше, чем ра́ньше? Почему́?
Что популя́рнее, по ва́шему мне́нию: теа́тр и́ли телеви́дение?
Как лю́ди сейча́с прово́дят своё свобо́дное вре́мя?
Почему́ не́которые теа́тры всегда́ полны́?
Когда́ начина́ются спекта́кли в моско́вских теа́трах?
Что вы предпочита́ете: теа́тр, кино́, телеви́зор и почему́?

Что, где, когда́ идёт в моско́вских теа́трах?

БОЛЬШО́Й ТЕА́ТР ВОСКРЕСЕ́НЬЕ 5 АПРЕ́ЛЯ У́ТРО

«Лебеди́ное о́зеро» (бале́т в трёх а́ктах)
Му́зыка Чайко́вского
Постано́вка Васи́льева
Па́ртию Оде́тты танцу́ет Н. Па́влова
Нача́ло в 11.30 утра́
ВЕ́ЧЕР
«Война́ и мир» (по рома́ну Толсто́го) (о́пера в четырёх а́ктах)
Му́зыка Проко́фьева Постано́вка Покро́вского
Па́ртию Ната́ши поёт А. Соколо́ва
Нача́ло в 8 ве́чера

ТЕА́ТР «СОВРЕМЕ́ННИК» ВТО́РНИК 7 АПРЕ́ЛЯ

А. Во́лодин «Ста́ршая сестра́» (пье́са в двух а́ктах)
Режиссёр Н. Ефре́мов Гла́вную роль исполня́ет И. Ле́вина
Нача́ло в 7.15 ве́чера

ТЕА́ТР ДРА́МЫ И КОМЕ́ДИИ НА ТАГА́НКЕ СРЕДА́ 8 АПРЕЛЯ́

М. Булга́ков «Ма́стер и Маргари́та» (дра́ма в трёх а́ктах)
Постано́вка Ю. Люби́мова
В ро́ли Маргари́ты М. Ники́тина
Нача́ло в 7 ве́чера

ТЕА́ТР МУЗЫКА́ЛЬНОЙ КОМЕ́ДИИ ЧЕТВЕ́РГ 9 АПРЕЛЯ́

«Шерло́к Холмс» (по расска́зам Конан Дойля) (мю́зикл в двух а́ктах)
Му́зыка Р. Па́улса Поста́новка Роза́нова
Хореогра́фия Макси́мовой
Нача́ло в 7.30 ве́чера.

1 В како́й теа́тр вы хоте́ли бы пойти́?
2 Како́й спекта́кль идёт в э́том теа́тре?
3 Како́го числа́ и в како́й день идёт спекта́кль?
4 Когда́ начина́ется спекта́кль?
5 Кто исполня́ет (*performs*) гла́вную роль?
6 Кто поста́вил спекта́кль?

Импровиза́ция

— *Ask when* Swan Lake *is on.*
— Два́дцать пя́того и два́дцать седьмо́го ноября́, пе́рвого и тре́тьего декабря́.

— *Ask if there are any tickets for the twenty-fifth.*
— Нет, то́лько на пе́рвое и тре́тье декабря́.
— *Ask which seats* (**ме́сто**) *they have for the first of December.*
— На пе́рвое есть места́ то́лько на балко́не.
— *Ask which seats they have for the third.*
— На тре́тье есть хоро́шие места́ в амфитеа́тре (*circle*) и в парте́ре (*stalls*).
— *Ask for four tickets for* (**в** + *acc*) *the stalls.*
— Четырёх мест вме́сте в парте́ре нет, то́лько в амфитеа́тре.
— *Say that you will take tickets for the circle.*
— Есть четы́рнадцатый и два́дцать пя́тый ряд (*row*).
— *Ask which are better.*
— Четы́рнадцатый ряд бли́же и, коне́чно, лу́чше.
— *Ask if the tickets are much dearer for row fourteen.*
— Нет, они́ то́лько на три́ста рубле́й доро́же.
— *Say that you will take the tickets for row fourteen.*
— Четы́рнадцатый ряд, ме́сто четвёртое, пя́тое, шесто́е, седьмо́е.
— *Ask how much the tickets cost.*
— 4000 г.
— *Offer a 50,000 rouble note.*
— У вас нет поме́ньше?
— *Say no, only 50,000 roubles.*

Грамма́тика

Comparatives of adjectives

A Russian adjective may be turned into the comparative by placing the word **бо́лее** 'more' in front of it. The word **бо́лее** remains the same whatever case or number the adjective is in: **бо́лее удо́бные кварти́ры** 'more comfortable flats', **Они́ живу́т в бо́лее удо́бных кварти́рах** 'They live in more comfortable flats'.

The word **бо́лее** is used with the long form of the adjective. There is a short comparative adjective with the ending **-ее** (alternative ending **-ей**). The ending **-ее** is used for all genders and for the plural: **Моя́ кварти́ра удо́бнее** 'My flat is more comfortable'. **Теа́тр интере́снее** 'Theatre is more interesting'. **Студе́нты умне́е** 'Students are cleverer'.

The short comparative is used to translate sentences such as those above, where the verb 'to be' comes between noun and adjective.

Some adjectives have an irregular short form comparative ending in **-е**:

(бли́зкий)	**бли́же**	nearer	**(большо́й)**	**бо́льше**	bigger
(высо́кий)	**вы́ше**	higher	**(далёкий)**	**да́льше**	further
(дешёвый)	**деше́вле**	cheaper	**(дорого́й)**	**доро́же**	dearer
(лёгкий)	**лёгче**	easier	**(молодо́й)**	**моло́же/ мла́дше**	younger
(ни́зкий)	**ни́же**	lower	**(плохо́й)**	**ху́же**	worse
(просто́й)	**про́ще**	simpler	**(ра́нний)**	**ра́ньше**	earlier
(ре́дкий)	**ре́же**	rarer	**(ста́рый)**	**ста́рше**	older (of people)
(ча́стый)	**ча́ще**	more frequent		**старе́е**	older (of things)
(хоро́ший)	**лу́чше**	better	**(широ́кий)**	**ши́ре**	wider
(я́ркий)	**я́рче**	brighter			

Note also:

(мно́го)	**бо́льше**	more	**(ма́ло)**	**ме́ньше**	less

The prefix **по-** is sometimes added to short form comparatives meaning 'a little more' or, paradoxically, 'as much as possible': **пора́ньше** 'a little earlier, as early as possible'. **Как мо́жно** used with the comparative also translates 'as ... as possible': **как мо́жно быстре́е** 'as quickly as possible'.

Some adjectives have a one-word declinable comparative instead of the **бо́лее** form:

(большо́й)	**бо́льший**	bigger
(ма́ленький)	**ме́ньший**	smaller, lesser
(плохо́й)	**ху́дший**	worse
(хоро́ший)	**лу́чший**	better

The following have one-word declinable comparatives as well as the regular **бо́лее** form. The form you choose depends on the context:

(высо́кий)	**бо́лее высо́кий**	higher, taller (literal description)
	вы́сший	higher, superior (figurative use only)
(ни́зкий)	**бо́лее ни́зкий**	lower (literal description)
	ни́зший	lower, inferior (figurative use only)
(молодо́й)	**бо́лее молодо́й**	younger (of things)
	мла́дший	younger, junior (people only)
(ста́рый)	**бо́лее ста́рый**	older (of things)
	ста́рший	elder, senior (people only)

Examples: **ста́рший брат** 'elder brother'; **бо́лее старый университе́т** 'older university'; **вы́сшее образова́ние** 'higher education'; **бо́лее высо́кое зда́ние** 'taller building'.

Comparative of adverbs

The comparative of the adverb is the same as the corresponding short comparative adjective: **Они иду́т бы́стро, а мы идём быстре́е** 'They go quickly but we go more quickly'. **Он рабо́тает хорошо́, а мы рабо́таем лу́чше** 'He works well but we work better'.

Adverbs formed from adjectives ending in **-ский** have the ending **-ски**: **реалисти́ческий** 'realistic' — **реалисти́чески** 'realistically'. Such adverbs form their comparative with **бо́лее**: **бо́лее реалисти́чески** 'more realistically'.

Than

'Than' is translated either by the word **чем** or by putting the object of comparison in the genitive: **Мы живём в бо́лее краси́вой кварти́ре, чем Пи́тер** 'We live in a more beautiful flat than Peter'. **Телеви́дение интере́снее те́атра** 'Television is more interesting than theatre'.

Usually the genitive is used rather than **чем** after a short comparative.

Чем should be used:

1 after a comparative with **бо́лее**
2 if the second half of the comparison is not a noun or pronoun: **до́ма лу́чше, чем здесь** 'at home is better than here'.
3 if the objects compared are not in the nominative case: **я бо́льше интересу́юсь теа́тром, чем телеви́дением** 'I am more interested in theatre than television'.
4 if the object of the comparison is 'his', 'hers', 'its', 'theirs': **на́ша кварти́ра красиве́е, чем его́** 'our flat is more beautiful than his'.

Much

'Much' with a comparative is translated by **гора́здо** or **намно́го**: **теа́тр гора́здо/намно́го интере́снее телеви́дения** 'theatre is much more interesting than television'.

Comparing ages

Note the use of **на** in the following construction: **Мой брат ста́рше меня́ на три го́да** 'My brother is three years older than me'. **Моя́ сестра моло́же его́ на пять лет** 'My sister is five years younger than him'.

Telling the time

кото́рый час/ско́лько вре́мени?	'what time is it?'
час	'one o'clock'
два/три/четы́ре часа́	'one/two/three o'clock'
пять/шесть часо́в	'five/six o'clock'
в кото́ром часу́?	'at what time?'
в час	'at one o'clock'
в два/три/четы́ре часа́	'at two/three/four o'clock'
в пять/шесть часо́в	'at five/six o'clock'
полови́на второ́го	'half past one (a half of the second)'
полови́на тре́тьего	'half past two (a half of the third)'
в полови́не четвёртого	'at half past three'

Sometimes **полови́на** is abbreviated to **пол**:

полпя́того	'half past four'
че́тверть шесто́го	'a quarter past five (a quarter of the sixth)'
в че́тверть седьмо́го	'at a quarter past six'
без че́тверти семь	'a quarter to seven (without a quarter seven)'
The same phrase also means	'at a quarter to seven'

Other examples:

два́дцать мину́т восьмо́го	'twenty past seven'
без пяти́ де́вять	'five to nine/at five to nine'
без двадцати́ пяти́ де́сять	'twenty five to ten/ at twenty five to ten'

A.M./P.M.

There is no direct equivalent of a.m. and p.m. in Russian. **Но́чи** 'of the night' or **утра́** 'of the morning' are used to translate a.m. **Дня** 'of the day' or **ве́чера** 'of the evening' are used to translate p.m.: **два часа́ но́чи** 'two a.m.'; **пять часо́в утра́** 'five a.m.'; **три часа́ дня** 'three p.m.'; **шесть часо́в ве́чера** 'six p.m.'

Дава́йте

Дава́й/дава́йте is used with the 1st person plural (**мы** form) of the future perfective to translate 'let us': **Дава́йте посмо́трим, каки́е мю́зиклы идут сейча́с** 'Let us see which musicals are on at the moment'.

Names

Russian names change their endings according to case. First names generally behave like nouns. Declensions of some typical surnames are given in the Grammar summary.

Упражне́ния

1 Put the adjectives into the long comparative:

Мы живём в краси́вом го́роде. Го́род нахо́дится на широ́кой реке́. Они́ живу́т в большо́м до́ме. У него́ серьёзные пробле́мы. На ры́нке продаю́т дешёвые ту́фли. Я предпочита́ю популя́рные фи́льмы. На́до име́ть де́ло с просты́ми людьми́. Теа́тр всегда́ игра́л ва́жную роль в его́ жи́зни. В э́том году́ он написа́л интере́сную кни́гу. Я люблю́ ходи́ть в удо́бных кроссо́вках.

2 Make comparisons using the short comparative followed by the Genitive

> *For example:* **Моско́вские у́лицы широ́кие (ло́ндонские у́лицы) — моско́вские ули́цы ши́ре ло́ндонских у́лиц.**

Ста́рые больни́цы плохи́е (но́вые). Англи́йское метро́ ста́рое (моско́вское метро́). Теа́тр на Тага́нке популя́рный (Ма́лый теа́тр). Би́леты в кино́ дешёвые (биле́ты в теа́тр). Испа́нский язы́к лёгкий (ру́сский язы́к). Отде́льная кварти́ра удо́бная (коммуна́льная кварти́ра). Кли́мат в А́фрике тёплый (кли́мат в Евро́пе). Спекта́кль в теа́тре хоро́ший (спекта́кль по телеви́зору). Ру́сская во́дка дорога́я (болга́рское вино́). Жизнь в дере́вне проста́я (жизнь в го́роде). Моя́ сестра́ молода́я (его́ брат). Её оте́ц ста́рый (моя́ мать). Ло́ндон ста́рый (Нью-Йо́рк).

3 Make up new sentences combining the information from the two sentences given.

> *For example:* **Ива́ну 7 лет. Ма́ше 6 лет. Ива́н ста́рше Ма́ши на оди́н год. Ма́ша моло́же Ива́на на оди́н год.**

Бори́су 8 лет. Ка́те 5 лет.
Ма́ше 6 лет. Ви́ктору 4 го́да.
Ната́ше 12 лет. Серге́ю 7 лет.
Ви́ктору 29 лет. Тама́ре 25 лет.
Отцу́ 50 лет. Ма́тери 42 го́да.

4 **Кто? Что? Когда́?** Who does what when? Make up sentences using the information given in the timetable.

	Встаёт?	Выхо́дит из до́ма?	Прихо́дит домо́й?	Ложи́тся спать?
Са́ша	6.30	7.45	6.30	11
Марина	7.20	8.30	4.45	11.30
Питер	7.15	8.20	5.40	12
Таня	8	9.30	5.30	11.40
Дима	7.30	8.15	3.20	10.45

Перево́д

1 Life is much more interesting when you have more free time.
2 Theatre tickets are more expensive now than last year. Cinema tickets are cheaper but I am more interested in the theatre.
3 I live further from the centre of Moscow now. As a result I go to the theatre less often.
4 My friend drives a newer car than Sasha, but Sasha says that his car is better.
5 Buildings in London are taller than those in Moscow.
6 They sell cheaper shoes in the market.
7 Moscow is colder than London in winter but warmer in summer.
8 She plays the violin much better than her elder sister.

17 Уро́к семна́дцатый

In this lesson you will learn how to:

- Talk about health and cope with a visit to the doctor
- Use the superlative
- Use **себя́**

Пробле́мы здравоохране́ния

Де́тская больни́ца, в кото́рой рабо́тает Алексе́й Ива́нович Петро́в — одна́ из са́мых лу́чших в Москве́. Здесь испо́льзуются са́мые после́дние ме́тоды лече́ния, применя́ется нове́йшая медици́нская техноло́гия. Мно́гие роди́тели стара́ются попа́сть на приём к Алексе́ю Ива́новичу, крупне́йшему специали́сту по де́тским боле́зням. Он лу́чше всех ле́чит больны́х, точне́е всех ста́вит диа́гноз, его́ больны́е де́ти выздора́вливают быстре́е всех. Но тепе́рь попа́сть на приём к Алексе́ю Ива́новичу ста́ло трудне́е: в про́шлом году́ он стал депута́том Верхо́вного Сове́та, и ему́ прихо́дится занима́ться пробле́мами здравоохране́ния. Коне́чно, он по–пре́жнему принима́ет больны́х, но, как пра́вило, име́ет де́ло с са́мыми серьёзными слу́чаями, когда́ нужна́ консульта́ция са́мого о́пытного врача́.

А пробле́м в здравоохране́нии о́чень мно́го. Изве́стно, что систе́ма отстаёт от мно́гих стран ми́ра и бо́льше всего́ нужда́ется в фина́нсовых сре́дствах. Встал вопро́с, где и как найти́ де́ньги как мо́жно быстре́е, как сде́лать систе́му бо́лее эффекти́вной. Моско́вское здравоохране́ние в тяжеле́йшем положе́нии. Здесь во мно́гих больни́цах не хвата́ет ча́сто просте́йшего медици́нского обору́дования, нет однора́зовых шпри́цев, в апте́ках нет ну́жных лека́рств.

Алексе́я Ива́новича о́чень беспоко́ит распростране́ние СПИ́Да. Пра́вда, слу́чаи СПИ́Да в Росси́и пока́ ре́дки, но из–за отсу́тствия одноразо́вых шпри́цев э́та опа́снейшая боле́знь мо́жет распространи́ться с огро́мнейшей ско́ростью.

Что у вас боли́т?

— Здра́вствуйте, молодо́й челове́к! На что вы жа́луетесь? Что у вас боли́т?
— До́ктор, у меня́ боли́т го́рло и голова́. Ка́жется, я простуди́лся.
— На́до бы́ло вы́звать врача́. Ну, хорошо́! Дава́йте изме́рим температу́ру, посмо́трим, что с ва́ми. Ка́шля у вас нет?
— Нет, ка́шля нет, но я чу́вствую себя́ ужа́сно.
— Разде́ньтесь до по́яса, пожа́луйста! Я осмотрю́ вас, послу́шаю ва́ше се́рдце. Температу́ра у вас высо́кая, почти́ три́дцать во́семь, но с ва́шим се́рдцем мо́жно жить сто лет! Чем вы боле́ли в де́тстве?
— В де́тстве я боле́л скарлати́ной, ко́рью, анги́ной.
— Лёгкие у вас чи́стые. Откро́йте рот. Посмо́трим ва́ше го́рло. Вы ку́рите?
— Нет, не курю́. Э́то серьёзно, до́ктор?
— Нет, серьёзного ничего́ нет. У вас грипп. В го́роде эпиде́мия. Я вы́пишу вам лека́рство, пеницилли́н. Принима́йте по две табле́тки три ра́за в день. А вот реце́пт на табле́тки от головно́й бо́ли.
— Большо́е спаси́бо, до́ктор, до свида́ния.
— До свида́ния, выздора́вливайте скоре́е!

Слова́рь

апте́ка	chemist's (shop)
беспоко́ить (по-) II	to worry
боле́знь (*f*)	illness
боле́ть (за-) I (+ *inst*)	to be ill with
боле́ть (за-) II (боли́т, боля́т *only***)**	to ache
больно́й	sick, patient
выздора́вливать I/ вы́здороветь II	to recover
вызыва́ть/ вы́звать I (вы́зов||у, -ешь) врача́	to call the doctor
выпи́сывать/ вы́писать I реце́пт	to prescribe
голова́	head
го́рло	throat
депута́т Верхо́вного Сове́та	deputy of Supreme Soviet

жа́ловаться (по-) I на (+ *acc*)	to complain (of)	**пока́**	for the time being
здравоохране́ние	public health care	**по-пре́жнему**	as before
из-за отсу́тствия	because of the absence	**приём**	reception
измеря́ть I/ изме́рить II температу́ру	to take a temperature	**применя́ть I/ примени́ть II**	to employ
име́ть I де́ло с (+ *inst*)	to deal with	**принима́ть/ приня́ть I (прим‖у́, -ешь) больны́х**	to see patients
испо́льзовать I	to use	**~ лека́рство**	to take medicine
ка́шель (*m*)	cough	**простужа́ться I/ простуди́ться II**	to catch cold
кру́пный	big	**распростране́ние**	spreading
кури́ть II	to smoke	**распростра-ня́ться I/ распростра-ни́ться II**	to spread
лёгкое	lung		
лежа́ть II в посте́ли	to stay in bed		
лече́ние	treatment	**рот**	mouth
лечи́ть (вы-) II	to treat	**се́рдце**	heart
нужда́ться в сре́дствах	to require means	**ско́рость** (*f*)	speed
		слу́чай	case
обору́дование	equipment	**ста́вить II то́чный диа́гноз**	to make an accurate diagnosis
огро́мный	huge		
однора́зовый шприц	disposable syringe		
		табле́тка от головно́й бо́ли	headache pill
опа́сный	dangerous		
о́пытный	experienced	**тяжёлое положе́ние**	difficult situation
отстава́ть/ отста́ть I от (отста́н‖у, -ешь) (+ *gen*)	to lag behind	**чу́вствовать (по-) I себя́**	to feel

Что с ва́ми?	What is the matter with you?
Что у вас боли́т?	What hurts?
У меня боли́т голова́.	I have a headache.
Разде́ньтесь до по́яса?	Strip to the waist.
У меня́ грипп	I have flu.
Чем вы боле́ли?	What illnesses have you had?

N.B. **Боле́зни: анги́на** — tonsillitis, **грипп** — flu; **корь** (*f*) — measles; **скарлати́на** — scarlet fever; **СПИД** — AIDS

Language in action

Вопро́сы

Где рабо́тает Алексе́й Ива́нович?
Кака́я э́то больни́ца?
Почему́ роди́тели хотя́т попа́сть на приём к Алексе́ю Ива́новичу?
Почему́ ста́ло тру́дно попа́сть на приём к нему́?
Когда́ Алексе́й Ива́нович принима́ет тепе́рь больны́х?
Каки́е пробле́мы беспоко́ят Алексе́я Ива́новича?
Бы́ли ли слу́чаи СПИ́Да в Росси́и?
Почему́ СПИД — опа́сная боле́знь?

АНКЕ́ТА ЗДОРО́ВЬЯ

1. **Каки́ми боле́знями вы боле́ли в де́тстве?**
2. **Как ча́сто вы боле́ете?**
3. **Когда́ у вас был грипп в после́дний раз?**
4. **Как ча́сто вы хо́дите к врачу́?**
5. **Следи́те ли** (*look after*) **вы за свои́м здоро́вьем?**
6. **Вы ку́рите? Ско́лько сигаре́т в день?**
7. **Занима́етесь ли вы спо́ртом? Бе́гаете? Пла́ваете? Де́лаете у́треннюю заря́дку** (*do morning exercises*)**?**
8. **Ско́лько алкого́ля вы выпива́ете за неде́лю? Рю́мка** (*wine-glass*) **вина́, во́дки, кру́жка пи́ва** (*glass of beer*)**?**

Сде́лайте вы́бор!

Что бы вы де́лали

(a) если бы у вас заболе́ла голова́ (пойти́ к врачу́, игра́ть в ша́хматы, принима́ть табле́тки от головно́й бо́ли)
(b) если бы у вас заболе́ло го́рло (съесть моро́женое, купа́ться в холо́дном мо́ре, вы́пить чай с лимо́ном)
(c) если бы вы заболе́ли гри́ппом (вы́звать врача́, лежа́ть в посте́ли, ката́ться на лы́жах)

Импровиза́ция

— *Say good morning doctor.*
— Здра́вствуйте. Сади́тесь, пожа́луйста! На что вы жа́луетесь?
— *Describe symptoms consistent with tonsilitis — sore throat, headache, etc. Say that you have been feeling ill for three days.*

— Откро́йте рот. Да, го́рло у вас кра́сное. Ка́шля у вас нет?
— *Say that you do not have a cough but you feel terrible.*
— Ну, хорошо́. Дава́йте изме́рим температу́ру. Температу́ра у вас высо́кая. Сейча́с у вас анги́на. У вас нет аллерги́и (*allergy*) к пеницилли́ну?
— *Say no, you have had penicillin before without any problems.*
— Хорошо́. Я вам вы́пишу пеницилли́н.
— *Ask how many tablets you should take a day.*
— Принима́йте по две табле́тки три ра́за в день.
— *Ask if you must stay in bed.*
— Нет, в посте́ли мо́жно не лежа́ть, но 2–3 дня на у́лицу лу́чше не выходи́ть.
— *Ask when you will be able to go to work. Say that you have an important meeting in two weeks.*
— Не беспоко́йтесь! Че́рез неде́лю вы бу́дете на рабо́те!
— *Say thank you and goodbye.*

Грамма́тика

Superlative of adjectives

A Russian adjective may be turned into the superlative by putting the word **са́мый** 'most' in front of it. **Са́мый** declines like a hard adjective and will agree with the adjective it precedes in number, gender and case: **Он име́ет де́ло с са́мыми серьёзными слу́чаями** 'He deals with the most serious cases'. **Са́мые после́дние ме́тоды испо́льзуются здесь** 'The latest methods are used here'. **Са́мый** can only be used with the long adjective.

Note the superlatives of the eight adjectives with one-word declinable comparatives.

	Comparative	Superlative
большо́й	**бо́льший**	**са́мый большо́й**
ма́ленький	**ме́ньший**	**са́мый ма́ленький**
плохо́й	**ху́дший**	**са́мый ху́дший**
хоро́ший	**лу́чший**	**са́мый лу́чший**
высо́кий	**бо́лее высо́кий**	**са́мый высо́кий**
	вы́сший	**вы́сший** (*figurative use*)
молодо́й	**бо́лее молодо́й**	**са́мый молодо́й**
	мла́дший	**са́мый мла́дший** (*people only*)
ни́зкий	**бо́лее ни́зкий**	**са́мый ни́зкий**
	ни́зший	**ни́зший** (*figurative use*)
ста́рый	**бо́лее ста́рый**	**са́мый ста́рый**
	ста́рший	**са́мый ста́рший** (*people only*)

Лу́чший, ху́дший, мла́дший and **ста́рший** can also be used without **са́мый** to translate the superlative: **Алексе́й Ива́нович — лу́чший врач** 'Aleksey Ivanovich is the best doctor'.

There is an alternative superlative ending in **-ейший**. To form this, remove the **-ый, ий** or **о́й** from the masculine form of the adjective and replace it by **-ейший**. These adjectives decline like the mixed adjective **хоро́ший: Он име́ет де́ло с серьёзнейшими слу́чаями** 'He deals with the most serious cases'. Often this form is not used as a true superlative but rather to give added force of meaning to the adjective: **СПИД — опа́снейшая боле́знь** 'AIDS is a most dangerous disease'.

After **ж, ч, ш, щ** the ending is **-айший** rather than **-ейший: вели́кий — велича́йший; глубо́кий — глубоча́йший; коро́ткий/кра́ткий — кратча́йший; лёгкий — легча́йший; стро́гий — строжа́йший; широ́кий — широча́йший.**

Superlative of adverbs

There is no true superlative of the adverb. The idea of the superlative is expressed by using the comparative and following it by either **всего́** 'than everything' or **всех** 'than everyone', as appropriate: **Петро́в ста́вит диа́гноз точне́е всех** 'Petrov makes the diagnosis most accurately (more accurately than everyone)'. **Пробле́ма СПИ́Да беспоко́ит его́ бо́льше все́го** 'The problem of AIDS worries him most (more than everything)'.

Боле́ть/больно́й

There are two verbs with the infinitive **боле́ть**:

1 **боле́ть** 1st conjugation (**я боле́ю, ты боле́ешь**, etc.) means 'to be ill':

> **Я никогда́ не боле́ю** 'I am never ill'.
> **Он боле́ет гри́ппом** 'He is ill with flu'.
> **В де́тстве я боле́л скарлати́ной** 'I was ill with (had) scarlet fever as a child'.

2 **боле́ть** 2nd conjugation, used only in the third person (**боли́т, боля́т**, means 'to ache, hurt, be sore':

> **У меня́ боли́т голова́** 'My head aches'.
> **У него́ боля́т зу́бы** 'His teeth are aching'.
> **У неё боле́ло го́рло** 'She had a sore throat'.

The adjective **больной** means 'painful, sick': **больной ребёнок** 'a sick child'; **больное сердце** 'a bad heart'.

Used on its own, without a noun, **больной** means 'patient, sick person, invalid': **Его больные выздоравливают быстрее всех** 'His patients recover quickest'. **Он больной** 'He is an invalid'.

To translate 'he is ill', use the short form, which denotes a more temporary state than **больной**: **Он болен** 'He is ill, unwell'.

Note also the following expression: **Чем вы больны?** 'What is wrong with you? (literally: with what are you ill?)

Себя

Себя is a reflexive pronoun. It means myself, yourself, himself, etc., referring back to the subject of the verb. Because it refers back to the subject **себя** can never be the subject and does not exist in the nominative. The same forms are used for all genders and both singular and plural:

Accusative	**себя**
Genitive	**себя**
Dative	**себе**
Instrumental	**собой** (alternative form **собою**)
Prepositional	**себе**

Examples of how себя is used:

Я купил себе костюм 'I bought myself a suit'. **Они думают только о себе** 'They only think about themselves'. **Он привёз с собой багаж** 'He brought his luggage with him'.

Note the use of **себя** after the verb **чувствовать** 'to feel': **Он чувствует себя хорошо** 'He feels well'.

Упражнения

1 Replace the adjectives with both forms of the superlative.

> *For example:* **МГУ — старый университет страны. МГУ — самый старый университет страны. МГУ — старейший университет страны.**

Енисей — длинная река Сибири. Пушкин — великий русский

поэ́т. Ива́н Ива́нович — до́брый челове́к в дере́вне. Алексе́й Ива́нович — оди́н из о́пытных враче́й и кру́пных специали́стов. Он всегда́ де́лает тру́дную рабо́ту. Са́ша игра́л в си́льной кома́нде страны́. «Война́ и мир» — интере́сный рома́н Толсто́го. В больни́це испо́льзуют но́вую техноло́гию. СПИД — опа́сная боле́знь. Петербу́рг — оди́н из краси́вых городо́в ми́ра.

2 Insert a suitable verb from those given in brackets: (**жа́ловаться, принима́ть, вы́писать, боле́ть, лечи́ть**).

С утра́ Пи́тер ... на головну́ю боль. Ты бо́лен и ты до́лжен ... лека́рство от ка́шля. В де́тстве я ... ко́рью. Он ча́сто ... гри́ппом. У меня́ всё ... сего́дня. Како́й врач ... вас? И́рочка ... уже́ неде́лю. У Са́ши ... го́рло. Вы должны́ ... э́ти табле́тки три ра́за в день. Врач ... мне реце́пт на лека́рство. Чем ... ваш ребёнок в про́шлом году́? Он никогда́ не ... Что у вас ... У ба́бушки ... се́рдце.

3 Insert the correct form of **себя́**.

Стари́к рассказа́л о ... мно́го интере́сного. Она́ интересу́ется то́лько ... Пи́тер купи́л ... кроссо́вки. Ты всегда́ до́лжен носи́ть с ... па́спорт. Ученики́ откры́ли кни́ги пе́ред ... и на́чали чита́ть. Он посмотре́л вокру́г ... и уви́дел, что уже́ все ушли́. Он живёт то́лько для ... Он зашёл к ... в ко́мнату, но там никого́ не́ было. У ... до́ма он чу́вствует ... прекра́сно.

Перево́д

1 Peter had been feeling bad for three days. He thought that he had caught a cold while fishing in the lake at Sasha's. It rained hard that day and it was very cold. Of course they drank a lot of vodka afterwards, since Sasha thought that vodka was the best medicine! But in the morning Peter felt awful. He had a dreadful heachache and his throat hurt. His temperature was also high – almost 38°C and he could hardly talk. Fortunately, Sasha came and called the doctor. When the doctor arrived, he examined Peter and said that he had flu.

2 The Russian health system is in a most difficult situation. Some hospitals lack even the simplest equipment and medicines.

3 AIDS spreads fastest when there are no disposable syringes.

18 Уро́к восемна́дцатый

In this lesson you will learn how to:

- Talk about equality of the sexes
- Use active participles
- Use **не́кого** and **не́чего**

Мужчи́на и же́нщина

В Конститу́ции бы́вшего СССР говори́тся, что же́нщина равна́ с мужчи́ной, что она́ име́ет пра́во на труд, на ра́вную зарпла́ту, на о́тпуск, на образова́ние. Согла́сно стати́стике же́нщины в здравоохране́нии составля́ют во́семьдесят проце́нтов, в наро́дном образова́нии — во́семьдесят три. В Конститу́ции то́же говори́тся, что социа́льной поли́тикой госуда́рства явля́ется забо́та о рабо́тающей же́нщине–ма́тери. Существу́ют специа́льные пра́вила и но́рмы, охраня́ющие же́нский труд, запреща́ющие испо́льзование же́нщин на вре́дных предприя́тиях. Но до сих пор мо́жно ви́деть же́нщин, занима́ющихся тяжёлым физи́ческим трудо́м, рабо́тающих на стро́йке и́ли на желе́зной доро́ге. Одни́ объясня́ют тако́е явле́ние после́дствиями войны́ в стране́, потеря́вшей огро́мное число́ мужчи́н. Други́е счита́ют э́то приме́ром достиже́ния равнопра́вия!

Переме́ны, происше́дшие в стране́, привлекли́ внима́ние к положе́нию же́нщин. На состоя́вшейся неда́вно конфере́нции же́нщин мно́го говори́лось о наруше́ниях усло́вий же́нского труда́. Ока́зывается, в Росси́и существу́ет мно́го предприя́тий, испо́льзующих же́нский труд и постоя́нно наруша́ющих но́рмы и пра́вила. Больша́я пробле́ма — стереоти́пы, существу́ющие до сих пор. В большинстве́ семе́й всё ещё существу́ет деле́ние на мужски́е и же́нские обя́занности. Дома́шнее хозя́йство, мытьё посу́ды муж счита́ет же́нским трудо́м, унижа́ющим его́ мужско́е досто́инство! Э́то осо́бенно характе́рно для семе́й, где муж неда́вний дереве́нский жи́тель, пересели́вшийся в го́род и жени́вшийся на горожа́нке.

Де́лать не́чего

— Лю́да! Пое́хали ле́том отдыха́ть в дере́вню?
— В дере́вню? Ты с ума́ сошла́! Что там де́лать? Там же не́чего де́лать, не́куда идти́ ве́чером, не́ с кем разгова́ривать!
— Пра́вда, коне́чно! Там ничего́ нет, ни теа́тров, ни магази́нов! Но в го́роде ле́том то́же не́чего де́лать!
— Как не́чего де́лать? Здесь мо́жно пойти́ в кино́, в теа́тр, пригласи́ть друзе́й.
— Но в про́шлое ле́то мы никуда́ не ходи́ли и никого́ не приглаша́ли! Мы про́сто сиде́ли до́ма и ничего́ не де́лали. Бы́ло так ску́чно!
— Наве́рно, ты права́! Пое́дем в дере́вню!

Слова́рь

бы́вший	former
вре́дный	harmful, dangerous
горожа́н‖ин, -ка	town dweller
госуда́рство	state
деле́ние	division
дереве́нский жи́тель	country dweller
дома́шнее хозя́йство	house work
достиже́ние	achievement
же	(emphasizes previous word)
желе́зная доро́га	railway
жени́ться II на (+ *prep*)	to get married to (of a man)
же́нский	woman's
забо́та о (+ *prep*)	care for
запреща́ть I/ запрети́ть II	ban
зарпла́та	wage
испо́льзование	utilization
мужско́й	man's
мужчи́на	man
мытьё посу́ды	washing dishes
наруша́ть I/ нару́шить II	to break, violate
наруше́ние	breach, infringement
наве́рно	probably, most likely
обя́занность (*f*)	duty, responsibility
охраня́ть I	to protect
переме́на	change
переселя́ться I/ пересели́ться II	to resettle

после́дствие	consequence	**стро́йка**	building site
постоя́нно	constantly	**сходи́ть II/ сойти́ I с ума́**	to go mad
пра́во (на + *acc*)	right (to)	**счита́ть I приме́ром**	to consider as an example
привлека́ть/ привле́чь I (привлеку́, привлечёшь ... привлеку́т) (внима́ние к) (+ *dat*)	to attract (attention to)	**теря́ть (по-) I**	to lose
		унижа́ть I досто́инство	to demean the dignity
		усло́вие	condition
		физи́ческий труд	physical labour
равнопра́вие	equality (of rights)	**явле́ние**	phenomenon
согла́сно (+ *dat*)	according	**явля́ться I** (+ *inst*)	to be
составля́ть I	to constitute		
состоя́ться II	to take place		

Language in action

Вопро́сы

Каки́е права́ име́ет же́нщина в Росси́и?
Что говори́т пре́сса о равнопра́вии же́нщин?
Какова́ социа́льная поли́тика госуда́рства?
Есть ли в Росси́и же́нщины, занима́ющиеся тяжёлым физи́ческим трудо́м?
Как объясня́ют испо́льзование же́нщин на тяжёлых рабо́тах?
Каки́е вопро́сы обсужда́лись на конфере́нции же́нщин?
Каки́е стереоти́пы существу́ют в ру́сских се́мьях?

Импровиза́ция

— *Say that you have read in the Russian press that according to statistics more than half of all students and 60 per cent of all specialists in Russia are women. Ask if Russian women have equal opportunities for work and pay.*
— Теорети́чески в на́шей стране́ же́нщина равна́ с мужчи́ной, и по́этому она́ получа́ет ра́вную зарпла́ту.
— *Say that you know that equality exists in theory but again, according to Russian statistics, women's pay lags behind men's.*
— Да, э́то так! Де́ло в том, что большинство́ же́нщин

ребо́тает там, где зарпла́та ни́же. Наприме́р, в здравоохране́нии, в образова́нии.

— *Ask whether the feminist movement exists in Russia.*

— Акти́вного фемини́стского движе́ния, как на За́паде, у нас пока́ нет.

— *Say that you have heard that many women's groups are appearing* (**появля́ться**) *in Russia now which protest openly* (**откры́то протестова́ть**) *against unjust treatment of* (**несправедли́вое отноше́ние к**) *women.*

— Да, вы пра́вы. Таки́е гру́ппы уже́ появи́лись, и их стано́вится всё бо́льше.

— *Say that you do not like the stereotypes which still exist in Russia. In your opinion, Russian men do not help women much. It is the woman who usually does the shopping, stands in queues and looks after the children.*

— К сожале́нию, э́то пра́вда! Но ситуа́ция изменя́ется! Всё бо́льше молоды́х семе́й счита́ют, что мужчи́на то́же до́лжен занима́ться дома́шним хозя́йством!

Грамма́тика

Participles

Participles can be used in Russian to replace clauses beginning with **кото́рый**: **Я зна́ю же́нщину, кото́рая чита́ет газе́ту** 'I know the woman who is reading the newspaper'. **Я зна́ю же́нщину, чита́ющую** (*participle*) **газе́ту** 'I know the woman reading the newspaper'.

The participle **чита́ющую** 'reading' conveys the same idea as **кото́рая чита́ет** 'who is reading'.

Present active participles

There are four different types of participles in Russian: present and past active and present and past passive. The example **чита́ющую** used above is called a present active participle. It was used in place of **кото́рая чита́ет**, i.e. in place of a **кото́рый** clause containing the present tense of an active verb. The English equivalent of a Russian present active participle usually ends in -ing.

Formation of the present active participle

To form the present active participle, take the third person plural (**они́** form) of the present tense of the verb, remove the -т from the end and replace it with **-щий**: **чита́ть — чита́ют — чита́ющий; писа́ть — пи́шут — пи́шущий; носи́ть — но́сят — нося́щий**. The participles from 1st conjugation verbs are usually stressed on the same syllable as the 3rd person plural: **рабо́тают — рабо́тающий**. The stress on participles from 2nd conjugation verbs is usually the same as the infinitive: **води́ть — водя́щий**. But note: **люби́ть — лю́бящий; лечи́ть — ле́чащий**.

Agreement of the participle

Participles are often referred to as verbal adjectives since they are derived from verbs but have the same endings and are used in a similar way to adjectives. Present active participles have endings like the mixed adjective **хоро́ший**. They agree in number, gender and case with the noun they refer to: **Я зна́ю же́нщину, чита́ющую газе́ту** 'I know the woman reading the newspaper.' **Чита́ющую** is in the feminine singular accusative because it refers to the noun **же́нщину** which is in the feminine singular accusative.

Examples: **Существу́ют специа́льные но́рмы, охраня́ющие же́нский труд** 'Special norms exist protecting female labour.'

Contrast: **Существу́ют специа́льные но́рмы, кото́рые охраня́ют же́нский труд** 'Special norms exist which protect female labour.'
Мо́жно ви́деть же́нщин, рабо́тающих на стро́йке. 'You can see women working on a building site.'

Contrast: **Мо́жно ви́деть же́нщин, кото́рые рабо́тают на стро́йке.** 'You can see women who work on a building site.'

The present active participle from a reflexive verb always ends in **-ся** even if the **-ся** is preceded by a vowel: **Э́то студе́нт, уча́щийся в на́шем институ́те** 'This is the student studying in our institute.'

Sometimes present active participles are used as adjectives. The following are examples of participles commonly used as adjectives: **веду́щий** 'leading'; **сле́дующий** 'following'; **теку́щий** 'current' (as a participle = flowing); **подходя́щий** 'fitting, suitable'; **бу́дущий** 'future' (also used as present active participle of **быть**: 'being') **настоя́щий** 'present, real' (no longer used as a participle). **Куря́щий** translates as the noun 'smoker'.

Example: **Он веду́щий социо́лог** 'He is a leading sociologist'.

Contrast: **Э́то у́лица, веду́щая к це́нтру** 'This is the street leading to the centre'.

Past active participles

Past active participles may be formed either from the imperfective or the perfective verb. They can be used in place of **кото́рый** clauses containing the imperfective past or the perfective past of an active verb.

Formation of the past active participle

To form the past active participle, remove the **-л** from the masculine form of either the imperfective or perfective past and replace it with **-вший**: **чита́ть — чита́л — чита́вший**; **прочита́ть — прочита́л — прочита́вший.**

Where the masculine form of the past tense does not end in **-л** add **-ший**: **нести́ — нёс — нёсший; понести́ — понёс — понёсший.**

Stress is the same as in the masculine form of the past tense. Note the exception: **у́мер — уме́рший.**

Note the following irregular forms: **идти́ — ше́дший; произойти́ — происше́дший; вести́ — ве́дший.**

Participles from reflexive verbs always end in **-ся** (never **-сь**).

Past active participles also decline like **хоро́ший** and agree in number, gender and case with the noun they refer to:

> **Я узна́ла же́нщину, купи́вшую газе́ту** 'I recognized the woman who bought the newspaper.'
>
> *Contrast:* **Я узна́ла же́нщину, кото́рая купи́ла газе́ту** 'I recognized the woman who bought the newspaper.'

The past active participle **купи́вшую** is translated into English in the same way as **кото́рая купи́ла.**

> **Лю́ди, жи́вшие в Ленингра́де во вре́мя войны́, страда́ли от го́лода** 'People who lived in Leningrad during the war suffered from hunger.'
>
> *Contrast:* **Лю́ди, кото́рые жи́ли в Ленингра́де во вре́мя войны́, страда́ли от го́лода** 'People who lived in Leningrad during the war suffered from hunger.'

Note that as the actions of 'living' and 'suffering' took place at the same time it would be possible to use a present active participle in place of the past active participle in this sentence: **Лю́ди, живу́щие в**

Ленингра́де во вре́мя войны́, страда́ли от го́лода 'People living in Leningrad during the war suffered from hunger.'

Не́кого, не́чего

These words originate from **нет кого́** and **нет чего́** and mean 'there is no one' and 'there is nothing': **Не́кого приглаша́ть** 'There is no one to invite'. **Не́чего де́лать** 'There is nothing to do'.

Note how the dative is used with these words: **Нам не́кого приглаша́ть** 'There is no one for us to invite/We have no one to invite'. **Ему́ не́чего де́лать** 'There is nothing for him to do/He has nothing to do'.

Не́кого and **не́чего** are used in this way in all cases apart from the nominative: **Ему́ не́чем интересова́ться** 'There is nothing for him to be interested in' (**не́чем** is instrumental because of **интересова́ться**). **Вам не́кому писа́ть** 'There is no one for you to write to/You have no one to write to' (**не́кому** is dative after **писа́ть** 'write *to*').

If **не́кого** and **не́чего** are used with a preposition it comes between the **не** and the rest of the word: **Им не́ о чем говори́ть** 'There is nothing for them to talk about/They have nothing to talk about'. **Ей не́ с кем говори́ть** 'There is no one for her to talk to/She has no one to talk to'. **Ему́ не́ на что наде́яться** 'There is nothing for him to rely on/He has nothing to rely on'.

Note that the form **не́что** is only used with prepositions taking the accusative. At other times, e.g. for the direct object of a verb, **не́чего** is used as the accusative: **Ему́ не́чего де́лать** 'There is nothing for him to do/He has nothing to do'.

Unlike **никто́**, **ничто́**, etc. **не́кого, не́чего**, etc. are not used with a negative verb.

Contrast: **Они́ ни о чём не говоря́т** 'They are not talking about anything' **Им не́ о чём говори́ть** 'There is nothing for them to talk about/They have nothing to talk about'.
Она́ ни с ке́м не говори́т 'She does not talk to anyone'. **Ей не́ с кем говори́ть** 'There is no one for her to talk to/She has no one to talk to'.
Вы никому́ не пи́шете 'You do not write to anyone'. **Вам не́кому писа́ть** 'There is no one for you to write to/You have no one to write to'.

Мы никогó не приглашáем 'We do not invite anyone'. **Нам нéкого приглашáть** 'There is no one for us to invite/We have no one to invite'.

To use **нéкого, нéчего**, etc. in the past tense add **бы́ло** and in the future add **бýдет: Вам нéкому бýдет писáть** 'There will be no one for you to write to/You will have no one to write to'. **Нам нéкого бы́ло приглашáть** 'There was no one for us to invite/We had no one to invite'.

Нéгде, нéкуда, нéкогда

Нéгде 'there is nowhere/there is no room'; **нéкуда** 'there is nowhere' (motion); and **нéкогда** 'there is no time' are used in the same way as **нéкого, нéчего: Нам нéкуда идти́** 'There is nowhere for us to go/We have nowhere to go'. **Емý нéкогда бы́ло отдыхáть** 'There was no time for him to relax/He had no time to relax'. **Им нéгде бýдет спать** 'There will be nowhere for them to sleep/They will have nowhere to sleep'.

Нéкогда can also be used to mean 'once upon a time': **Здесь нéкогда был дом** 'Once upon a time there was a house here'.

Упражнéния

1 From the following verbs form:

(a) present active participles
(b) past active participles:

рабóтать, пить, жить, люби́ть, петь, продавáть, быть, помогáть, существовáть, занимáться, интересовáться, учи́ться, идти́, везти́, носи́ть, вести́, происходи́ть.

2 Replace the clauses introduced by **котóрый** with the equivalent present active participle:

Пи́тер дýмает о свои́х роди́телях, котóрые сейчáс отдыхáют на ю́ге. По дорóге на рабóту он всегдá встречáет жéнщину, котóрая несёт молокó на ры́нок. Прия́тно говори́ть со студéнтами, котóрые всем интересýются. Э́то мой брат, котóрый сейчáс ýчится в университéте. Сáша всегдá помогáет Тамáре, котóрая сиди́т дóма и смóтрит за ребёнком. Наш дом нахóдится на ýлице, котóрая ведёт к вокзáлу.

3 Replace the clauses introduced by **кото́рый** with the equivalent past active participle:

Пу́шкин, кото́рый жил в 19 веке, был вели́ким поэ́том. Он говори́л с инжене́ром, кото́рый верну́лся из Москвы́. Я зна́ю же́нщину, кото́рая вы́шла из ко́мнаты. Я встре́тил худо́жника, кото́рый учи́лся в на́шей шко́ле и стал тепе́рь изве́стным. Де́вушка, кото́рая принесла́ мне ко́фе, о́чень краси́вая. Он подошёл к же́нщине, кото́рая сиде́ла в углу́.

4 Answer the questions as follows:

For example: **Почему́ он ни с ке́м не говори́т? Потому́ что ему́ не́ с кем говори́ть.**

Почему́ она́ ничего́ не де́лает? Почему́ ты никуда́ не хо́дишь? Почему́ вы никому́ не пи́шете? Почему́ они́ ниче́м не занима́ются? Почему́ он никогда́ не отдыха́ет? Почему́ вы никого́ не приглаша́ете? Почему́ она́ ни о чём не ду́мает?

Перево́д

1 There is a law in Russia which bans the use of female labour in difficult conditions. However there are still a lot of factories which break this rule and use female labour in such conditions.
2 The conference which took place recently was very interesting. Many problems were discussed, especially the difficult situation of the working mother.
3 The changes which are taking place in Russia now have enormous consequences for the whole world.
4 My daughter does not like life in the countryside. She says there is nothing to do there, nowhere to go in the evenings, no one to play tennis with and no one to talk to. But when we come to Moscow, she never goes anywhere, never plays tennis with anyone and never talks to anyone. She just sits in her room and does nothing.

19 Уро́к девятна́дцатый

In this lesson you will learn how to:

- Complete a registration form
- Discuss business opportunities
- Use passive participles
- Use **что́-нибудь/что́-то**

Свобо́дная экономи́ческая зо́на

Не́сколько ме́сяцев наза́д фи́рме «Прогре́сс» бы́ло предло́жено созда́ть филиа́л совме́стного предприя́тия на о́строве Сахали́н. Э́то большо́е собы́тие как для ру́сской, так и для англи́йской стороны́. К тому́ же неда́вно о́стров Сахали́н (вся Сахали́нская о́бласть) был объя́влен Свобо́дной экономи́ческой зо́ной. Э́то зна́чит, что здесь со́зданы са́мые лу́чшие усло́вия для разви́тия би́знеса. Все предприя́тия, зарегистри́рованные в зо́не, получа́ют ста́тус незави́симого предприя́тия. Их пра́во на со́бственность защищено́ зако́ном, их при́быль не мо́жет быть конфиско́вана госуда́рством. На террито́рии зо́ны де́йствует льго́тный нало́говый режи́м.

Фи́рма «Прогре́сс» полна́ оптими́зма. Их филиа́л уже́ зарегистри́рован, прое́кт одо́брен областны́м Сове́том, полу́чена лице́нзия на произво́дство компью́теров. Но пробле́м ещё мно́го. Пре́жде всего́, до́лжен быть при́нят зако́н о вво́зе и вы́возе валю́ты из зо́ны, решены́ трудовы́е пробле́мы, разрабо́таны усло́вия бу́дущих контра́ктов. Пи́тер взволно́ван. Вме́сте со все́ми он приглашён на откры́тие филиа́ла и и́збран делега́том на съезд предпринима́телей свобо́дного Сахали́на. Наконе́ц, тепе́рь он мо́жет соверши́ть путеше́ствие по Транссиби́рской желе́зной доро́ге, о кото́ром он давно́ мечта́л.

Ты заказа́л гости́ницу?

САША: Пи́тер! Ты запо́лнил ка́рточку уча́стника съе́зда?
ПИТЕР: Нет, ещё не запо́лнил. Запо́лню сего́дня. Ты не зна́ешь, ну́жно ли мне зака́зывать гости́ницу?
САША: Гости́ница для тебя́ бу́дет зака́зана. Но всё равно́ не забу́дь указа́ть, что тебе́ нужна́ гости́ница. А как у тебя́ с биле́тами?
ПИТЕР: Я уже́ заказа́л биле́ты на по́езд до Владивосто́ка, отту́да полечу́ самолётом на Сахали́н. То́лько не зна́ю, что брать с собо́й? Кака́я там пого́да сейчас?
САША: Возьми́ тёплую оде́жду: в э́то вре́мя го́да там уже́ прохла́дно, и что-нибу́дь удо́бное на́ ноги. Ведь тебе́ придётся мно́го ходи́ть.
ПИТЕР: Тогда́ возьму́ каку́ю-нибу́дь тёплую ку́ртку и кроссо́вки. Мо́жет быть, бу́дет возмо́жность путеше́ствовать по Сахали́ну?
САША: Коне́чно, бу́дет! А когда́ бу́дешь е́хать обра́тно, обяза́тельно, дай телегра́мму, я тебя́ встре́чу!
ПИТЕР: Большо́е спаси́бо, Са́ша!
САША: Счастли́вого пу́ти!

Слова́рь

брать I (бер||у́, -ёшь)/взять I (возьм||у́, -ёшь) to take
валю́та foreign currency
ввоз и вы́воз import and export
взволно́ванный (взволнова́ть) excited
всё равно all the same
защища́ть I/ защити́ть II to defend, protect
избра́ть I делега́том elect as a delegate
как ..., так и both ... as
конфискова́ть I to confiscate
лице́нзия на произво́дство licence to produce
льго́тный favourable
нало́говый (*adj*) tax
о́бласть (*f*) region, province
объявля́ть I/ объяви́ть II to declare
обяза́тельно without fail, certainly
одобря́ть I/ одо́брить II to approve
откры́тие opening
при́быль (*f*) profit
принима́ть/ приня́ть I зако́н to pass a law
разви́тие development
разраба́тывать/ разрабо́тать I to work out
регистри́ровать (за-) I to register
соверша́ть I/ соверши́ть II путеше́ствие to make a journey

со́бственность (*f*)	property	**трудовы́е ресу́рсы**	labour resources
съезд предпринима́телей	congress of entrepreneurs	**ука́зывать/ указа́ть I**	to point out
Транссиби́рская желе́зная доро́га	Trans-Siberian railway	**филиа́л**	branch (of an institution)

ка́рточка уча́стника	participant's (registration) form
заказа́ть гости́ницу	to book a hotel
запо́лнить ка́рточку	to fill in a form
взять тёплую оде́жду	take warm clothing
что-нибу́дь удо́бное на́ ноги	something comfortable for the feet
счастли́вого пути́!	bon voyage!

Запо́лните регистрацио́нную ка́рточку Пи́тера Гри́на

Регистрацио́нная ка́рточка уча́стника съе́зда «Предприни-ма́тели Сахали́на»
фами́лия, и́мя, о́тчество ....
страна́, го́род ....
ме́сто рабо́ты ....
занима́емая до́лжность (*post*) ....
учёная сте́пень (*degree*) ....
рабо́чий а́дрес ....
дома́шний а́дрес ....
уча́ствовали (*took part*) **ли вы в деловы́х конфере́нциях пре́жде** ....
е́сли уча́ствовали, когда́ и в каки́х ....
нужда́етесь ли вы в гости́нице ....
по каки́м вопро́сам хоте́ли бы получи́ть консульта́ции ....
(нало́говая поли́тика, трудовы́е ресу́рсы, организацио́нные пробле́мы, ввоз и вы́воз валю́ты, пробле́мы приватиза́ции)
каки́е экску́рсии хоти́те соверши́ть по Сахали́ну ....
(пое́здка на побере́жье, посеще́ние ру́сско–япо́нского совме́стного предприя́тия, визи́т в теа́тр)

Language in action
Вопро́сы

Где нахо́дится Сахали́н?
Чем был объя́влен Сахали́н неда́вно?

Что зна́чит Свобо́дная экономи́ческая зо́на?
Каки́е права́ име́ют предприя́тия, находя́щиеся в зо́не?
Почему́ фи́рма «Прогре́сс» полна́ оптими́зма?
Каки́е пробле́мы фи́рме ну́жно разреши́ть?
Почему́ взволно́ван Пи́тер?
Как мо́жно дое́хать до Сахали́на?
Что Са́ша сове́тует Пи́теру взять с собо́й?

Импровиза́ция

— *Say that you are interested in information about the joint ventures in Russia and ask where one can find the best conditions for business.*
— Э́то зави́сит от того́, каки́м би́знесом вы занима́етесь. Но са́мые лу́чшие усло́вия в Свобо́дных экономи́ческих зо́нах.
— *Say that your business is computers.*
— В тако́м слу́чае рекоменду́ю Новгоро́дскую о́бласть. Там неда́вно со́здана Свобо́дная экономи́ческая зо́на.
— *Ask what the Free Economic zone means?*
— Е́сли вы зарегистри́руете своё предприя́тие в зо́не, вы получа́ете привиле́гии. В зо́не де́йствует льго́тный нало́говый режи́м.
— *Ask what the possibility of taking foreign currency out of the country is?*
— Всё зави́сит от ва́шей инициати́вы! Пе́рые три го́да вы мо́жете свобо́дно вывози́ть валю́ту.
— *Say that you think that conditions for business are really good here but you have to discuss the situation with your firm. But you hope* (**я наде́юсь**) *to come back soon. Thank them for their help and ask them for prospectuses* (**проспе́кты**).
— Да, вот пожа́луйста, здесь вы найдёте всю информа́цию, кото́рая вас интересу́ет. Бу́дем ра́ды ви́деть вас у нас.

Грамма́тика

Passive participles

There are two kinds of passive participles in Russian, present passive and past passive, of which the latter is much more frequently used. They are the equivalent of participles in English which, in regular verbs, end in -ed. Like the active participles, passive participles are verbal adjectives, formed from the verb but with the adjectival endings. Note that passive participles can only be formed from transitive verbs (i.e. verbs capable of taking an object).

Past passive participle

The past passive participle is normally formed from the perfective verb.

Forms in -нный

The majority of verbs form their past passive participle with the ending **-нный.** These include:

1. Most verbs with the infinitive ending in -**ать** or -**ять**, regardless of conjugation. They replace the -**ть** of the infinitive by -**нный** and include regular 1st conjugation verbs: **прочита́ть — прочи́танный** 'read'; **потеря́ть — поте́рянный** 'lost'; and the irregular verb **дать** and its compounds: **прода́ть — про́данный** 'sold'
2. 1st conjugation verbs with the infinitive ending in -**сти**, -**зти**. They replace the -**ёшь** of the 2nd person singular (**ты** form) of the future perfective with -**ённый**: **принести́ — принесёшь — принесённый** 'brought'; **ввезти́ — ввезёшь — ввезённый** 'imported'.
   Note: **найти́ — на́йденный** 'found'
3. 2nd conjugation verbs with the infinitive ending in -**ить** or -**еть.** They replace the -**у**, -**ю** of the first person singular (**я** form) with -**енный**, -**ённый**: **постро́ить — постро́ю — постро́енный** 'built'; **реши́ть — решу́ — решённый** 'decided'. Where second conjugation verbs have a consonant change in the 1st person singular (**я** form) of the future perfective the same consonant change will also occur in the past passive participle: **пригото́вить — пригото́влю — пригото́вленный** 'prepared'; **пригласи́ть — приглашу́ — приглашённый** 'invited'; **встре́тить — встре́чу — встре́ченный** 'met'. Note the exception: **уви́деть — уви́жу — уви́денный** 'seen'.

Forms in -тый

A small number of verbs of the first conjugation form their past passive participle with the ending -**тый**. These include: **закры́ть — закры́тый** 'closed': **откры́ть — откры́тый** 'opened'; **забы́ть — забы́тый** — 'forgotten'. **уби́ть — уби́тый** 'killed'; **вы́пить — вы́питый** 'drunk'; **оде́ть — оде́тый** 'dressed'; **взя́ть — взя́тый** 'taken'; **заня́ть — за́нятый** 'occupied'; **приня́ть — при́нятый** 'accepted'; **нача́ть — на́чатый** 'begun'.

Use of the past passive participle

All past passive participles, both -**нный** and -**тый** forms, decline like adjectives ending in **-ый** and agree in number, gender and case with the noun they describe. Past passive participles are the equivalent of the participle in English, which, in regular verbs, ends in -ed.

Examples: **Я получи́л письмо́, напи́санное моéй до́черью** 'I received a letter written by my daughter'. **Пирожки́, ку́пленные ва́ми вчера́, о́чень вку́сные** 'The pirozhki, bought by you yesterday, are very tasty'. **Мы живём в до́ме, постро́енном мои́м отцо́м** 'We live in a house built by my father'.

These participles could be replaced by using a clause introduced by **кото́рый**: **Я получи́л письмо́, кото́рое написала моя́ дочь** 'I received a letter which my daughter had written'. **Пирожки́, кото́рые вы купи́ли вчера́, о́чень вку́сные** 'The pirozhki which you bought yesterday are very tasty'. **Мы живём в до́ме, кото́рый постро́ил мой оте́ц** 'We live in a house which my father built'.

Short form of the past passive participle

The past passive participle also has a short form. Like the short adjective, the short participle has only four forms – masculine, feminine, neuter, plural: **прочи́танный — прочи́тан, прочи́тана, прочи́тано, прочи́таны**. (Note than one **-н-** is dropped in the short form.)

The short form of the past passive participle is used together with the appropriate form of the verb 'to be' to form the passive voice of the verb: **Письмо́ бу́дет по́слано** 'The letter will be sent'. **Рабо́та сде́лана** 'The work is/has been done'. **Зако́н был при́нят** 'The law was passed'.

An alternative way of translating the passive into Russian is by using the third person plural of the active verb, without **они́**: **при́няли зако́н** 'the law was passed' (literally 'they passed the law').

Note that, like the short form adjective, the short form participle is only used where the verb 'to be' comes between the noun (or pronoun) and the participle in the English sentence.

Contrast: **Зако́н был при́нят Сове́том** 'The law was passed by the Soviet' with **Зако́н, при́нятый Сове́том, гаранти́рует свобо́ду** 'The law passed by the Soviet guarantees freedom'.

Present passive participle

The present passive participle is formed by adding the ending **-ый** to the 1st person plural (**мы** form) of the present tense of the verb: **чита́ть** — (**мы**) **чита́ем** — **чита́емый**. If the 1st person plural ends in **-ём** this changes to **-ом-** in the present passive participle: **нести́** — (**мы**) **несём** — **несо́мый**.

Several verbs, particularly irregular 1st conjugation verbs, e.g. **пить**, **петь**, **брать**, **писа́ть**, do not have a present passive participle.

The participle declines in the same way as adjectives ending in **-ый** and agrees in number, gender and case with the noun it describes. This participle is less commonly used than the past passive participle. Some words, which are present passive participles in origin, are now used simply as adjectives: **люби́мый** 'favourite' (literally 'being loved'); **уважа́емый** 'respected'.

The present passive participle is not normally used to form the passive voice of the verb. Instead, use either a reflexive verb in the present tense or the third person plural of the verb without **они́**: **кни́га чита́ется/чита́ют кни́гу** 'a book is being read'; **дом стро́ится/стро́ят дом** 'a house is being built'.

Что́-то/что́-нибудь

To translate the word 'something' into Russian a choice must be made between **что́-то** and **что́-нибудь**. **Что́-то** refers to 'something' which exists, but the identity of which is uncertain or unstated. **Что́-нибудь** is more vague, referring to 'something' or 'anything', the very existence of which is in doubt.

Examples: **Он тебе́ дал что́-нибудь?** 'Did he give you something/anything?' **Да, он что́-то мне дал.** 'Yes, he gave me something'.

-То and **-нибудь** are also added to other words with a similar result: **кто́-то** 'someone'; **кто́-нибудь** 'someone, anyone'; **где́-то** 'somewhere'; **где́-нибудь** 'somewhere, anywhere'; **куда́-то** 'somewhere' (motion); **куда́-нибудь** 'somewhere, anywhere' (motion); **когда́-то** 'some time'; **когда́-нибудь** 'sometime, anytime'; **како́й-то** 'some'; **како́й-нибудь** 'some, any'; **ка́к-то** 'somehow'; **ка́к-нибудь** 'somehow, anyhow'.

Examples: **Ты куда́-нибудь идёшь сего́дня ве́чером?** 'Are you going anywhere this evening?' **Он уже́ куда́-то ушёл** 'He has already gone somewhere'.

The **кто**, **что** and **како́й** element in **кто́-то/кто́-нибудь, что́-то/что́-нибудь** and **како́й-то/како́й-нибудь** decline like **кто**, **что** and **како́й**: **Он разгова́ривает с ке́м-то** 'He is talking to someone'. **Она́ че́м-то занима́ется** 'She is busy with something'. **Они́ интересу́ются каки́ми-то но́выми ме́тодами** 'They are interested in some new methods'. **Ты ви́дел кого́-нибудь?** 'Did you see anyone?'

Note that **что́-нибудь, кто́-нибудь**, etc. cannot be used to translate 'anything', 'anyone', etc. in a negative sentence. **Ничто́, никто́**, etc. are used: **Я никого́ не ви́дел** 'I did not see anyone'. **Она́ ниче́м не интересу́ется** 'She is not interested in anything'.

Упражне́ния

1 Form past passive participles from the following verbs.

разрабо́тать, основа́ть, прода́ть, назва́ть, постро́ить, предложи́ть, встре́тить, пригото́вить, пригласи́ть, ввезти́, найти́, откры́ть, приня́ть, забы́ть, взять.

2 Replace the clauses introduced by **кото́рый** with the equivalent past passive participle.

> *For example:* **В журна́лах, кото́рые мы получи́ли вчера́, бы́ло мно́го интере́сных стате́й. В журна́лах, полу́ченных на́ми вчера́, бы́ло мно́го интере́сных стате́й.**

Она́ прочита́ла все кни́ги, кото́рые её муж взял из библиоте́ки.
Петербу́рг, кото́рый основа́л Пётр Пе́рвый, ра́ньше был столи́цей Росси́и.
В дома́х, кото́рые постро́или неда́вно, уже́ живу́т лю́ди.
В пре́ссе бы́ло мно́го спо́ров о пье́се, кото́рую поста́вил теа́тр.
В исто́рии, кото́рую он рассказа́л, бы́ло мно́го пра́вды.

3 Express the following statements in an alternative way using the reflexive passive construction.

> *For example:* **Дом стро́ят. Дом стро́ится.**

Кни́гу чита́ют. Проду́кты покупа́ют. Пробле́му разреша́ют. Депута́тов избира́ют в парла́мент. Желе́зную доро́гу стро́ят.

Магази́н открыва́ют. Обе́д гото́вят. Госте́й приглаша́ют. Тури́стов встреча́ют.

4 Express the following statements in an alternative way using the short form of the past passive participle.

For example: **Дом постро́или. Дом был постро́ен.**

Кни́гу прочита́ли. Проду́кты купи́ли. Пробле́му разреши́ли. Депута́тов избра́ли в парла́мент. Желе́зную доро́гу постро́или. Магази́н откры́ли. Обе́д пригото́вили. Го́стей пригласи́ли. Тури́стов встре́тили.

5 Choose the correct word from the brackets and put it into the appropriate case:

Э́та дере́вня нахо́дится (где́-то, где́-нибудь) на Кавка́зе. Вы (что́-то, что́-нибудь) е́ли сего́дня? Ты пойдёшь (куда́-то, куда́-нибудь) ве́чером? Мы слы́шали, как (кто́-то, кто́-нибудь) вошёл в ко́мнату. Он жил (когда́-то, когда́-нибудь) в э́том го́роде. У вас есть (каки́е-то, каки́е-нибудь) но́вости о ней. Она́ всё вре́мя о (что́-то, что́-нибудь) ду́мает. Я дал (кто́-то, кто́-нибудь) почита́ть но́вую кни́гу. Ди́ма разгова́ривает с (кто́-то, кто́-нибу́дь) по телефо́ну.

Перево́д

1 The Trans-Siberian railway was built in the last century, more precisely it was begun in 1883 and finished in 1916. Much has been written about this railway built in Siberia in the most difficult conditions.
2 The first free economic zone was founded near St Petersburg. Many of its problems have still not been solved.
3 The so-called (**так называ́емый**) industrial centre turned out to be a small provincial town with only one multistorey building. This building used to be occupied by the local council. Many new enterprises will be created here and many new factories have to be built.
4 The invitation to the congress was sent a week ago, but it was received only yesterday.

20 Уро́к двадца́тый

In this lesson you will learn how to:

- Use the services of the post office
- Send telegrams and address envelopes
- Discuss ecological issues
- Use conjunctions
- Use gerunds

Сиби́рь

Отправля́ясь в путеше́ствие в Сиби́рь по Транссиби́рской желе́зной доро́ге, Пи́тер пло́хо представля́л себе, что происхо́дит там в настоя́щее вре́мя. То́лько сейча́с, путеше́ствуя по Транссибу, смотря́ из окна́ по́езда и разгова́ривая с пассажи́рами, он по́нял, что э́то оди́н из са́мых ра́звитых райо́нов страны́. Пи́теру повезло́: его́ попу́тчиком оказа́лся Лев Никола́евич Ле́нский, крупне́йший био́лог, специали́ст по фло́ре и фа́уне Сиби́ри, акти́вный уча́стник экологи́ческого движе́ния. Лев Никола́евич возвраща́лся в Ирку́тск из Москвы́, куда́ он е́здил на конфере́нцию по охра́не приро́ды. Лев Никола́евич был пото́мком декабри́стов, со́сланных в Сиби́рь по́сле восста́ния декабри́стов в 1825 году́. Посели́вшись в Сиби́ри на берегу́ о́зера Байка́л, его́ пре́дки оста́лись там навсегда́. Испыта́в всю тя́жесть ссы́лки, привы́кнув к суро́вой сиби́рской приро́де, его́ пра́дед не захоте́л возвраща́ться к петербу́ргской цивилиза́ции. А по́сле того́ как он жени́лся на ме́стной крестья́нке, он увлёкся се́льским хозя́йством, став знамени́тым агроно́мом.

Как био́лога, Льва Никола́евича о́чень беспоко́ит экологи́ческая ситуа́ция Сиби́ри. Де́ло в том, что разви́тие тяжёлой промы́шленности, добы́ча не́фти и га́за нанесли́ огро́мный уще́рб приро́де Сиби́ри. Гоня́сь за нау́чно–техни́ческим прогре́ссом, добыва́я всё бо́льше не́фти и га́за, челове́к уничтожа́ет приро́ду, загрязня́ет ре́ки. Льва Никола́евича осо́бенно волну́ет судьба́ ма́лых наро́дов Сиби́ри, жизнь кото́рых те́сно свя́зана с приро́дой. «Ведь, уничтожа́я лес, приро́ду, мы уничтожа́ем о́браз жи́зни э́тих лю́дей, лиша́ем их традицио́нных заня́тий, кото́рыми они́ всегда́ занима́лись», — говори́л Лев Никола́евич. Он во всём обвиня́ет кома́ндно–администрати́вную систе́му управле́ния эконо́микой. То́лько измени́в систе́му, мо́жно улу́чшить экологи́ческое положе́ние в Сиби́ри.

На по́чте

— Скажи́те, пожа́луйста, ско́лько сто́ит конве́рт с ма́ркой?
— Вам для како́го письма́?
— Мне на́до посла́ть письмо́ за грани́цу.
— Авиаписьмо́ за грани́цу сто́ит се́мьдесят пять рубле́й.
— Тогда́, пожа́луйста, три конве́рта для авиаписьма́, шесть откры́ток с ви́дом Сахали́на, одну́ поздрави́тельную откры́тку «С днём рожде́ния» и ма́рки для откры́ток покраси́вее!
— Вот пожа́луйста, у нас есть но́вая се́рия ма́рок «Желе́зные доро́ги Росси́и». Зна́чит, три авиаписьма́ по се́мьдесят пять рубле́й, семь откры́ток по три́дцать рублей и компле́кт ма́рок за семьсот пятьдеся́т рублей, всего́ с вас ты́сяча сто со́рок пять рубле́й. У вас есть де́ньги поме́ньше.
— Ой, у меня́ то́лько кру́пные де́ньги!
— Ничего́! Я вам дам сда́чу.
— Вы не ска́жете, здесь мо́жно посла́ть телегра́мму?
— Да, коне́чно, вот пожа́луйста, запо́лните бланк!

ТЕЛЕГРАММА	
Куда, кому	*117456 Москва Чертаново Крылова 5 кв 4 Гурову*
Доехал отлично всё очень интересно прилетаю четверг рейс 44 встречайте Питер	
Фамилия и адрес отправителя	*Грин Питер гостиница Восток Южно-Сахалинск*

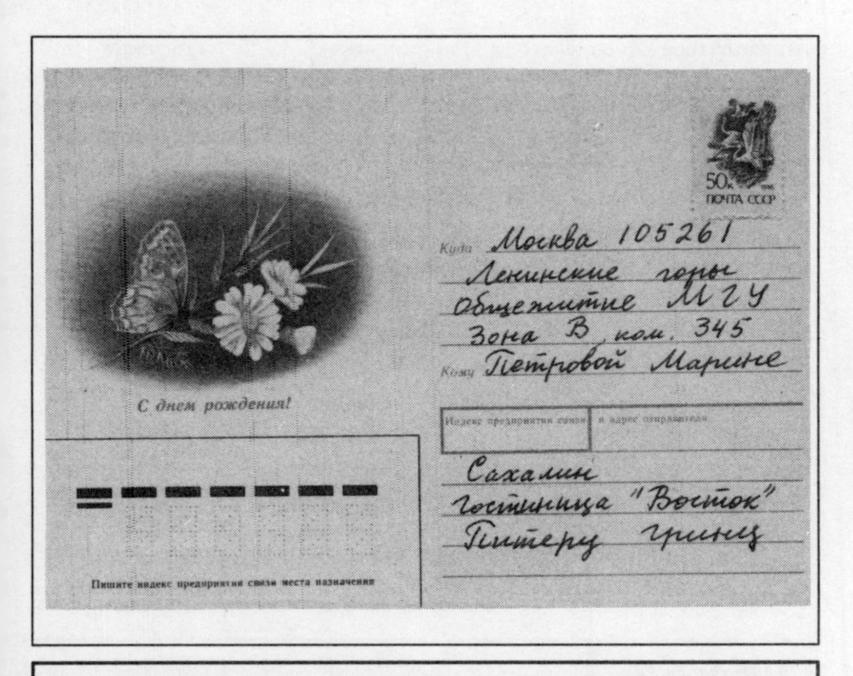

50 к.
ПОЧТА СССР
Куда Москва 105261
Ленинские горы
Общежитие МГУ
Зона В, ком. 345
Кому Петровой Марине
С днем рождения!
Сахалин
гостиница "Восток"
Питеру Гринц
Пишите индекс предприятия связи места назначения

Дорога́я Мари́на! Поздравля́ю с днём рожде́ния! Жела́ю тебе́ всего́ са́мого хоро́шего, сча́стья, здоро́вья, успе́хов в жи́зни! До ско́рой встре́чи! Пи́тер.

Слова́рь

восста́ние декабри́стов	Decembrist uprising
гна́ться (по-) I (гоня́||ю́сь, -ешься) за (+ *inst*)	to pursue, strive (for)
добыва́ть/ добы́ть I (добу́д||у, -ешь) нефть, газ	to extract oil, gas
добы́ча	extraction
загрязня́ть I/ загрязни́ть II	to pollute
заня́тие	occupation
испы́тывать/ испыта́ть I тя́жесть	to experience hardship
кома́ндно–администрати́вный	command–administrative
крестья́н||ин, -ка	peasant (man, woman)
лиша́ть I/ лиши́ть II (+ *acc*, + *gen*)	to deprive (someone/ something) of
навсегда́	for ever
наноси́ть II/ нанести́ I уще́рб (+ *dat*)	to cause damage
нау́чно–техни́ческий	scientific and technical
обвиня́ть I/ обвини́ть II в (+ *prep*)	to accuse

отправля́ться I/ отпра́виться II	to set off
охра́на приро́ды	nature conservation
попу́тчик	fellow traveller
поселя́ться I/ посели́ться II	to settle
пото́мок	descendant
пра́дед	great-grandfather
пре́док	ancestor
привыка́ть/ привы́кнуть I (привы́кн‖у, -ешь) к (+ *dat*)	to get used (to)
развито́й	developed
свя́зывать/ связа́ть I (свяж‖у́, -ёшь) (те́сно)	to link (closely)
се́льское хозя́йство	agriculture
ссыла́ть/ сосла́ть I (сошл‖ю́, -ёшь)	to exile
судьба́ ма́лых на́родов	fate of national minorities
суро́вый	severe, bleak
тяжёлая про-мы́шленность	heavy industry
улучша́ть I/ улу́чшить II	to improve
уничтожа́ть I/ уничто́жить II	to destroy
управле́ние эконо́микой	management of economy

На по́чте

обра́тный а́дрес	return address
посыла́ть/посла́ть письмо́	to send a letter
письмо́ за грани́цу	letter abroad
авиаписьмо́	airmail letter
конве́рт с ма́ркой	envelope with a stamp
откры́тка с ви́дом	postcard with a view
поздрави́тельная откры́тка	greetings card
компле́кт ма́рок	set of stamps
запо́лнить бланк	to fill in a form
кру́пные де́ньги	large denomination notes
сда́ча	change
всего́ с вас!	You owe in all!
ничего́!	never mind!

Language in action

Вопро́сы

Что узна́л Пи́тер, когда́ он е́хал че́рез Сиби́рь?
Почему́ Пи́теру повезло́ во вре́мя путеше́ствия?
Кто тако́й Лев Никола́евич Ле́нский?
Что де́лал Лев Никола́евич в Москве́?
Кто бы́ли пре́дки Льва Никола́евича?

Почему́ его́ пра́дед оста́лся в Сиби́ри?
Что беспоко́ит Льва Никола́евича в Сиби́ри?
Почему́ экологи́ческое положе́ние Сиби́ри тако́е серьёзное?
Почему́ Лев Никола́евич беспоко́ится о судьбе́ ма́лых наро́дов Сиби́ри?
Как мо́жно улу́чшить экологи́ческое положе́ние Сиби́ри?

Импровиза́ция

— *Say that you have just come back from a conference on nature conservation and that you met some Russian scientists* (**учёный**) *there. Say that you did not realize how serious the ecological problems in Russia are.*

— Да, экологи́ческая ситуа́ция в на́шей стра́не о́чень серьёзна, в не́которых райо́нах про́сто катастрофи́чна. Уничто́жены леса́, загрязнены́ ре́ки. Есть места́, где жить ста́ло невозмо́жно.

— *Say that you travelled on the Volga and saw yourself how polluted the Volga is. People even recommended you not to eat fish from the river.*

— Положе́ние на Во́лге о́чень серьёзно. Ведь на реке́ постро́ено так мно́го хими́ческих заво́дов, так мно́го электроста́нций. Все они́ загрязня́ют ре́ку.

— *Say that surely you can still do something about it. Ask whether they have an ecological movement in the country.*

— Да, у нас сейча́с о́чень акти́вное экологи́ческое движе́ние. Лю́ди на́чали серьёзно беспоко́иться о после́дствиях разви́тия промы́шленности. Но измени́ть систе́му о́чень тру́дно. Для э́того ну́жно вре́мя.

— *Say that you believe there is still time to improve the situation. Give Germany* (**Герма́ния**) *as an example where the river Rhine* (**Рейн**) *was very polluted but now there are fish in the river again.*

— Я бы о́чень хоте́л, что́бы э́то бы́ло так. Но к сожале́нию, в настоя́щее вре́мя у меня́ ма́ло оптими́зма.

Грамма́тика

Conjunctions

In English the same word can often be used as a conjunction or a preposition. This can lead to confusion when translating into Russian, where conjunctions and prepositions differ. Note the difference in the two examples below. In the first, 'after' is used as a conjunction; and in the second, 'after' is a preposition. Conjunctions introduce clauses, while prepositions are followed by or 'govern' a noun or pronoun in the appropriate case.

Examples: **По́сле того́ как мы пообе́дали, мы пошли́ домо́й** 'After we had dinner we went home'.
По́сле обе́да мы пошли́ домо́й 'After dinner we went home'.

The conjunction 'after' (**по́сле того́ как**) introduces the clause 'we had dinner'. The preposition 'after' (**по́сле** + *genitive*) governs the noun 'dinner', which is in the genitive in Russian.

Further examples of conjunctions: **до того́ как** and **пре́жде чем** 'before'; **пе́ред тем как** '(just) before'; **с тех пор как** 'since'.

Future tense after когда́

The future tense is used in Russian after **когда́** if the main clause verb is in the future tense. After 'when' in the equivalent English sentence the present or past tenses are normally used. **Когда́ она́ око́нчит университе́т, она́ пое́дет за грани́цу** 'When she finishes/has finished (lit. will finish) University she will go abroad'.

Similarly after **по́сле того́ как**: **По́сле того́ как Пи́тер ку́пит ма́рку, он пошлёт письмо́** 'After Peter has bought (lit. will buy) a stamp he will send the letter'.

Gerunds

Gerunds are verbal adverbs. Like some participles, they are the equivalent of an English form ending in -ing. Unlike participles, they are not used to replace adjectival clauses. Gerunds are used to replace adverbial clauses.

Example: **Она́ сиде́ла в саду́, слу́шая ра́дио** 'She was sitting in the garden, listening to the radio'. **Слу́шая**, 'listening', replaces 'while she was listening'.

Imperfective gerund

Formation of the imperfective gerund

To form the imperfective gerund, take the 3rd person plural (**они́** form) of the present tense, remove the last two letters and replace by **-я**:

чита́ть — чита́ют — читая 'reading'; **говори́ть — говоря́т — говоря́** 'saying, speaking'.

Stress is usually the same as the 1st person singular: **смотре́ть — смотрю́ — смотря́** 'looking'. But note: **сиде́ть — сижу́ — си́дя**.

The imperfective gerund of reflexive verbs ends in **-ясь**: **встреча́ться — встреча́ются — встреча́ясь** 'meeting'.

Because of the spelling rule some gerunds end in **-а** rather than **-я**: **слы́шать — слы́шат — слы́ша** 'hearing'.

Verbs ending in **-авать** have a present gerund ending in **-авая**: **дава́ть — даю́т — дава́я** 'giving'.

Some verbs have no imperfective gerund. These include monosyllabic verbs e.g. **пить, петь** and many irregular 1st conjugation verbs, e.g. **писа́ть, е́хать.**

Use of the imperfective gerund

Imperfective gerunds are used to describe another action performed at the same time and by the same person as the main verb in the sentences.

Examples: **Си́дя в по́езде, Пи́тер разгова́ривает с ру́сскими пассажи́рами.** 'Sitting in the train, Peter talks to the Russian passengers'. The gerund **си́дя** 'sitting' is used instead of the adverbial clause **когда́ он сиди́т** 'while he sits'.

Provided the action of the gerund takes place at the same time as the action of the main verb, an imperfective gerund is used whatever the tense of the main verb: **Си́дя в по́езде, Пи́тер бу́дет разгова́ривать с ру́сскими пассажи́рами** 'Sitting in the train Peter will talk to the Russian passengers'. **Си́дя в по́езде, Пи́тер разгова́ривал с ру́сскими пассажи́рами** 'Sitting in the train Peter talked to the Russian passengers'. In the first example **си́дя** is used instead of the clause **когда́ он бу́дет сиде́ть** and in the second example it replaces **когда́ он сиде́л.**

In the above examples a gerund has been used to replace an adverbial clause of time. Gerunds may also replace other kinds of adverbial clauses: **Зна́я пробле́мы Сиби́ри, Пи́тер реши́л пое́хать туда́** 'Knowing the problems of Siberia, Peter decided to go there'. Here, **зна́я** replaces the causal clause **так как он знал** 'since he knew'.

A gerund may also be used to replace one of two main verbs linked by 'and'; **Онá готóвит обéд и слýшает рáдио** 'She prepares dinner and listens to the radio'. **Онá готóвит обéд, слýшая рáдио** 'She prepares dinner listening to the radio'.

Note the use of the negative gerund to translate 'without ... ing': **Пострóили фáбрики в Сибúри, не принимáя во внимáние экологúческие фáкторы** 'They have built factories in Siberia wihout taking into consideration ecological factors'.

Perfective gerund

Formation of the perfective gerund

To form the perfective gerund, remove the **-л** from the masculine form of the perfective past tense and replace it with **-в** or **-вши** (the latter being less common): **прочитáть — прочитáл — прочитáв** 'having read' **увúдеть — увúдел — увúдев** 'having seen'. The perfective gerund of reflexive verbs ends in **-вшись**: **одéться — одéлся — одéвшись** 'having dressed'.

Some verbs have a perfective gerund ending in **-я**. It is formed in the same way as an imperfective gerund but from the perfective verb. These verbs include prefixed forms of **нестú, везтú, вестú** and **идтú**: **принестú — принесýт — принеся́** 'having brought'; **прийтú — придýт — придя́** 'having arrived'; **привестú — приведýт — приведя́** 'having brought'.

Use of the perfective gerund

The perfective gerund is used to describe actions performed by the same subject as the main verb but which have taken place prior to the action of the main verb: **Написáв письмó, Пúтер пошёл на пóчту** 'Having written the letter, Peter went to the post office'. The perfective gerund **написáв** 'having written', is used instead of the clause **пóсле тогó как он написáл** 'after he had written'.

Provided the action of the gerund takes place prior to the action of the main verb, a perfective gerund is used, whatever the tense of the main verb. **Написáв письмó, Пúтер пойдёт на пóчту** 'Having written the letter Peter will go to the post office'. **Написáв письмó, Пúтер идёт на пóчту** 'Having written the letter Peter is going to the post office'.

Perfective gerunds may also be used to replace causal clauses: **Прочитáв мнóго о Сибúри, Пúтер решúл поéхать тудá.** 'Having read (since he had read) a lot about Siberia, Peter decided to go there'.

A perfective gerund can be used to replace one of two main verbs, provided the gerund is used for the action which takes place first: **Он оде́лся и пошёл на рабо́ту** 'He dressed and went to work'. **Оде́вшись, он пошёл на рабо́ту** 'Having dressed he went to work'.

The subject of a gerund must always be the same as the subject of the main clause. For example, it is impossible to translate the following sentence into Russian using a gerund: 'Peter having written the letter, we went to the post office'. In Russian this can only be expressed as: 'When (or after) Peter had written the letter we went to the post office' **Когда́ (по́сле того́ как) Пи́тер написа́л письмо́, мы пошли́ на по́чту**.

Упражне́ния

1 Form the imperfective gerunds of the following verbs:

рабо́тать, создава́ть, путеше́ствовать, люби́ть, жить, стоя́ть, отправля́ться, сади́ться, приходи́ть, идти́, нести́, везти́, находи́ться

2 Form the perfective gerunds of the following verbs:

встать, дать, поня́ть, сказа́ть, возврати́ться, сесть, съесть, спеть, найти́, ввезти́, принести́, отпра́виться

3 Replace the underlined verbs with the suitable gerund (imperfective or perfective) and rephrase the sentence as required:

Она́ стои́т у окна́ и <u>ду́мает</u> о ма́тери. Она́ гуля́ла по Москве́ и <u>вспомина́ла</u> своё де́тство. Ди́ма бу́дет чита́ть кни́гу и <u>смотре́ть</u> телеви́зор. Мать гото́вит обе́д и <u>слу́шает</u> но́вости. Са́ша шёл по у́лице и <u>мечта́л</u> о но́вой маши́не. Де́ти бу́дут бе́гать на у́лице и <u>игра́ть</u> в мяч. В воскресе́нье он сиди́т до́ма и ничего́ не <u>де́лает</u>. Они́ сиде́ли за столо́м и <u>разгова́ривали</u>. Мы бу́дем жить у о́зера и <u>бу́дем любова́ться</u> приро́дой. Он <u>оде́лся</u> и побежа́л на рабо́ту. Он <u>напи́шет</u> письмо́ и пойдёт на по́чту. Он <u>вы́пил</u> стака́н молока́ и пошёл спать. Он <u>прийдёт</u> на ры́нок и ку́пит фру́кты. Он не <u>найдёт</u> кни́ги и ста́нет смотре́ть телеви́зор. Он не <u>узна́л</u> её и прошёл ми́мо. Он не <u>ска́жет</u> ни сло́ва и откро́ет дверь. Она́ <u>умы́лась</u> и вы́шла в сад. Та́ня <u>око́нчит</u> университе́т и пое́дет рабо́тать в Сиби́рь.

4 Replace the adverbial clauses with imperfective gerunds:

Когда́ Мари́на рабо́тала над диссерта́цией, она́ посеща́ла библиоте́ку. Когда́ она́ подходи́ла к до́му, она́ уви́дела знако́мого худо́жника. Пока́ Ди́ма де́лает уро́ки, он не ду́мает о му́зыке. Так как он не зна́ет твоего́ а́дреса, он не мо́жет написа́ть тебе́. Так как он живёт в дере́вне, он не зна́ет городски́х пробле́м. Когда́ он нахо́дится на Кавка́зе, он всегда́ любу́ется кавка́зской приро́дой.

5 Replace the adverbial clauses with perfective gerunds:

По́сле того́ как он сказа́л своё мне́ние, он вы́шел из ко́мнаты. Когда́ он на́чал смотре́ть телеви́зор, он вспо́мнил о рабо́те. По́сле того́ как он жени́лся на ру́сской, он реши́л оста́ться в Росси́и. Когда́ я око́нчу институ́т, я пое́ду в Сиби́рь. Так как Пи́тер захоте́л есть, он пошёл в рестора́н.

Перево́д

1 Working in the Far North he understood how difficult it was to live there. But having got used to the life he decided to stay for another year.
2 Having got as far as the industrial district, we decided to return to the hotel. As we returned we talked about the ecological situation.
3 Having returned from his trip to Sakhalin, Peter started working with new enthusiasm. After meeting so many young Russian entrepreneurs, he began to think about a joint venture.
4 Standing in endless queues, talking to Russians and seeing the prices in the shops, she began to understand the problems of the country.
5 Having finished university and become a teacher she went to work in a village. When she saw the primitive conditions and experienced all the hardship of life there, she moved back to the town.

Grammar summary

Rules of spelling

1 After **г, к, х, ж, ч, ш, щ** do not write **ы**. Replace it by **и**.
2 After **ж, ч, ш, щ, ц** do not write unstressed **о**. Replace it by **е**.
3 After **г, к, х, ж, ч, ш, щ, ц** do not write **я**. Replace it by **а**.
4 After **г, к, х, ж, ч, ш, щ, ц** do not write **ю**. Replace it by **у**.

Gender

Masculine nouns end in: a consonant, **-й, -ь**.
Feminine nouns end in: **-а, -я, -ь**.
Neuter nouns end in: **-о, -е, -ё, -мя**.

Note: A small number of nouns ending in **-а/-я** which refer to males are masculine, e.g. **мужчи́на** 'man'. They decline as feminine nouns but take masculine agreements.

Declension tables

Nouns

	Masculine singular		
Nominative	**стол**	**роя́ль**	**музе́й**
Accusative	**стол**	**роя́ль**	**музе́й**
Genitive	**стола́**	**роя́ля**	**музе́я**
Dative	**столу́**	**роя́лю**	**музе́ю**
Instrumental	**столо́м**	**роя́лем**	**музе́ем**
Prepositional	**столе́**	**роя́ле**	**музе́е**

	Masculine plural		
Nominative	**столы́**	**роя́ли**	**музе́и**
Accusative	**столы́**	**роя́ли**	**музе́и**
Genitive	**столо́в**	**роя́лей**	**музе́ев**
Dative	**стола́м**	**роя́лям**	**музе́ям**
Instrumental	**стола́ми**	**роя́лями**	**музе́ями**
Prepositional	**стола́х**	**роя́лях**	**музе́ях**

Notes:

1 Some nouns have a fleeting vowel in all cases where the ending changes e.g. **оте́ц — отца́, отцу́**, etc.
2 Accusative singular: for animate nouns this is the same as genitive.
3 Instrumental singular: spelling rule affects some nouns, e.g. **това́рищ — това́рищем**.
4 Instrumental singular: if the ending **-ем** is stressed it becomes **-ём**, e.g. **рубль — рублём**.
5 Prepositional singular: some nouns take the ending **-у́** after **в** or **на**, e.g. **в лесу́**.
6 Nominative/accusative plural: spelling rule affects some nouns, e.g. **язы́к – языки́**.
7 Nominative/accusative plural: some nouns have an irregular plural in **-а**, e.g. **дом — дома́**, others in **-ья** or **-ья́** e.g. **брат — бра́тья**; **друг — друзья́**.
8 Accusative plural: for animate masculine nouns this is the same as genitive plural.
9 Genitive plural: spelling rule affects some nouns, e.g. **ме́сяц — ме́сяцев**.
10 Genitive plural: if the ending **-ев** is stressed it becomes **-ёв**, e.g. **слой — слоёв**.
11 Genitive plural: nouns ending in **ж, ч, ш, щ** take the ending **-ей**, e.g. **москви́ч — москвиче́й**.
12 Genitive plural irregular forms: see Chapter 12.
13 Instrumental plural: **лю́ди** (singular **челове́к**) — **людьми́**; **де́ти** (used as plural of **ребёнок**) — **детьми**.
14 **Путь** 'way': Singular **путь, путь, пути́, пути́, путём, пути́**
Plural: **пути́, пути́, путе́й, путя́м, путя́ми, путя́х**

Feminine singular

Nominative	**газе́та**	**неде́ля**	**профе́ссия**	**жизнь**
Accusative	**газе́ту**	**неде́лю**	**профе́ссию**	**жизнь**
Genitive	**газе́ты**	**неде́ли**	**профе́ссии**	**жи́зни**
Dative	**газе́те**	**неде́ле**	**профе́ссии**	**жи́зни**
Instrumental	**газе́той**	**неде́лей**	**профе́ссией**	**жи́знью**
Prepositional	**газе́те**	**неде́ле**	**профе́ссии**	**жи́зни**

Feminine plural

Nominative	**газе́ты**	**неде́ли**	**профе́ссии**	**жи́зни**
Accusative	**газе́ты**	**неде́ли**	**профе́ссии**	**жи́зни**
Genitive	**газе́т**	**неде́ль**	**профе́ссий**	**жи́зней**
Dative	**газе́там**	**неде́лям**	**профе́ссиям**	**жи́зням**
Instrumental	**газе́тами**	**неде́лями**	**профе́ссиями**	**жи́знями**
Prepositional	**газе́тах**	**неде́лях**	**профе́ссиях**	**жи́знях**

Notes:

1 Genitive singular: spelling rule affects some nouns, e.g. **кни́га — кни́ги.**
2 Instrumental singular: spelling rule affects some nouns, e.g. **гости́ница — гости́ницей.**
3 Instrumental singular: if the ending **-ей** is stressed it becomes **-ёй**, e.g. **земля́ — землёй.**
4 Nominative/accusative plural: spelling rule affects some nouns, e.g. **кни́га — кни́ги.**
5 Accusative plural: for animate feminine nouns this is the same as the genitive plural.
6 Genitive plural: in some nouns the vowel **о**, **е** or **ё** is inserted between the last two consonants, e.g. **студе́нтка — студе́нток; дере́вня — дереве́нь.**
7 Genitive plural: note also: **пе́сня — пе́сен; иде́я — иде́й.**
8 Dative/instrumental/prepositional plural: spelling rule affects some nouns, e.g. **вещь — веща́м, веща́ми, веща́х.**
9 **Мать** and **дочь**: all forms apart from the nominative and accusative singular have **-ер-** before the ending, e.g. **мать — ма́тери, дочь — до́чери.**
10 Instrumental plural: **дочь — дочерьми́.**

Neuter singular

Nominative	**де́ло**	**мо́ре**	**зда́ние**	**и́мя**
Accusative	**де́ло**	**мо́ре**	**зда́ние**	**и́мя**
Genitive	**де́ла**	**мо́ря**	**зда́ния**	**и́мени**
Dative	**де́лу**	**мо́рю**	**зда́нию**	**и́мени**
Instrumental	**де́лом**	**мо́рем**	**зда́нием**	**и́менем**
Prepositional	**де́ле**	**мо́ре**	**зда́нии**	**и́мени**

Neuter plural

Nominative	**дела́**	**моря́**	**зда́ния**	**имена́**
Accusative	**дела́**	**моря́**	**зда́ния**	**имена́**
Genitive	**дел**	**море́й**	**зда́ний**	**имён**
Dative	**дела́м**	**моря́м**	**зда́ниям**	**имена́м**
Instrumental	**дела́ми**	**моря́ми**	**зда́ниями**	**имена́ми**
Prepositional	**дела́х**	**моря́х**	**зда́ниях**	**имена́х**

Notes:

1 Genitive/dative singular: spelling rule affects some nouns, e.g. **жили́ще — жили́ща, жили́щу.**
2 Genitive plural: in some nouns the vowel **о**, **е** or **ё** is inserted between the last two consonants, e.g. **окно́ — о́кон.**
3 Genitive plural irregular forms: see Chapter 12.

4 Dative/instrumental/prepositional plural: spelling rule affects some nouns, e.g. **жили́ще — жили́щам, жили́щами, жили́щах.**

5 Nouns in **-мя**: not all these nouns follow precisely the same pattern as **и́мя. Се́мя** 'seed' – genitive plural **семя́н; зна́мя** 'banner' plu. **знамёна, знамён.**

Adjectives

Hard adjectives

	Masculine	Feminine	Neuter	Plural
Nominative	**типи́чный**	**типи́чная**	**типи́чное**	**типи́чные**
Accusative	**типи́чный/ типи́чного**	**типи́чную**	**типи́чное**	**типи́чные/ типи́чных**
Genitive	**типи́чного**	**типи́чной**	**типи́чного**	**типи́чных**
Dative	**типи́чному**	**типи́чной**	**типи́чному**	**типи́чным**
Instrumental	**типи́чным**	**типи́чной**	**типи́чным**	**типи́чными**
Prepositional	**типи́чном**	**типи́чной**	**типи́чном**	**типи́чных**

Soft adjectives

	Masculine	Feminine	Neuter	Plural
Nominative	**после́дний**	**после́дняя**	**после́днее**	**после́дние**
Accusative	**после́дний/ после́днего**	**после́днюю**	**после́днее**	**после́дние/ после́дних**
Genitive	**после́днего**	**после́дней**	**после́днего**	**после́дних**
Dative	**после́днему**	**после́дней**	**после́днему**	**после́дним**
Instrumental	**после́дним**	**после́дней**	**после́дним**	**после́дними**
Prepositional	**после́днем**	**после́дней**	**после́днем**	**после́дних**

	Masculine	Feminine	Neuter	Plural
Nominative	**тре́тий**	**тре́тья**	**тре́тье**	**тре́тьи**
Accusative	**тре́тий/ тре́тьего**	**тре́тью**	**тре́тье**	**тре́тьи/ тре́тьих**
Genitive	**тре́тьего**	**тре́тьей**	**тре́тьего**	**тре́тьих**
Dative	**тре́тьему**	**тре́тьей**	**тре́тьему**	**тре́тьим**
Instrumental	**тре́тьим**	**тре́тьей**	**тре́тьим**	**тре́тьими**
Prepositional	**тре́тьем**	**тре́тьей**	**тре́тьем**	**тре́тьих**

Mixed adjectives

(Adjectives with a mixture of hard and soft endings resulting from the influence of the spelling rules.)

	Masculine	Feminine	Neuter	Plural
Nominative	**ру́сский**	**ру́сская**	**ру́сское**	**ру́сские**
Accusative	**ру́сский/ ру́сского**	**ру́сскую**	**ру́сское**	**ру́сские/ ру́сских**
Genitive	**ру́сского**	**ру́сской**	**ру́сского**	**ру́сских**
Dative	**ру́сскому**	**ру́сской**	**ру́сскому**	**ру́сским**
Instrumental	**ру́сским**	**ру́сской**	**ру́сским**	**ру́сскими**
Prepositional	**ру́сском**	**ру́сской**	**ру́сском**	**ру́сских**

	Masculine	Feminine	Neuter	Plural
Nominative	**како́й**	**кака́я**	**како́е**	**каки́е**
Accusative	**како́й/ како́го**	**каку́ю**	**како́е**	**каки́е/ каки́х**
Genitive	**како́го**	**како́й**	**како́го**	**каки́х**
Dative	**како́му**	**како́й**	**како́му**	**каки́м**
Instrumental	**каки́м**	**како́й**	**каки́м**	**каки́ми**
Prepositional	**како́м**	**како́й**	**како́м**	**каки́х**

	Masculine	Feminine	Neuter	Plural
Nominative	**большо́й**	**больша́я**	**большо́е**	**больши́е**
Accusative	**большо́й/ большо́го**	**большу́ю**	**большо́е**	**больши́е/ больши́х**
Genitive	**большо́го**	**большо́й**	**большо́го**	**больши́х**
Dative	**большо́му**	**большо́й**	**большо́му**	**больши́м**
Instrumental	**больши́м**	**большо́й**	**больши́м**	**больши́ми**
Prepositional	**большо́м**	**большо́й**	**большо́м**	**больши́х**

	Masculine	Feminine	Neuter	Plural
Nominative	**хоро́ший**	**хоро́шая**	**хоро́шее**	**хоро́шие**
Accusative	**хоро́ший/ хоро́шего**	**хоро́шую**	**хоро́шее**	**хоро́шие/ хоро́ших**
Genitive	**хоро́шего**	**хоро́шей**	**хоро́шего**	**хоро́ших**
Dative	**хоро́шему**	**хоро́шей**	**хоро́шему**	**хоро́шим**
Instrumental	**хоро́шим**	**хоро́шей**	**хоро́шим**	**хоро́шими**
Prepositional	**хоро́шем**	**хоро́шей**	**хоро́шем**	**хоро́ших**

Note:
The second alternative form for the masculine and plural accusatives is to be used with animate nouns.

Possessives

	Masculine	Feminine	Neuter	Plural
Nominative	**мой**	**моя́**	**моё**	**мои́**
Accusative	**мой/моего́**	**мою́**	**моё**	**мои́/мои́х**
Genitive	**моего́**	**мое́й**	**моего́**	**мои́х**
Dative	**моему́**	**мое́й**	**моему́**	**мои́м**
Instrumental	**мои́м**	**мое́й**	**мои́м**	**мои́ми**
Prepositional	**моём**	**мое́й**	**моём**	**мои́х**

твой and **свой** also follow the above pattern.

	Masculine	Feminine	Neuter	Plural
Nominative	**ваш**	**ва́ша**	**ва́ше**	**ва́ши**
Accusative	**ваш/ва́шего**	**ва́шу**	**ва́ше**	**ва́ши/ва́ших**
Genitive	**ва́шего**	**ва́шей**	**ва́шего**	**ва́ших**
Dative	**ва́шему**	**ва́шей**	**ва́шему**	**ва́шим**
Instrumental	**ва́шим**	**ва́шей**	**ва́шим**	**ва́шими**
Prepositional	**ва́шем**	**ва́шей**	**ва́шем**	**ва́ших**

Наш also follows the above pattern.

The second alternative form for the masculine and plural accusatives is to be used with animate nouns.

Чей

	Masculine	Feminine	Neuter	Plural
Nominative	**чей**	**чья**	**чьё**	**чьи**
Accusative	**чей/чьего́**	**чью**	**чьё**	**чьи/чьих**
Genitive	**чьего́**	**чьей**	**чьего́**	**чьих**
Dative	**чьему́**	**чьей**	**чьему́**	**чьим**
Instrumental	**чьим**	**чьей/чье́ю**	**чьим**	**чьи́ми**
Prepositional	**чьём**	**чьей**	**чьём**	**чьих**

The second alternative form for the masculine and plural accusatives is to be used with animate nouns.

Personal pronouns

Nominative	**я**	**ты**	**он/оно́**	**она́**
Accusative	**меня́**	**тебя́**	**его́**	**её**
Genitive	**меня́**	**тебя́**	**его́**	**её**
Dative	**мне**	**тебе́**	**ему́**	**ей**
Instrumental	**мной/мно́ю**	**тобо́й/ тобо́ю**	**им**	**ей/е́ю**
Prepositional	**мне**	**тебе́**	**нём**	**ней**

Nominative	**мы**	**вы**	**они́**	–
Accusative	**нас**	**вас**	**их**	**себя́**
Genitive	**нас**	**вас**	**их**	**себя́**
Dative	**нам**	**вам**	**им**	**себе́**
Instrumental	**на́ми**	**ва́ми**	**и́ми**	**собо́й/собо́ю**
Prepositional	**нас**	**вас**	**них**	**себе́**

Кто and что

Nominative	**кто**	**что**
Accusative	**кого́**	**что**
Genitive	**кого́**	**чего́**
Dative	**кому́**	**чему́**
Instrumental	**кем**	**чем**
Prepositional	**ком**	**чём**

Э́тот and тот

	Masculine	Feminine	Neuter	Plural
Nominative	**э́тот**	**э́та**	**э́то**	**э́ти**
Accusative	**э́тот/э́того**	**э́ту**	**э́то**	**э́ти/э́тих**
Genitive	**э́того**	**э́той**	**э́того**	**э́тих**
Dative	**э́тому**	**э́той**	**э́тому**	**э́тим**
Instrumental	**э́тим**	**э́той**	**э́тим**	**э́тими**
Prepositional	**э́том**	**э́той**	**э́том**	**э́тих**

	Masculine	Feminine	Neuter	Plural
Nominative	**тот**	**та**	**то**	**те**
Accusative	**тот/того́**	**ту**	**то**	**те/тех**
Genitive	**того́**	**той**	**того́**	**тех**
Dative	**тому́**	**той**	**тому́**	**тем**
Instrumental	**тем**	**той**	**тем**	**те́ми**
Prepositional	**том**	**той**	**том**	**тех**

The second alternative form for the masculine and plural accusatives is to be used with animate nouns.

Весь

	Masculine	Feminine	Neuter	Plural
Nominative	**весь**	**вся**	**всё**	**все**
Accusative	**весь/всегó**	**всю**	**всё**	**все/всех**
Genitive	**всегó**	**всей**	**всегó**	**всех**
Dative	**всемý**	**всей**	**всемý**	**всем**
Instrumental	**всем**	**всей**	**всем**	**всéми**
Prepositional	**всём**	**всей**	**всём**	**всех**

The second alternative form for the masculine and plural accusatives is to be used with animate nouns.

Сам

	Masculine	Feminine	Neuter	Plural
Nominative	**сам**	**самá**	**самó**	**сáми**
Accusative	**сам/самогó**	**самý**	**самó**	**сáми/самúх**
Genitive	**самогó**	**самóй**	**самогó**	**самúх**
Dative	**самомý**	**самóй**	**самомý**	**самúм**
Instrumental	**самúм**	**самóй**	**самúм**	**самúми**
Prepositional	**самóм**	**самóй**	**самóм**	**самúх**

The second alternative form for the masculine and plural accusatives is to be used with animate nouns.

Note that the genitive, dative, instrumental and prepositional cases of **сам** are stressed on the ending. Contrast **сáмый** 'the very' which declines like a hard adjective and is stressed throughout on the stem.

Cardinal numerals

	Masculine	Feminine	Neuter	Plural
Nominative	**одúн**	**однá**	**однó**	**однú**
Accusative	**одúн/одногó**	**однý**	**однó**	**однú/однúх**
Genitive	**одногó**	**однóй**	**одногó**	**однúх**
Dative	**одномý**	**однóй**	**одномý**	**однúм**
Instrumental	**однúм**	**однóй**	**однúм**	**однúми**
Prepositional	**однóм**	**однóй**	**однóм**	**однúх**

The second alternative form for masculine and plural accusatives is to be used with animate nouns. The plural form **однú** is used with those nouns which only have a plural form.

	два/две		три	четы́ре
	Masc/Neut.	Fem.	All genders	All genders
Nominative	**два**	**две**	**три**	**четы́ре**
Accusative	**два/двух**	**две/двух**	**три/трёх**	**четы́ре/четырёх**
Genitive		**двух**	**трёх**	**четырёх**
Dative		**двум**	**трём**	**четырём**
Instrumental		**двумя́**	**тремя́**	**четырмья́**
Prepositional		**двух**	**трёх**	**четырёх**

The second alternative form for the accusative is to be used with animate nouns.

Nominative	**пять**	**во́семь**
Accusative	**пять**	**во́семь**
Genitive	**пяти́**	**восьми́**
Dative	**пяти́**	**восьми́**
Instrumental	**пятью́**	**восемью́**
Prepositional	**пяти́**	**восьми́**

All the numbers from **шесть** to **два́дцать** as well as **три́дцать** are declined like **пять. Пять — де́сять, два́дцать** and **три́дцать** are stressed on the ending. Of the numerals **оди́ннадцать — девятна́дцать** all are stressed on the penultimate **а** (e.g. **двена́дцать**) except **оди́ннадцать** and **четы́рнадцать**.

Nominative	**со́рок**	**пятьдеся́т**
Accusative	**со́рок**	**пятьдеся́т**
Genitive	**сорока́**	**пяти́десяти**
Dative	**сорока́**	**пяти́десяти**
Instrumental	**сорока́**	**пятью́десятью**
Prepositional	**сорока́**	**пяти́десяти**

Девяно́сто and **сто** are declined like **со́рок** but note the stress of **девяно́ста** (gen., dat., instr., prep.).

Шестьдеся́т — во́семьдесят are declined like **пятьдеся́т** with the stress on the second syllable in the genitive, dative, instrumental and prepositional.

Nominative	**две́сти**	**три́ста**
Accusative	**две́сти**	**три́ста**
Genitive	**двухсо́т**	**трёхсо́т**
Dative	**двумста́м**	**трёмста́м**
Instrumental	**двумяста́ми**	**тремяста́ми**
Prepositional	**двухста́х**	**трёхста́х**

Nominative	**четы́реста**	**пятьсо́т**
Accusative	**четы́реста**	**пятьсо́т**
Genitive	**четырёхсо́т**	**пятисо́т**
Dative	**четырёмста́м**	**пятиста́м**
Instrumental	**четырьмяста́ми**	**пятьюста́ми**
Prepositional	**четырёхста́х**	**пятиста́х**

Шестьсо́т, **семьсо́т**, **восемьсо́т**, **девятьсо́т** are declined like **пятьсо́т**.

Ты́сяча is declined like a feminine noun but with an alternative instrumental form **ты́сячью** in addition to the regular form **ты́сячей**.

Surnames

	Masculine	Feminine	Plural
Nominative	**Гу́ров**	**Гу́рова**	**Гу́ровы**
Accusative	**Гу́рова**	**Гу́рову**	**Гу́ровых**
Genitive	**Гу́рова**	**Гу́ровой**	**Гу́ровых**
Dative	**Гу́рову**	**Гу́ровой**	**Гу́ровым**
Instrumental	**Гу́ровым**	**Гу́ровой**	**Гу́ровыми**
Prepositional	**Гу́рове**	**Гу́ровой**	**Гу́ровых**

Surnames ending in **-ёв**, **-ин** and **-ын** follow a similar pattern to the above. Surnames which have adjective endings, e.g. **Чайко́вский** decline like adjectives.

Verbs

Each Russian verb has two stems: an infinitive and a present/future stem. The infinitive stem (usually infinitive minus **ть**) is used to form the past tense, past participles and perfective gerunds. The present/future stem is used to form the present tense, perfective future, imperative, present participle and imperfective gerunds. It can be identified by removing the last two letters from the 3rd person plural (**они́** form) of the present/future perfective. In some verbs the two stems are the same. Where the two stems are the same the present/perfective future can easily be formed by reference to the infinitive.

Present tense

1st conjugation

Regular verbs (verbs with the same present and infinitive stem):

Infinitives end in **-ать** or **-ять**

Remove the **-ть** from the infinitive and add the endings: **-ю**, **-ешь**, **-ет**, **-ем**, **-ете**, **-ют**

рабо́тать 'to work'		**объясня́ть** 'to explain'	
я	**рабо́та-ю**	**я**	**объясня́-ю**
ты	**рабо́та-ешь**	**ты**	**объясня́-ешь**
он/она́/оно́	**рабо́та-ет**	**он/она́/оно́**	**объясня́-ет**
мы	**рабо́та-ем**	**мы**	**объясня́-ем**
вы	**рабо́та-ете**	**вы**	**объясня́-ете**
они́	**рабо́та-ют**	**они́**	**объясня́-ют**

Verbs with present stem differing from infinitive stem:

Infinitives end in **-ать**, **-ять**, **-ить**, **-еть**, **-ти**

The present tense stem cannot be worked out from the infinitive. It has to be learnt. The endings follow regular patterns.

Stem ending in a vowel add the endings: **-ю**, **-ешь**, **-ет**, **-ем**, **-ете**, **-ют**.

мыть 'to wash'

я	**мо́-ю**	**мы**	**мо́-ем**
ты	**мо́-ешь**	**вы**	**мо́-ете**
он/она́/оно́	**мо́-ет**	**они́**	**мо́-ют**

Stems ending in a consonant add the endings: **-у**, **-ешь**, **-ет**, **-ем**, **-ете**, **-ут**.

писа́ть 'to write'

я	**пиш-у́**	**мы**	**пи́ш-ем**
ты	**пи́ш-ешь**	**вы**	**пи́ш-ете**
он/она/оно	**пи́ш-ет**	**они**	**пи́ш-ут**

If the endings are stressed, **е** is replaced by **ё**.

встава́ть 'to get up, stand up'		**идти́** 'to go'	
я	**вста-ю́**	**я**	**ид-у́**
ты	**вста-ёшь**	**ты**	**ид-ёшь**
он/она́/оно́	**вста-ёт**	**он/она́/оно́**	**ид-ёт**

мы	**вста-ём**	**мы**	**ид-ём**
вы	**вста-ёте**	**вы**	**ид-ёте**
они́	**вста-ю́т**	**они**	**ид-у́т**

Infinitives ending in **-овать** change -**ова**- to -**у**-.

зави́довать 'to envy'		**сове́товать** 'to advise'	
я	**зави́ду-ю**	**я**	**сове́ту-ю**
ты	**зави́ду-ешь**	**ты**	**сове́ту-ешь**
он/она́/оно́	**зави́ду-ет**	**он/она́/оно́**	**сове́ту-ет**
мы	**зави́ду-ем**	**мы**	**сове́ту-ем**
вы	**зави́ду-ете**	**вы**	**сове́ту-ете**
они́	**зави́ду-ют**	**они́**	**сове́ту-ют**

Infinitives ending in **-евать** change the **-ева**- to **-ю**-.

воева́ть 'to fight, wage war'			
я	**вою́-ю**	**мы**	**вою́-ем**
ты	**вою́-ешь**	**вы**	**вою́-ете**
он/она́/оно́	**вою́-ет**	**они́**	**вою́-ют**

The spelling rule will affect some of the following verbs.

танцева́ть 'to dance'		**ночева́ть** 'to spend the night'	
я	**танцу́-ю**	**я**	**ночу́-ю**
ты	**танцу́-ешь**	**ты**	**ночу́-ешь**
он/она́/оно́	**танцу́-ет**	**он/она́/оно́**	**ночу́-ет**
мы	**танцу́-ем**	**мы**	**ночу́-ем**
вы	**танцу́-ете**	**вы**	**ночу́-ете**
они́	**танцу́-ют**	**они́**	**ночу́-ют**

2nd conjugation

Regular verbs:

Infinitives end in **-ить**, **-еть**, **-ять** or **-ать**

Remove the last three letters from the infinitive and add the endings: **-ю**, **-ишь**, **-ит**, **-им**, **-ите**, **-ят**.

говори́ть 'to say, speak'		**смотре́ть** 'to look at, watch'	
я	**говор-ю́**	**я**	**смотр-ю́**
ты	**говор-и́шь**	**ты**	**смо́тр-ишь**
он/она́/оно́	**говор-и́т**	**он/она́/оно́**	**смо́тр-ит**
мы	**говор-и́м**	**мы**	**смо́тр-им**
вы	**говор-и́те**	**вы**	**смо́тр-ите**
они́	**говор-я́т**	**они́**	**смо́тр-ят**

стоя́ть 'to stand'		**лежа́ть** 'to lie'	
я	**сто-ю́**	**я**	**леж-у́**
ты	**сто-и́шь**	**ты**	**леж-и́шь**
он/она́/оно́	**сто-и́т**	**он/она́/оно́**	**леж-и́т**
мы	**сто-и́м**	**мы**	**леж-и́м**
вы	**сто-и́те**	**вы**	**леж-и́те**
они́	**сто-я́т**	**они́**	**леж-а́т**

Verbs with stems ending in **-ч**, **-ж**, **-ш** and **щ**, e.g. **лежа́ть,** have the endings **-у** and **-ат** because of the spelling rule.

Infinitive ending with **-дить** or **-деть** (i.e. the present tense stem ends in **д**).

The 1st person singular ends in **-жу**. The other endings are regular.

ви́деть 'to see'

я	**ви́ж-у**	**мы**	**ви́д-им**
ты	**ви́д-ишь**	**вы**	**ви́д-ите**
он/она́/оно́	**ви́д-ит**	**они́**	**ви́д-ят**

Other second conjugation verbs with a similar consonant change in the 1st person singular:

Stem ends in **-т**
The first person singular ends in **-чу**. The other endings are regular.
плати́ть 'to pay'
я плач-у́, ты пла́т-ишь, etc.

Stem ends in **-с**
The first person singular ends in **-шу**. The other endings are regular.
проси́ть 'to ask'
я прош-у́, ты про́с-ишь, etc.

Stem ends in **-з**
The first person singular ends in **-жу**. The other endings are regular.
вози́ть 'to convey'
я вож-у́, ты во́з-ишь, etc.

Stem ends in **-ст**
The first person singular ends in **-щу**. The other endings are regular.
чи́стить 'to clean'
я чи́щ-у, ты чи́ст-ишь, etc.

Verbs with stem ending in **б**, **в**, **п**, **ф** and **м** insert an -л- between stem and ending in the 1st person singular

люби́ть ‘to love’		**гото́вить** ‘to cook, prepare’	
я	**люб-л-ю́**	**я**	**гото́в-л-ю**
ты	**лю́б-ишь**	**ты**	**гото́в-ишь**
он/она́/оно́	**лю́б-ит**	**он/она́/оно́**	**гото́в-ит**
мы	**лю́б-им**	**мы**	**гото́в-им**
вы	**лю́б-ите**	**вы**	**гото́в-ите**
они́	**лю́б-ят**	**они́**	**гото́в-ят**

Irregular verbs

мочь ‘to be able, can’		**хоте́ть** ‘to want’	
я	**мог-у́**	**я**	**хоч-у́**
ты	**мо́ж-ешь**	**ты**	**хо́ч-ешь**
он/она́/оно́	**мо́ж-ет**	**он/она́/оно́**	**хо́ч-ет**
мы	**мо́ж-ем**	**мы**	**хот-и́м**
вы	**мо́ж-ете**	**вы**	**хот-и́те**
они́	**мо́г-ут**	**они́**	**хот-я́т**

есть ‘to eat’		**бежа́ть** ‘to run’	
я	**ем**	**я**	**бег-у́**
ты	**ешь**	**ты**	**беж-и́шь**
он/она́/оно́	**ест**	**он/она́/оно́**	**беж-и́т**
мы	**ед-и́м**	**мы**	**беж-и́м**
вы	**ед-и́те**	**вы**	**беж-и́те**
они́	**ед-я́т**	**они́**	**бег-у́т**

Reflexive verbs

Add **-ся** or **-сь** to the end of the verb. After a consonant or **ь** add **-ся** and after a vowel **-сь**.

одева́ться ‘to dress oneself’			
я	**одева́юсь**	**мы**	**одева́емся**
ты	**одева́ешься**	**вы**	**одева́етесь**
он/она́/оно́	**одева́ется**	**они́**	**одева́ются**

Future tense

Perfective future

The future tense is formed from a perfective verb in the same way as the present tense is formed from the imperfective verb, i.e. using the familiar first or second conjugation endings.

1st conjugation

прочита́ть 'to read'

я	**прочита́ю**	**мы**	**прочита́ем**
ты	**прочита́ешь**	**вы**	**прочита́ете**
он/она́/оно́	**прочита́ет**	**они́**	**прочита́ют**

стать 'to become' (future stem differing from infinitive stem)

я	**ста́ну**	**мы**	**ста́нем**
ты	**ста́нешь**	**вы**	**ста́нете**
он/она́/оно́	**ста́нет**	**они́**	**ста́нут**

2nd conjugation

измени́ть 'to change'

я	**изменю́**	**мы**	**изме́ним**
ты	**изме́нишь**	**вы**	**изме́ните**
он/она́/оно́	**изме́нит**	**они́**	**изме́нят**

There is one consonant change which affects only perfective verbs:

Stem ends in **-т**
The first person singular ends in **-щу**; the other endings are regular.
возврати́ть 'to return'
я возвращ–у́, ты возврат–и́шь, etc.

Irregular future perfective

дать 'to give'

я	**дам**	**мы**	**дади́м**
ты	**дашь**	**вы**	**дади́те**
он/она́/оно́	**даст**	**они́**	**даду́т**

Прода́ть and other prefixed forms of **дать** follow the same pattern.

The future tense of быть 'to be'

я	**бу́ду**	**мы**	**бу́дем**
ты	**бу́дешь**	**вы**	**бу́дете**
он/она́/оно́	**бу́дет**	**они́**	**бу́дут**

Imperfective future

Combine the future tense of **быть** with the imperfective infinitive:

игрáть 'to play'

я	**бýду игрáть**	**мы**	**бýдем игрáть**
ты	**бýдешь игрáть**	**вы**	**бýдете игрáть**
он/онá/онó	**бýдет игрáть**	**они́**	**бýдут игрáть**

Past tense

Imperfective and perfective past

The imperfective and perfective past are formed in exactly the same way from their respective verbs. Remove the **-ть** from the infinitive and replace it by:

-л	masculine singular
-ла	feminine singular
-ло	neuter singular
-ли	all plurals

читáть 'to read' (imperfective)

я/ты/он	**читáл**	**мы/вы/они́**	**читáли**
я/ты/онá	**читáла**		
онó	**читáло**		

прочитáть 'to read' (perfective)

я/ты/он	**прочитáл**	**мы/вы/они́**	**прочитáли**
я/ты/онá	**прочитáла**		
онó	**прочитáло**		

The endings on reflexive verbs are **-лся**, **-лась**, **-лось**, **-лись**.

одевáться 'to get dressed'

я/ты/он	**одевáлся**	**онó**	**одевáлось**
я/ты/онá	**одевáлась**	**мы/вы/они́**	**одевáлись**

Irregular past tenses

идти́ 'to go'

я/ты/он	**шёл**
я/ты/онá	**шла**
онó	**шло**
мы/вы/они́	**шли**

мочь 'to be able'

я/ты/он	**мог**
я/ты/онá	**моглá**
онó	**моглó**
мы/вы/они́	**могли́**

есть 'to eat'

я/ты/он	**ел**
я/ты/онá	**éла**
онó	**éло**
мы/вы/они́	**éли**

вести́ 'to lead'

я/ты/он	**вёл**
я/ты/онá	**велá**
онó	**велó**
мы/вы/они́	**вели́**

нести́ 'to carry'		**везти́** 'to convey'	
я/ты/он	**нёс**	**я/ты/он**	**вёз**
я/ты/она́	**несла́**	**я/ты/она́**	**везла́**
оно́	**несло́**	**оно́**	**везло́**
мы/вы/они́	**несли́**	**мы/вы/они́**	**везли́**

Prepositions

Prepositions with the accusative case:

в/во	to, into (motion), during (time)
за	beyond, behind (motion), for (pay for, in favour of)
на	to, on to (motion), for (time)
под	under (motion)
спустя́	after, later
че́рез	across, through, in (= after a period of time)

Prepositions with the genitive case:

без	without
вдоль	along
вне	outside
впереди́	in front of, before
вме́сто	instead of
во́зле	by, near
вокру́г	round
для	for (the sake of)
до	until, as far as, before (time)
из	from
из–за	because of, from behind
из–под	from under
кро́ме	except
ми́мо	past
о́коло	near, approximately
от	from
по́сле	after
про́тив	opposite, against
с/со	from
среди́	among
у	near, at the house of, in the possession of

Prepositions with the dative case:

к/ко towards, to (the house of), by (time)
по along, according to

Prepositions with the instrumental case:

за behind, beyond (place), for (to fetch)
мéжду between
над over
пéред in front of, before
под under (place)
с with

Prepositions with the prepositional case:

в in (place)
на at, on (place)
о/об about, concerning
при at the time of, in the presence of

Stress

Nouns

In many Russian nouns the stress remains on the same syllable throughout the declension. These include nouns ending in unstressed **-а** or **-я** and the majority of nouns with three or more syllables, e.g. **кни́га, кýхня, коридóр**. In some Russian nouns, however, the stress moves. The following are common stress patterns with examples of the nouns which follow them:

1 Masculine nouns where the stress moves to the ending when one is present:

	Nom.	Acc.	Gen.	Dat.	Instru.	Prep.
Sing.	**гриб**	**гриб**	**грибá**	**грибý**	**грибóм**	**грибé**
Plu.	**грибы́**	**грибы́**	**грибóв**	**грибáм**	**грибáми**	**грибáх**

Other examples: **багáж, врач, дождь, карандáш, кремль, отéц, словáрь, рубль, стол, четвéрг, этáж**.

2 Neuter nouns stressed on the stem in the singular and the ending in the plural:

	Nom.	Acc.	Gen.	Dat.	Instru.	Prep.
Sing.	**де́ло**	**де́ло**	**де́ла**	**де́лу**	**де́лом**	**де́ле**
Plu.	**дела́**	**дела́**	**дел**	**дела́м**	**дела́ми**	**дела́х**

Other examples: **ле́то, ме́сто, мо́ре, по́ле, пра́во, сло́во**.

Some masculine nouns also follow this pattern:

	Nom.	Acc.	Gen.	Dat.	Instru.	Prep.
Sing.	**шкаф**	**шкаф**	**шка́фа**	**шка́фу**	**шка́фом**	**шка́фе**
Plu.	**шкафы́**	**шкафы́**	**шкафо́в**	**шкафа́м**	**шкафа́ми**	**шкафа́х**

Other examples: **бал, круг, мост, раз** (*gen. plu.* **раз**), **суп, час**. Many of these nouns also have a prepositional singular in **-у́**: **бал, мост, суп, час, шкаф**.

This is also the pattern for masculine nouns with nominative plural in **-а́**:

	Nom.	Acc.	Gen.	Dat.	Instru.	Prep.
Sing.	**дом**	**дом**	**до́ма**	**до́му**	**до́мом**	**до́ме**
Plu.	**дома́**	**дома́**	**домо́в**	**дома́м**	**дома́ми**	**дома́х**

Other examples: **а́дрес, бе́рег, ве́чер, глаз** (*gen. plu.* **глаз**), **го́лос, го́род, дире́ктор, до́ктор, лес, ма́стер, но́мер, о́стров, о́тпуск, па́спорт, по́езд**.

3 Feminine and neuter nouns stressed on the ending in the singular and the stem in the plural:

	Nom.	Acc.	Gen.	Dat.	Instru.	Prep.
Sing.	**страна́**	**страну́**	**страны́**	**стране́**	**страно́й**	**стране́**
Plu.	**стра́ны**	**стра́ны**	**стран**	**стра́нам**	**стра́нами**	**стра́нах**

Other examples: **весна́** (*plu.* **вёсны**), **война́, жена́** (*plu.* **жёны**), **вино́, лицо́, окно́, письмо́, село́** (*plu.* **сёла**), **число́**.

Some feminine nouns follow a similar pattern with the stress on the ending in the singular *except for the accusative case* and on the stem in the plural:

	Nom.	Acc.	Gen.	Dat.	Instru.	Prep.
Sing.	**вода́**	**во́ду**	**воды́**	**воде́**	**водо́й**	**воде́**
Plu.	**во́ды**	**во́ды**	**вод**	**во́дам**	**во́дами**	**во́дах**

Other examples: **зима́, цена́**.

4 Feminine nouns stressed on the ending except for the accusative singular and nominative/accusative plural:

	Nom.	Acc.	Gen.	Dat.	Instru.	Prep.
Sing.	**гора́**	**го́ру**	**горы́**	**горе́**	**горо́й**	**горе́**
Plu.	**го́ры**	**го́ры**	**гор**	**гора́м**	**гора́ми**	**гора́х**

Other examples: **голова́**, **нога́**, **река́** (*alternative acc. sing.* **реку́**), **рука́**, **среда́**, **стена́**, **сторона́**.

5 Feminine nouns stressed on the stem except for the genitive, dative, instrumental and prepositional plurals:

	Nom.	Acc.	Gen.	Dat.	Instru.	Prep.
Sing.	**дверь**	**дверь**	**две́ри**	**две́ри**	**две́рью**	**две́ри**
Plu.	**две́ри**	**две́ри**	**двере́й**	**дверя́м**	**дверя́ми** (alt. **дверьми́**)	**дверя́х**

Other examples: **вещь**, **дочь**, **но́вость**, **ночь**, **о́черед**, **пло́щадь**, **смерть**, **часть**, **че́тверть**, **це́рковь**.

Some masculine nouns also follow this pattern: **зуб**, **ка́мень**.

Verbs

Present and perfective future tenses

Stress in many verbs is fixed. It is always fixed, either on the stem or the ending, in verbs where the stem ends in a vowel:

чита́ть — чита́ю, чита́ешь, чита́ет, чита́ем, чита́ете, чита́ют
стоя́ть — стою́, стои́шь, стои́т, стои́м, стои́те, стоя́т.

It is always fixed on the stem in verbs which are stressed on the stem in the infinitive:

ви́деть — ви́жу, ви́дишь, ви́дит, ви́дим, ви́дите, ви́дят.

There is only one mobile stress pattern. Stress in on the ending in the **я** form and the stem from the **ты** form onwards:

писа́ть — пишу́, пи́шешь, пи́шет, пи́шем, пи́шете, пи́шут.

This pattern is very common in 2nd conjugation verbs:
смотре́ть — смотрю́, смо́тришь, смо́трит, смо́трим, смо́трите, смо́трят.

Past tense

Stress is usually fixed. On verbs of more than one syllable (provided they are not prefixed forms of single syllable verbs) the stress is fixed on the same position as in the infinitive:

писа́ть – писа́л, писа́ла, писа́ло, писа́ли.

Verbs ending in -**ти́** and -**чь** usually have fixed final stress:

нести́ — нёс, несла́, несло́, несли́.
мочь — мог, могла́, могло́, могли́

There is only one mobile stress pattern. It affects some single syllable verbs and their compounds. The verbs are stressed on the ending in the feminine and the stem in the other forms:

жить — жил, жила́, жи́ло, жи́ли.

Other examples: **брать, быть, взять, дать, пить, снять.**
Note: **нача́ть — на́чал, начала́, на́чало, на́чали.**

Adjectives

Long form

The stress is always fixed either on the stem or the ending. If it is on the ending this will be evident from the masculine nominative singular, which will end in -**о́й**. Such adjectives are stressed on the first syllable of the ending where the ending consists of more than one syllable: **большо́й, большо́го**, etc.

Short form

There are three main patterns:
1 Stress fixed on the stem: **краси́в, краси́ва, краси́во, краси́вы.**
2 Stress fixed on the ending: **хоро́ш, хороша́, хорошо́, хороши́.**
3 Stress on the ending in the feminine and the stem in the other forms: **прав, права́, пра́во, пра́вы.**

Some short adjectives have alternative stresses for neuter and plural: **глубо́ко/глубоко́; глубо́ки/глубоки́; го́лодны/голодны́; ну́жно/нужно́; ну́жны/нужны́.**

Key to the exercises

Introduction

1 tennis, football, basketball, hockey, match, goal, finish, sportsman, champion, stadium, athletics
2 park, port, theatre, restaurant, café, university, institute, zoo, bank, centre, boulevard
3 coffee, lemonade, vodka, steak, fruit, soup
4 theatre, concert, opera, ballet, film, music, programme, radio
5 passport, tourist, transport, bus, trolleybus, taxi, airport, luggage
6 London, Moscow, St Petersburg, New York, Amsterdam, Edinburgh, Glasgow, Berlin
7 England, Russia, America, France, Germany, Australia, Italy, Scotland

Lesson one

1 Да, это (бизнесмен, университет, паспорт, гостиница, Кремль, Красная площадь, мать, отец, англичанин, русский)
2 Нет, это не (турист, студент, Красная площадь, гостиница, англичанин), это (бизнесмен, студентка, аэропорт, университет, русский)
3 Турист (в Лондоне, в гостинице, в университете, в центре)
4 Это (ваш паспорт, ваша гостиница, ваш адрес, ваш отец, ваша мать)? Да, это (мой паспорт, моя гостиница, мой адрес, мой отец, моя мать)
5 Это (русский адрес, русская фамилия, русский аэропорт, русский университет, русский инженер, русский бизнесмен, русский паспорт, русская студентка, русская туристка?) Да, э́то ...
6 Нет, э́то (английский адрес, английская фамилия, английский аэропорт, английский университет, английский инженер, английский бизнесмен, английский паспорт, английская студентка, английская туристка)
ПЕРЕВОД: Моя фамилия Браун. Как ваша фамилия? Моя фамилия Иванов. Вы русский? Нет, я англичанин. Но ваша фамилия русская? Мой отец русский, и моя мать англичанка. Интересно! Где ваша гостиница в Москве? Моя гостиница в центре. В центре? Это хорошо! Кремль и Красная площадь в центре!

Lesson two

1 Она в университете. Он в

гостинице. Она в паспорте. Она в центре. Они в газете. Она в Лондоне. Он в Киеве.

2 (интересный, популярные, английский, отличный, русское, ваша, мой, моё)

3 Это (интересный телевизор, интересные новости, интересная газета, интересные журналы, интересное радио). Это (отличное метро, отличная фирма, отличные компьютеры, отличный бизнесмен)

4 (a) Она знает английский язык и говорит по-английски. Она знает французский язык и говорит по-французски. Он знает немецкий язык и говорит по-немецки. Они знают русский язык и говорят по-русски. Она знает испанский язык и говорит по-испански. Мы знаем английский язык и говорим по-английски.

(b) Она англичанка. Он русский. Она русская. Она испанка. Он испанец. Он немец. Она немка.

ПЕРЕВОД: Трудно изучать русский язык. Надо много работать. Я говорю по–английски и по-русски. Не трудно говорить по-английски. Русский телевизор теперь очень интересный. Я смотрю русские новости каждый вечер. Можно слушать русское радио каждое утро теперь. Я понимаю по-русски немного, но трудно говорить по-русски. Русский язык очень трудный. Моя любимая газета «Московские новости».

Lesson three

1 (большой, большая, большое, большие); (последняя, последнее, последний, последние); (удобная, удобный, удобное, удобные); (хорошее, хорошая, хороший, хорошие); (историческая, историческое, исторический, исторические); (популярное, популярный, популярная, популярные)

2 (мой, моя, моё, мои); (твоя, твой, твоё, твои); (наша, наш, наше, наши); (ваша, ваше, ваш, ваши); (его); (её); (их)

3 Какая это (фотография, ванная, комната)? Это (плохая фотография, хорошая ванная, удобная комната). Какой это (собор, телевизор, ресторан, парк)? Это (отличный собор, плохой телевизор, хороший ресторан, удобный парк). Какое это (кафе, метро, здание, окно)? Это (отличное кафе, плохое метро, хорошее здание, удобное окно). Какие это (новости, комнаты, соборы, гостиницы)? Это (отличные новости, плохие комнаты, хорошие соборы, удобные гостиницы)

4 в институт, в институте; в гостиницу, в гостинице; в магазин, в магазине; на почту, на почте; в метро, в метро; в буфет, в буфете

5 туда, там; сюда, здесь; куда; где

6 Можно завтракать в (кафе, буфете, гостинице, комнате)
Питер на работе, в музее, в университете, в кафе, на почте, в

соборе). Питер идет в аэропорт, в комнату, в буфет, на работу, в библиотеку, в метро, на почту, в бар.
ПЕРЕВОД: Каждое утро я иду на работу пешком. Я хорошо знаю дорогу. Мой любимый маршрут через парк. Я работаю в гостинице прямо в центре. Очень интересно работать там. Здание большое, и в гостинице есть всё: магазины, рестораны, почта. Я завтракаю в буфете. Там всегда есть бутерброды, чай и кофе. Комната, где я работаю, очень хорошая. Там большое окно и балкон. Рядом парк.

Lesson four

1 Рыба готова? Мясо готово? Чай готов? Макароны готовы? Бифштекс готов? Кофе готов? Бутерброды готовы? Марина готова? Миша готов? Да, (нет, ещё не) готова, готово, готов, готовы, готов, готов, готовы, готова, готов. Турист голоден? Студентка голодна? Питер голоден? Студенты голодны? Миша голоден? Дежурная голодна? Мастер голоден? Туристы голодны? Да, (нет, ещё не) голоден, голодна, голоден, голодны, голоден, голодна, голоден, голодны.
2 Я иду (с урока, с концерта, из ресторана, из комнаты, из собора, с почты, из музея, с Арбата, из общежития, из парка, с факультета, из центра города)
3 Паспорт есть, а визы нет. Телевизор есть, а радио нет. Кофе есть, а чая нет. Стакан есть, а чашки нет. Театр есть, а кино нет.
4 Скажите, пожалуйста, где (стол студента, журнал Миши, телевизор подруги Марины, остановка автобуса, гостиница Питера, отец студентки, работа отца, чашка матери, завтрак туриста)
5 Где. Что. Когда. Куда. Как. Почему. Какая.
ПЕРЕВОД: Обычно я встаю очень рано. Я не голоден (голодна) утром и только пью чашку кофе без молока и сахара. В обед я всегда покупаю бутерброд в буфете и пью стакан молока. Но вечером я очень голоден (голодна). Сегодня мы идём в русский ресторан. Хорошо ужинать там. Я ем много: суп, рыбу или мясо. Моё любимое блюдо – бифштекс, хороший большой бифштекс! Обычно мы отдыхаем после ужина, идем в кино или на концерт. Иногда мы смотрим телевизор.

Lesson five

1 Ты идёшь без неё. Он идёт без меня. Она идёт без него. Мы идём без вас. Вы идёте без нас. Они идут без них.
2 У Тани, у меня, у Галины Сергеевны, у них, у нас, у брата и сестры, у него, у отца, у Питера, у вас, у матери, у неё, у дочери
3 её, для неё; его, у него; их, без них

4 Питер должен, хочет, может; Я должен (должна), хочу, могу; Они должны, хотят, могут; Ты должен (должна), хочешь, можешь; Он должен, хочет, может; Она должна, хочет, может; Мы должны, хотим, можем; Вы должны, хотите, можете; Они должны, хотят, могут

5 Ты любишь футбол и играешь в футбол. Он любит гитару и играет на гитаре. Мы любим теннис и играем в теннис. Вы любите флейту и играете на флейте. Они любят шахматы и играют в шахматы.

ПЕРЕВОД: У меня небольшая семья: отец, мать и сестра. Теперь мы не живём вместе, потому что моя сестра (её зовут Анна) врач. Она работает в больнице в Лондоне. Она любит жить в Лондоне. Она говорит, что Лондон такой большой и интересный город. Анна очень любит театр. Она знает все театры в Лондоне. Анна не любит готовить. У неё нет времени. Обычно она ест в ресторане или в кафе. Я студент(ка) унверситета теперь. Я изучаю математику. Я хочу преподавать математику в школе после университета. Мой отец учитель и очень хороший. Весь город знает его.

Lesson six

1 Тебе нравится метро. Ему нравится Тамара. Ей нравится Питер. Нам нравятся грибы. Вам нравится смотреть телевизор. Мне нравится гулять по лесу. Питеру нравится жить в Москве. Галине Петровне нравится готовить.

2 Мне (нужна лампа, нужно радио, нужны кроссовки) Тебе (нужен телевизор, нужно письмо, нужны журналы) Ему (нужен галстук, нужны джинсы, нужна рубашка) Ей (нужен свитер, нужны цветы) Нам (нужен дом, нужна машина, нужны компьютеры) Вам (нужна гостиница, нужен костюм) Им (нужна квартира, нужен сад, нужны книги).

3 (Тебе, ему, ей) хочется ... (нам, вам, им) не хочется ...

4 (Ей, мне, мне, тебе, тебе, нам, вам, им) надо ...

5 встаю, умываюсь, одеваюсь, остановку автобуса; волнуется, автобуса; советует, Россию; к Александру и Тамаре; отцу и матери; им.

6 на чём; что; о чём; к кому; у кого; кому.

ПЕРЕВОД: Каждое воскресенье я иду в гости к бабушке. Она живёт в пригороде далеко от Москвы. Пригород называется Рублёво. У неё чудесный дом около реки. Конечно, там нет метро, поэтому я должен (должна) ехать на автобусе. Я всегда надеваю кроссовки, когда я иду туда. Они удобны для прогулки по лесу. Мне нравится идти через лес. Иногда по дороге я собираю грибы. Моя бабушка очень любит грибы. Ей теперь трудно, и я помогаю ей. Я работаю в доме, готовлю обед или ужин.

Lesson seven

1 музыку, музыкой; архитектуру, архитектурой; спорт, спортом; фотографию, фотографией; бизнес, бизнесом; образование, образованием; футбол, футболом; литературу, литературой; живопись, живописью;
2 архитектурой – архитектором; живописью – художником; образованием – учител(ем) (ьницей); футоболом – вратарём; фотографией – фотографом; медициной – врачом; бизнесом – бизнесменом;
3 (a) надо было вставать, можно было работать, пора было завтракать (b) мне нужен был журнал, мне нужна была книга, мне нужно было радио, мне нужны были студенты (c) у меня была сестра, был брат, было радио, была рубашка, был свитер, были джинсы (d) Он должен был много работать. Она должна была идти домой. Мы должны были говорить по–русски. (e) У него не было книги, журнала, картины, телевизора, радио.
4 Мне хотелось есть. Ему не хотелось идти на работу. Я хотел(а) жить в гостинице. Он хотел идти в кино. Мы хотели ловить рыбу. Мне нравился ваш город. Мне нравилась Москва. Москвичи мне тоже нравились. Мне нравилось гулять по лесу. Саше нравилось играть в футбол. Я мог(ла) работать дома. Питер мог говорить по–русски. Марина не могла идти в кино сегодня. Они могли заниматься спортом.
5 рисует (рисовал) карандашом; фотографирует (фотографировал) аппаратом; снимает (снимал) кинокамерой; ест (ела), пьёт (пила); пишет (писала) фломастером; Перед домом (был) большой сад. Мы с братом увлекаемся (увлекались) футболом. Я вижу (видел(а), как Тамара с дочкой идут (шли) в бассейн. Мать с дочерью интересуются (интересовались) живописью. В школе она занимается (занималась) гимнастикой. Книги (были) под кроватью. Под лампой (была) газета, под газетой (был) паспорт.
6 чей, чья, чьи, чей, чьё, чьи, чей, чья.
ПЕРЕВОД: В школе я интересовался футболом и играл в футбол каждый день. В воскресенье я всегда смотрел матч по телевизору. Мне особенно нравилась команда «Спартак». Это была отличная команда, и я ещё болею за неё. Мой брат увлекался плаванием и плавал в бассейне два раза в неделю. У нас был очень хороший бассейн недалеко от школы. Моя сестра тоже увлекалась спортом, она занималась гимнастикой и была чемпионкой по гимнастике. Мы всё ещё интересуемся спортом,

летом играем в теннис, зимой плаваем в бассейне. И конечно, я болельщик «Спартака».

Lesson eight

1 моего мужа; морского берега; этой московской гостиницы, Красной площади; моей дочери; красивого озера; нашего общежития; этого бассейна
2 хорошую погоду; Северный Урал, Среднюю Азию; южную природу; грустного Сашу и серьёзного Питера; маленькую дочь; этого русского вратаря и эту английскую гимнастку; вашу сестру и её мужа
3 Чёрному морю, великой русской реке Волге; прекрасному городу Владимиру; большой дороге, своему дому; своей матери; моему отцу; английской туристке
4 южной природой; русским и французским языком; классической музыкой; отличным вратарём; своей маленькой дочерью
5 длинной очереди; студенческом турпоходе, Дальнем Востоке; прошлой неделе, Большом театре; своей маленькой дочери и её будущем; большом здании, живописном лесу
6 свой отпуск; его мать; своему другу; её муж, своей работе; свой пригород; её дочь; своему английскому другу; своему маленькому брату; своём будущем
7 всё ле́то, на всё ле́то; на год, год; два часа, на два часа; четы́ре дня, на четы́ре дня
ПЕРЕВОД: В прошлом году мы проводили свои каникулы (свой отпуск) на Северном Кавказе. Мы жили в маленькой деревне недалеко от Чёрного моря. Мы были там осенью, поэтому не было очень жарко. Было приятно плавать в тёплом море и гулять вдоль красивого берега моря. Мы тоже путешествовали там. Мы видели красивое озеро Рицца с его голубой водой. Три дня мы жили на берегу озера и любовались живописной кавказской природой. Было прекрасно там, и нам не хотелось ехать в Москву.

Lesson nine

1 (a) (было, будет) холодно, тепло, интересно, жарко, прекрасно, прохладно, отлично
(b) Я (был/была, буду) дома. Тамара (была, будет) дома. Они (были, будут) дома. В городе (была, будет) новая гостиница. У него (был, будет) отпуск в июле. У Марины (были, будут) каникулы. Сегодня (был, будет) мой день рождения. Рождество (было, будет) двадцать пятого декабря.
2 Он (вставал, будет вставать) и (умывался, будет умываться). Я (жил(а), буду жить) в городе. Она (интересовалась, будет интересоваться) спортом. Они праздновали, будут праздновать) Рождество. Он (ел, будет есть) мясо и (пил, будет пить) вино.

(Стоял, будет стоять) сильный мороз. (Шёл, будет идти) дождь. Он хорошо (пел, будет петь). Они (ехали, будут ехать) на поезде. Они много (путешествовали, будут путешествовать). Я (шёл) (шла), (буду идти) домой.

3 не было (не будет)

4 (a) надо было (будет), можно было (будет), пора было (будет) (b) нужна была (будет), нужен был (будет), нужна была (будет), нужны были (будут), нужен был (будет), нужна была (будет), нужны были (будут) (c) должен был (буду), должна была (будет); должны были (будут); должен был (будешь); должны были (будете); не должен был (буду); не должна была (будет); не должны были (будут)

5 Сегодня (первое февраля, второе марта, четвёртое января, пятое апреля, шестое мая, седьмое июня, восьмое июля, девятое августа, десятое сентября, двадцать пятое октября, одиннадцатое ноября, двенадцатое декабря) (первого февраля, второго марта, четвёртого января, пятого апреля, шестого мая, седьмого июня, восьмого июля, девятого августа, десятого сентября, двадцать пятого октября, одиннадцатого ноября, двенадцатого декабря) мы едем в Москву.

6 Мы понимаем друг друга. Они говорят друг с другом. Они пишут друг другу. Они смотрят друг на друга. Мы думаем друг о друге. Они помогают друг другу. Они играют друг с другом.

ПЕРЕВОД: Мой любимый праздник — Рождество. Каждый год мы празднуем Рождество у бабушки в деревне. Мне нравится там зимой, особенно, когда идёт снег. В прошлом году было много снега. Снег шёл три дня, и всё было белым (белое). Это было настоящее белое Рождество, и дом бабушки был (такой красивый) таким красивым. В этом году мы собираемся ехать в Италию на Рождество и Новый год. Мы будем кататься на лыжах там и будем жить в гостинице в маленькой деревне. Я видел(а) фотографию, и там очень живописно. Я думаю, что у нас будут хорошие каникулы и будет много снега.

Lesson ten

1 (a) Я хожу и ношу; Художник ходит и носит; Мы ходим и носим; (b) Питер ездит и возит; Я езжу и вожу; Они ездят и возят; (c) Тамара водит; Я вожу; Родители водят; (d) Мальчик бегает; Мы бегаем; Они бегают; (e) Я летаю; Ты летаешь; Они летают

2 (a) Я шёл(шла) и нёс(несла), ходил(а) и носил(а); Художник шёл и нёс, ходил и носил; Мы шли и несли, ходили и носили; (в) Питер ехал и вёз, ездил и возил; Я ехал(а) и вёз(ла), ездил(а) и возил(а); Они ехали и везли, ездили и возили; (c) Тамара вела(водила); Я вёл(а), водил(а); Родители вели(водили); (d) Мальчик бежал(бегал); Мы бежали(бегали); Они бежали(бегали); (e) Я летел(а), летал(а); Ты летел(а) (летал(а); Они летели(летали)

3 1. ходит, едет; 2. ходила(ездила); 3. ходит; 4. ездить; 5. шёл, вела; 6. возим; 7. летим, летаем; 8. хожу(иду), ношу(несу); 9. возит; 10. бегают(ходят); 11. ведёт, едут

ПЕРЕРВОД: 1. Мы всегда ездим в Италию летом, но в этом году мы едем в Испанию. 2. Сегодня я лечу в Москву. Вы часто летаете в Россию? Нет, я предпочитаю ездить на поезде. 3. Он всегда ходит на работу пешком утром, потому что он говорит, что автобусы ходят медленно утром. 4. Мой друг часто возит меня домой на машине. 5. Студенты шли домой. Они несли книги. 6. Питер не хочет ехать домой на Рождество. Он едет на Кавказ кататься на лыжах. 7. Саша бежал к поезду, потому что он думал, что Тамара там. 8. Каждое утро Саша бегает в парке. Он очень любит бегать. 9. В понедельник Тамара ведёт Ирочку в бассейн. 10. Моя бабушка ходит очень медленно.

Lesson eleven

1 напишу; прочитаю; нарисует; приготовит; сфотографируешь; позавтракаете; съест; выпьет; познакомится; пообедаем

2 собрала; встал; изучила; посетили; встретили; купил; продал; стал; умылся; поздравили; вспомнил

3 давал(даёт) — дал; посещаю(посещал(а) — посещу; читал(а) (читаю) — прочитаю; покупаю(покупал(а) — купил(а); встаёт(вставал) и идёт(шёл) — встал и пошёл; встречаем(встречали) — встретили

ПЕРЕВОД: 1. Я смотрел(а) телевизор весь день. 2. Утром она, наконец, написала письмо матери. 3. Питер шёл по Арбату, как вдруг он увидел Марину: она разговаривала с молодым художником. 4. Марина уже собрала все материалы для своей диссертации. 5. На прошлой неделе она посетила московскую школу, и она ей очень понравилась. 6. Завтра она даст урок в русской школе. 7. Вам понравился этот фильм? Да, он мне очень понравился. 8. Саша пригласил Питера на футбольный матч. Они решили пойти сначала в кафе. 9. Я думаю, что Марина станет хорошей учительницей.

Lesson twelve

1 бизнесмены, девушки, дома, учителя, времена, имена, друзья, люди, окна, моря, здания, врачи, леса, отцы, пирожки, дни, вечера, англичане, дежурные, музеи, лекции, общежития, карандаши, письма, ванные, сёстры, матери, дочери

2 (a) один из (интересных журналов, холодных месяцев, молодых отцов, вкусных пирожков, новых трамваев, хороших учителей, отличных врачей, умных англичан, приятных дней, весёлых москвичей, прекрасных людей, маленьких детей, старых друзей) (b) одно из (больших окон, моих писем, хороших дел, тёплых морей, красивых зданий, совместных предприятий, интересных имён, вкусных блюд, удобных кресел) (c) одна из (русских учительниц, серьёзных студенток, старых бабушек, спокойных матерей, длинных очередей, новогодних ёлок, красивых площадей, скучных лекций, коротких недель, новых дежурных, приятных англичанок)

3 Мы помним (ваши полезные советы, хороших врачей, ваших старых друзей, этих деловых людей, наших английских родственников, новые издания, всех спортсменов, интересные лекции, способных студенток и студентов

4 пиши(те)/напиши(те)письмо; читай(те)/прочитай(те) книгу; говори(те)/скажи(те) правду; пой(те)/спой(те) песню; пей(те)/выпей(те) молоко; занимайся(занимайтесь) русским языком; ешь(те)/съешь(те) пирожок

5 чита́ю ли я воскре́сные газе́ты; хочу́ ли я быть врачо́м; есть ли у меня́ брат; интересу́юсь ли я спо́ртом; пойду́ ли я в кино́; нужны́ ли мне де́ньги.

ПЕРЕВОД: 1. Все говорят, что ваша пресса очень изменилась, и что она теперь независима. Есть такой большой выбор популярных журналов и газет. 2. Большинство москвичей предпочитает выписывать ежедневные газеты. Некоторые из этих ежедневных газет очень интересны. 3. Один из моих друзей купил новый журнал пять дней назад. В нём было много полезных фактов о жизни в Англии. Я хотел купить его, но не смог найти его. Кажется, журнал продавался только несколько недель. 4. У деловых людей нет много времени читать все эти длинные газеты. Может быть, вы порекомендуете мне короткую газету? 5. Я советую вам выписать еженедельник «Аргументы и факты». Это очень короткая газета, но в ней можно найти много фактов, много информации. У неё много читателей. 6. В России теперь два больших финансовых журнала и пять независимых финансовых газет.

Lesson thirteen

1 (a) на частных рынках, в маленьких квартирах, в детских больницах, на спортивных стадионах, в русских домах отдыха, в исторических музеях (b) с московскими проблемами, приятными англичанами, английскими врачами и учителями, длинными очередями (c) по длинным дорогам и улицам, большим площадям и проспектам, маленьким городам и деревням (d) свежих овощей и фруктов, разных груш и яблок, мясных продуктов, рыбных консервов, французских вни, шоколадных конфет

2 Купи, пожалуйста, килограмм хлеба, сыра(сыру), колбасы, сахара(сахару), масла, рыбы, яблок, винограда, конфет. Дайте мне две пачки чая(чаю), кофе, сахара(сахару), сигарет. Дайте, пожалуйста, бутылку красного вина, армянского коньяка, русской водки, кока-колы, томатного сока, лимонада, молока. Сколько стоит банка кофе, майонеза, грибов, рыбных консервов.

3 восемьсот рублей; шестьсóт рублей; девяносто рублей; тысяча рублей; двести рублей

4 Я ставлю (он ставит) телевизор в угол; холодильник в кухню; бутылки в шкаф; Я кладу (он кладёт) книгу на прилавок; ножи на стол; вилку рядом с ножом

5 Я поставил(а); он поставил; я положил(а); он положил; ПЕРЕВОД: Обычно я делаю покупки на нашем рынке. У нас очень хороший рынок на главной площади города. Овощи и фрукты обычно не очень дорогие, но качество хорошее, и всё свежее там. Цена мяса на рынке довольно высокая, поэтому я предпочитаю покупать мясо в большом гастрономе недалеко от нашего дома. Всегда можно найти хорошее и дешёвое мясо там. Сегодня я готовлю большой обед. У моей дочери день рождения. У неё вечеринка, и она пригласила много друзей, поэтому я должна много купить. Я решила приготовить её любимое блюдо: мясо с овощами. Я уже купила все овощи, но сегодня я должна купить торт. Я пойду в кондитерский магазин, где всегда большой выбор свежих тортов.

Lesson fourteen

1 (a) до Загорска; в Москву; в книжный магазин; к родителям; из театра; через реку Волгу; в Ростов; к дому; за Мариной, в кино; от гостиницы; (b) доедут; прилетит; зайдёт; зайду; выйдем; переедем; приедут; подъедет; зайдём, пойдём; отъедет; (c) доезжают; прилетает; заходит; захожу; выходим; переезжаем; приезжают; подъезжает; заходим, идём; отъезжает

2 переходит, перешёл, перейдёт; входит, вошёл, войдёт; приходят, пришли, прийдут; заходит, зашла, зайдёт; уходит, ушёл, уйдёт; проходим, прошли, пройдём; доходит, дошла, дойдёт; отходит, отошёл, отойдёт; проходит, прошло, пройдёт; заходит, зашла, зайдёт; подходит, подошёл, подойдёт

3 привёз; перевёз; повезла; привёз; довезли; подвёз; увёз

4 поехать; вышел; поехал; приехал, ушёл; шёл; зайти; зайти; перешёл и вошёл; прошло; вышел и пошёл; дошёл; пришёл;

перешёл, прошёл и подошёл; ушёл

5 Питер садится (садился, сел) в кресло. Мы садимся (садились, сели) в автобус. Вы садитесь (садились, сели) на траву. Студенты садятся (садились, сели) на диван. Я ложусь (ложился/ложилась, лёг/легла) на диван. Бабушка ложится (ложилась, легла) на диван. Дети ложатся (ложились, легли) на траву.

ПЕРЕВОД: 1. Питер прошёл мимо метро и собирался перейти через улицу, когда он увидел Сашу. Они решили зайти в кафе и выпить чашку кофе. 2. Он очень хороший инженер. Он всегда приходит (приезжает) на работу рано и уходит (уезжает) с работы поздно. 3. По дороге домой Тамара часто заходит (заезжает) к бабушке, и она всегда приносит(привозит) газеты и книги. 4. Он подвёз меня на вокзал. Оттуда я поеду на поезде. Я вижу, что поезд уже пришёл. 5. Машина проехала мимо гостиницы и въехала в парк. Высокий человек вышел из машины. Он нёс фотоаппарат. 6. Когда Саша едет на работу на машине, он часто довозит свою дочку до детского сада. 7. Вам понравилась ваша поездка в Ростов? Что вы привезли оттуда? 8. Старик подошёл ко мне на Арбате сегодня. Он не знал, как пройти к Красной площади. 9. Мы выехали из деревни рано утром, и было уже поздно, когда мы приехали в город. 10. Я еду на Кавказ завтра. Когда я приеду, я привезу вам подарок.

Lesson fifteen

1 Мне(было, будет) двадцать два года. Ей(было, будет) пятьдесят семь лет. Ему(был, будет) шестьдесят один год. Ему(было, будет) двадцать пять лет. Ему(было, будет) четыре года. Ей(было, будет) шесть лет. Ей(было, будет) девяносто три года. Ему(было, будет) восемьдесят восемь лет. Ей(был, будет) один год.

2 Пушкин родился в тысяча семьсот девяносто девятом году и умер в тысяча восемьсот тридцать седьмом году. Лермонтов ... в тысяча восемьсот четырнадцатом и ... в тысяча восемьсот сорок первом. Чехов ... в тысяча восемьсот шестидесятом и ... в тысяча девятьсот четвёртом. Горький ... в тысяча восемьсот шестьдесят восьмом и ... в тысяча девятьсот тридцать шестом. Ленин ... в тысяча восемьсот семидесятом и ... в тысяча девятьсот двадцать четвёртом. Шекспир ... в тысяча пятьсот шестьдесят четвёртом и ... в тысяча шестьсот шестнадцатом.

3 Мы ни о чём не говорили вчера. Я ничем не интересуюсь. Я никуда не ходил вчера. Никакую книгу он не читает. Я ни на что не смотрю. Я ни о чём не думаю. Он ни с кем не говорит. Я нигде не был вчера. Я никого не встретил. Я никому не писал письмо. Мы ни у кого не спрашивали об этом.

4 Это город, в котором живёт друг. Это библиотека, в которой занимается Марина. Это спортсмен, которым все интересуются. Это книга, о которой все говорят. Это человек, с которым все разговаривают. Это девушка, которая мне нравится. Это друг, которому я написал письмо. Это художник, который нарисовал эту картину. Это женщина, которой все помогают. Это газета, которую выписал Питер.

5 Если бы я был свободен (была свободна), я зашёл (зашла) бы к вам вечером. Если бы было тепло, мы бы поехали на море. Если у меня были бы деньги, я купил(а) бы себе новый костюм. Если бы вы позвонили мне, я бы вам всё рассказал(а). Если бы ты сдал(а) экзамен, ты поступил(а) бы в институт.

6 чтобы Питер поехал в Петербург, чтобы моя дочь поступила в университет, чтобы Питер с Сашей сходили на рынок, чтобы вы зашли к бабушке, чтобы они построили дом.

ПЕРЕВОД: 1. Пётр Великий основал Петербург в тысяча семьсот третьем году. Ему нужен был выход к морю, поэтому он выбрал место, где широкая река Нева впадает в Балтийское море. Там он построил крепость, которую он назвал Петропавловская крепость. 2. Если бы Пётр не построил Петербург, у России не было бы выхода к морю. 3. Если бы только я могла поехать в Петербург в это лето (этим летом), я бы посетила все музеи. 4. Во время войны Ленинград пережил ужасную блокаду, которая продолжалась девятьсот дней. Многие люди умерли от голода и холода. Но Ленинград выжил. 5. Великий русский писатель Толстой родился в тысяча восемьсот двадцать восьмом году и умер в ноябре тысяча девятьсот десятого года, когда ему было восемьдесят два года. За свою долгую жизнь он написал много интересных книг. 6. Моей подруге очень понравился Петербург. Она никогда не видела такого красивого города, никогда не видела так много мостов и каналов.

Lesson sixteen

1 в более красивом городе; на более широкой реке; в бóльшем доме; более серьёзные проблемы; более дешёвые туфли; более популярные фильмы; с более простыми людьми; более важную роль; более интересную книгу; в более удобных кроссовках

2 хуже новых; старее московского метро; популярнее Малого театра; дешевле билетов в театр; легче русского языка; удобнее коммунальной квартиры; теплее климата в Европе; лучше спектакля по телевизору; дороже болгарского вина; проще жизни в городе; моложе его брата; старше моей матери; старее Нью-Йорка

3 Борис старше Кати на три года. Катя моложе Бориса на три года. Маша старше Виктора на два года. Виктор моложе Маши на два года. Наташа старше Сергея на пять лет. Сергей моложе Наташи на пять лет. Виктор старше Тамары на четыре года. Тамара моложе Виктора на четыре года. Отец старше матери на восемь лет. Мать моложе отца на восемь лет.

4 Саша ... в половине седьмого (в полседьмого) ... без пятнадцати восемь ... в половине седьмого (в полседьмого) ... в одиннадцать часов; Марина ... в двадцать минут восьмого ... в половине девятого ... без четверти (пятнадцати минут) пять ... в половине двенадцатого; Питер ... в четверть (пятнадцать минут) восьмого ... в двадцать минут девятого ... без двадцати (минут) шесть ... в двенадцать часов; Таня ... в восемь часов ... в половине десятого (в полдесятого) ... в половине шестого (в полшестого) ... без двадцати двенадцать; Дима ... в половине восьмого ... в четверть (пятнадцать минут) девятого ... в двадцать минут четвёртого ... без четверти (пятнадцати) одиннадцать

ПЕРЕВОД: 1. Жизнь гораздо интереснее, когда у тебя больше свободного времени. 2. Билеты в театр теперь дороже, чем в прошлом году. Билеты в кино дешевле, но я больше интересуюсь театром, чем кино. 3. Я живу теперь дальше от центра Москвы. В результате я хожу в театр реже. 4. Мой друг водит более новую машину, чем Саша, но Саша говорит, что его машина лучше. 5. Дома в Лондоне выше, чем в Москве. 6. На рынке продают более дешёвые туфли (туфли дешевле). 7. Зимой в Москве холоднее, чем в Лондоне, но летом теплее. 8. Она играет на скрипке лучше своей старшей сестры.

Lesson seventeen

1 самая длинная (длиннейшая); самый великий (величайший); самый добрый (добрейший); один из самых опытных (опытнейших) и самых крупных (крупнейших); самую трудную (труднейшую); в самой сильной (сильнейшей); самый интересный (интереснейший); самую новую (новейшую); самая опасная (опаснейшая); один из самых красивых (красивейших)

2 жаловался; принимать; болел(а); болеет; болит; лечит; болеет; болит; принимать; выписал; болел; не болеет; болит; болит;

3 о себе; собой; себе; с собой; перед собой; вокруг себя; для себя; к себе; у себя; себя;

ПЕРЕВОД: 1. Питер чувствовал себя плохо три дня. Он думал, что он простудился, когда он

ловил рыбу на озере у Саши. В тот день шёл сильный дождь, и было очень холодно. Конечно, они выпили много водки потом, так как Саша считал, что водка самое лучшее лекарство! Но утром Питер почувствовал себя ужасно: у него ужасно болела голова (была ужасная головная боль), болело горло. У него тоже была высокая температура — почти тридцать восемь, и он едва мог говорить. К счастью, Саша пришёл и вызвал врача. Когда врач пришёл, он осмотрел Питера и сказал, что у него грипп.
2. Советское здравоохранение в труднейшем положении. В некоторых больницах не хватает даже простейшего оборудования и лекарств. 3. СПИД распространяется быстрее всего, когда нет одноразовых шприцев.

Lesson eighteen

1 (a) работающий, пьющий, живущий, любящий, поющий, продающий, будущий, помогающий, существующий, занимающийся, интересующийся, учащийся, идущий, везущий, носящий, ведущий, происходящий (b) работавший, пивший, живший, любивший, певший, продавший, бывший, помогавший, существовавший, занимавшийся, интересовавшийся, учившийся, шедший, вёзший, носивший, ведший, происходивший.
2 Питер думает о своих родителях, отдыхающих сейчас на юге. По дороге на работу он всегда встречает женщину, несущую молоко на рынок. Приятно говорить со студентами, всем интересующимися. Это мой брат, учащийся сейчас в университете. Саша всегда помогает Тамаре, сидящей дома и смотрящей за ребёнком. Наш дом находится на улице, ведущей к вокзалу.
3 Пушкин, живший в девятнадцатом веке, был великим поэтом. Он говорил с инженером, вернувшимся из Москвы. Я знаю женщину, вышедшую из комнаты. Я встретил художника, учившегося в нашей школе и ставшего теперь известным. Девушка, принесшая мне кофе, очень красивая. Он подошёл к женщине, сидевшей в углу.
4 Потому что ей нечего делать. Потому что мне некуда ходить. Потому что нам некому писать. Потому что им нечем заниматься. Потому что ему некогда отдыхать. Потому что нам некого приглашать. Потому что ей не о чем думать.
ПЕРЕВОД: 1. В России есть закон, запрещающий использование женского труда в тяжёлых условиях. Однако, всё ещё есть много фабрик, нарушающих это правило и использующих женский труд в таких условиях. 2. Конференция, состоявшаяся недавно, была очень интересная. Обсуждались

многие проблемы, особенно тяжёлое положение работающей женщины–матери. 3. Перемены, происшедшие в России, имеют огромные последствия на весь мир. 4. Моей дочери не нравится жизнь в деревне. Она говорит, что там нечего делать, некуда идти вечером, не с кем играть в теннис, не с кем говорить. Но когда мы приезжаем в Москву, она никогда никуда не ходит, никогда ни с кем не играет в теннис, никогда ни с кем не говорит. Она просто сидит в своей комнате и ничего не делает.

Lesson nineteen

1 разработанный, основанный, проданный, названный, построенный, предложенный, встреченный, приготовленный, приглашённый, ввезённый, найденный, открытый, принятый, забытый, взятый.

2 Она прочитала все книги, взятые её мужем из библиотеки. Петербург, основанный Петром Первым, раньше был столицей России. В домах, построенных недавно, уже живут люди. В прессе было много споров о пьесе, поставленной театром. В истории, рассказанной им, было много правды.

3 Книга читается. Продукты покупаются. Проблема разрешается. Депутаты избираются в парламент. Железная дорога строится. Магазин открывается. Обед готовится. Гости приглашаются. Туристы встречаются.

4 Книга была прочитана. Продукты были куплены. Проблема была разрешена. Депутаты были избраны в парламент. Железная дорога была построена. Магазин был открыт. Обед был приготовлен. Гости были приглашены. Туристы были встречены.

5 где-то; что-нибудь; куда-нибудь; кто-то; когда-то; какие-нибудь; о чём-то; кому-то; с кем–то.

ПЕРЕВОД: 1. Транссибирская железная дорога была построена в прошлом веке, точнее она была начата в тысяча восемьсот восемьдесят третьем году и окончена в тысяча девятьсот шестнадцатом. Много было написано об этой железной дороге, построенной в Сибири в самых тяжёлых условиях.
2. Первая Свободная экономическая зона была основана около Петербурга. Многие проблемы ещё не были разрешены. 3. Так называемый промышленный центр оказался маленьким провинциальным городом только с одним многоэтажным зданием. Это здание раньше было занято Местным Советом. Многие новые предприятия будут созданы здесь, многие новые фабрики должны быть построены. 4. Приглашение на конгресс было послано неделю назад, но оно было получено только вчера.

Lesson twenty

1 работая, создавая, путешествуя, любя, живя, стоя, отправляясь, садясь, приходя, идя, неся, везя, находясь.
2 встав, дав, поняв, сказав, возвратившись, сев, съев, спев, найдя, ввезя, принеся, отправившись.
3 Он стоит у окна, думая о матери. Она гуляла по Москве, вспоминая своё детство. Дима будет читать книгу, смотря телевизор. Мать готовит обед, слушая новости. Саша шёл по улице, мечтая о новой машине. Дети будут бегать на улице, играя в мяч. В воскресенье он сидит дома, ничего не делая. Они сидели за столом, разговаривая. Мы будем жить у озера, любуясь природой. Одевшись, он побежал на работу. Написав письмо, он пойдёт на почту. Выпив стакан молока, он пошёл спать. Прийдя на рынок, он купит фрукты. Не найдя книги, он станет смотреть телевизор. Не узнав её, он прошёл мимо. Не сказав ни слова, он откроет дверь. Умывшись, она вышла в сад. Окончив университет, Таня поедет работать в Сибирь.
4 Работая над диссертацией, Марина посещала библиотеку. Подходя к дому, она увидела знакомого художника. Делая уроки, Дима не думает о музыке. Не зная твоего адреса, он не может написать тебе. Живя в деревне, он не знает городских проблем. Находясь на Кавказе, он всегда любуется кавказской природой.
5 Сказав своё мнение, он вышел из комнаты. Начав смотреть телевизор, он вспомнил о работе. Женившись на русской, он решил остаться в России. Окончив институт, я поеду в Сибирь. Захотев есть, Питер пошёл в ресторан.
ПЕРЕВОД: 1. Работая на Дальнем Севере, он понял, как трудно было жить там. Но привыкнув к жизни, он решил остаться на другой год. 2. Доехав до промышленного района, мы решили вернуться в гостиницу. Возвращаясь, мы говорили об экологической ситуации. 3. Вернувшись из своего путешествия на Сахалин, Питер начал работать с новым энтузиазмом. Встретив так много молодых русских предпринимателей, он начал думать о совместном предприятии. 4. Стоя в бесконечных очередях, разговаривая с русскими и видя цены в магазинах, она начала понимать проблемы в стране. 5. Окончив университет и став учительницей, она поехала работать в деревне (в деревню). Но увидев примитивные условия и испытав все тяжести жизни там, она вернулась в город.

English–Russian vocabulary

(be) able	**мочь/с-**
abroad	**(быть) за грани́цей; (е́хать) за грани́цу**
absence	**отсу́тствие**
abundance	**изоби́лие**
according (to)	**согла́сно** (+ *dat*)
accurate	**то́чный**
accuse	**обвиня́ть/обвини́ть**
ache	**боле́ть II**
achievement	**достиже́ние**
acquaintance	**знако́мый**
(get) acquainted with	**знако́миться/по-** (**с** + *inst*)
across	**че́рез** (+ *acc*)
act	**де́йствовать; игра́ть** (*theat*); *~ing* **игра́**
active	**акти́вный**
actor, actress	**актёр, актри́са**
address	**а́дрес**
admire	**любова́ться/по-** (+ *inst*)
advertisement	**рекла́ма**
advice	**сове́т**
advise	**сове́товать/по-** (+ *dat*)
airplane	**самолёт**
after	**по́сле** (+ *gen*); (*conj*) **по́сле того́ как**; *~wards* **пото́м**
again	**сно́ва, опя́ть**
against	**про́тив** (+ *gen*)
age	**во́зраст**
ago	**(тому́) наза́д**
agriculture	**се́льское хозя́йство**
agriculturist	**агроно́м**
AIDS	**СПИД**
air	**во́здух**
airmail letter	**авиаписьмо́**
airport	**аэропо́рт**
all	**весь, вся, всё, все**; *~ the same* **всё равно́**
almost	**почти́**
along	**по** (+ *dat*), **вдоль** (+ *gen*)
already	**уже́**
also	**то́же, та́кже**
always	**всегда́**
ancestor	**пре́док**
ancient	**дре́вний**
anorak	**ку́ртка**
another	**друго́й**
answer	**отве́т**; *to ~* **отвеча́ть/отве́тить (на)**
any	**любо́й**
apple	**я́блоко**
approach	**подходи́ть/подойти́; подъезжа́ть/подъе́хать к** (+ *dat*)

approve **одобря́ть/ одо́брить**
architect **архите́ктор**
architecture **архитекту́ра**
area **райо́н**
argue **спо́рить**
argument **спор; аргуме́нт**
armchair **кре́сло**
around **вокру́г** (+ *gen*)
arrange **устра́ивать/ устро́ить**
arrest **аре́ст;** *to ~* **арестова́ть**
arrival **прихо́д; прие́зд**
arrive **приходи́ть/ прийти́; приезжа́ть/ прие́хать в/на** (+ *acc*)
art **иску́сство**
article **статья́**
artist **худо́жник**
Asia **А́зия**
ask **спра́шивать/ спроси́ть;** (*request*) **проси́ть/по-**
atmosphere **атмосфе́ра**
attention **внима́нке**
attract **привлека́ть/ привле́чь**
autumn **о́сень;** *in ~* **о́сенью;** *~al* **осе́нний**
awful **ужа́сный**

back **обра́тно**
bad **плохо́й**
balcony **балко́н**
ball **бал; мяч**
ban **запреща́ть/ запрети́ть**
bank **бе́рег**
bar **бар**
bath **ва́нна**
bathe **купа́ть(ся)/ис-**
bathroom **ва́нная**
baths **бассе́йн**
be **быть; быва́ть; явля́ться** (+ *inst*); *~ off* **уходи́ть; уезжа́ть**
beard **борода́**
beautiful **краси́вый**
because **потому́ что**
become **станови́ться/ стать**
bed **крова́ть** (*f*); **посте́ль** (*f*); *go to ~* **ложи́ться спать**
before **пре́жде, ра́ньше;** *as ~* **по-пре́жнему**
begin **начина́ть(ся)/ нача́ть(ся);** *~ing* **нача́ло**
behind **за** (+ *inst*) or (+ *acc*)
best **(са́мый) лу́чший**
better **лу́чше; лу́чший**
bibliography **библиогра́фия**
bicycle **велосипе́д**
big **большо́й**
biologist **био́лог**
birthday **день рожде́ния**
black **чёрный**
blockade **блока́да**
blue **голубо́й, си́ний**
boat **ло́дка; теплохо́д** (*motor ship*)
book **кни́га;** *to ~* **зака́зывать/ заказа́ть**
boring **ску́чный**

(be) born	**рожда́ться/ роди́ться**
bottle	**буты́лка**
box	**коро́бка**
boy	**ма́льчик**
branch (of institution)	**филиа́л**
breach	**наруше́ние**
break (the rule)	**наруша́ть/ нару́шить (пра́вило)**
breakfast	**за́втрак;** *to have ~* **за́втракать/по-**
bridge	**мост**
briefcase	**портфе́ль** (*m*)
bright	**я́ркий**
bring	**приноси́ть/ принести́; привози́ть/ привезти́**
broadcast	**переда́ча**
brother	**брат**
build	**стро́ить/по-**
building	**зда́ние;** *~site* **стро́йка**
bus	**авто́бус**
business	**де́ло, би́знес;** (*adj*) **делово́й;** *~man* **бизнесме́н, делово́й челове́к**
busy	**за́нятый**
but	**но**
butter	**ма́сло**
buy	**покупа́ть/купи́ть**
café	**кафе́**
cake	**торт**
call	**звать; называ́ть/ назва́ть;** *be ~ed* (*inanimate object*) **называ́ться;** *to ~ a doctor* **вызыва́ть/ вы́звать врача́;** *to ~ on* **заходи́ть; заезжа́ть к** (+ *dat*);
camera	**фотоаппара́т**
canal	**кана́л**
capital	**столи́ца**
car	**маши́на**
carry	**носи́ть, нести́/по-**
case	**слу́чай**
cat	**ко́шка**
catch cold	**простужа́ться/ простуди́ться**
cathedral	**собо́р**
Caucasus	**Кавка́з**
cause damage	**наноси́ть/ нанести́ уще́рб**
celebrate	**пра́здновать/от-**
centre	**центр**
century	**век**
champagne	**шампа́нское**
champion	**чемпио́н, -ка**
change	**измене́ние, переме́на; сда́ча, ме́лочь** (*money*); *to ~* **изменя́ть(ся)/ измени́ть(ся)**
characteristic	**характе́рный**
chase	**гна́ться/по-** (**за** + *inst*)
cheap	**дешёвый**
cheerful	**весёлый**
cheese	**сыр**
chemist's shop	**апте́ка**
chess	**ша́хматы** (*pl*)
chief	**гла́вный**
child	**ребёнок,** *~ren* **де́ти**

childhood	**де́тство**
chocolate	**шокола́д, шокола́дная конфе́та**
choice	**вы́бор**
choose	**выбира́ть/ вы́брать**
Christmas	**Рождество́;** (*adj*) **рожде́ственский;** *~ tree* **ёлка;** *Father ~* **Дед Моро́з**
cinema	**кино́, кинотеа́тр**
city	**го́род;** (*adj*) **городско́й**
civilization	**цивилиза́ция**
clean	**чи́стый**
clever	**у́мный**
clock	**часы́** (*pl*)
close	**бли́зкий;** *~ly* **бли́зко; те́сно**
clothes	**оде́жда**
coach	**тре́нер** (*sport*)
coast	**побере́жье, бе́рег мо́ря**
coffee	**ко́фе** (*m*)
coin	**моне́та**
cold	**хо́лод;** (*adj*) **холо́дный**
come	**приходи́ть; приезжа́ть;** *~ back* **возвраща́ться**
comfortable	**удо́бный**
comparison	**сравне́ние**
competition	**ко́нкурс**
compile	**составля́ть/ соста́вить**
complain	**жа́ловаться/по-**
composer	**компози́тор**
computer	**компью́тер**
concert	**конце́рт**
concierge	**дежу́рная**
condition	**усло́вие**
confectioner's shop	**конди́терская**
conference	**конфере́нция**
confiscate	**конфискова́ть**
congratulate	**поздравля́ть/ поздра́вить**
congress	**конгре́сс, съезд**
consequence	**после́дствие**
consider	**счита́ть**
constantly	**постоя́нно**
constitute	**составля́ть/ соста́вить**
constitution	**конститу́ция**
consultation	**консульта́ция**
continue	**продолжа́ть(ся)/ продо́лжить(ся)**
contract	**контра́кт**
control	**контро́ль** (*m*)
conversation	**разгово́р;** *get into ~* **разговори́ться**
cook	**гото́вить/при-**
cool	**прохла́дный**
copeck	**копе́йка**
corner	**у́гол**
correct	**пра́вильный**
corridor	**коридо́р**
cost	**сто́имость** (*f*) *to ~* **сто́ить**
cosy	**ую́тный**
cough	**ка́шель** (*m*)
Council	**Сове́т**
counter	**прила́вок**
country	**страна́;** (*countryside*) **дере́вня;** (*adj*) **дереве́нский**
countryside	**приро́да**
(of) course	**коне́чно**
create	**создава́ть/ созда́ть**
crisis	**кри́зис**

cross **переходи́ть/ перейти́; переезжа́ть/ перее́хать**
culture **культу́ра**
cup **ча́шка**
cupboard **шкаф**
cure **лечи́ть/вы́-**
curious **любопы́тный**
currency **валю́та**

daily **ежедне́вный**
dairy (shop) **моло́чный магази́н**
dance **танцева́ть/с-**
dangerous **опа́сный**
date **число́**
daughter **дочь** (*f*)
day **день** (*m*)
deal with **име́ть де́ло с** (+ *inst*)
dear **дорого́й**
death **смерть** (*f*)
decide **реша́ть/реши́ть**
declare **объявля́ть/ объяви́ть**
decorate **украша́ть/ укра́сить**
defend **защища́ть/ защити́ть**
department store **универма́г**
depend on **зави́сеть от** (+ *gen*)
deprive **лиша́ть/лиши́ть**
descendant **пото́мок**
describe **опи́сывать/ описа́ть**
description **описа́ние**
destroy **уничтожа́ть/ уничто́жить**
develop **развива́ть/ разви́ть;** *~ed* **развито́й;** *~ment* **разви́тие**
dial (a number) **набира́ть/ набра́ть (но́мер)**
die **умира́ть/умере́ть**
different **ра́зный**
difficult **тру́дный;** *~y* **тру́дность** (*f*)
dine **обе́дать/по-**
dinner **обе́д;** *to have ~* **обе́дать/по-**
direct **прямо́й, пря́мо**
discuss **обсужда́ть/ обсуди́ть**
disease **боле́знь** (*f*)
dish **блю́до**
disposable syringe **однора́зовый шприц**
dissertation **диссерта́ция**
distant **далёкий**
district **райо́н**
division **деле́ние**
do **де́лать/с-**
doctor **врач**
dog **соба́ка**
draw **рисова́ть/на-;** *~ing* **рису́нок**
dream **мечта́;** *to ~* **мечта́ть**
dress **одева́ть(ся)/ оде́ть(ся)**
drink **напи́ток;** *to ~* **пить/вы́-**
drive **вози́ть, везти́;** *~ a car* **води́ть, вести́ маши́ну**
drop in **заходи́ть; заезжа́ть**
during **во вре́мя** (+ *gen*)

each **ка́ждый**
early **ра́но**
easel **мольбе́рт**
east **восто́к;** *~ern* **восто́чный**

easy	**лёгкий**
eat	**есть/съесть**
ecological	**экологи́ческий**
economic	**экономи́ческий;** *~s* **эконо́мика**
edition	**изда́ние**
education	**образова́ние**
egg	**яйцо́**
elder, eldest	**ста́рший**
elect	**избира́ть/ избра́ть**
embankment	**на́бережная**
employ	**применя́ть/ примени́ть**
end	**коне́ц;** *~less* **бесконе́чный**
engineer	**инжене́р**
England	**А́нглия**
English	**англи́йский**
Englishman/ woman	**англича́н‖ин, -ка**
enormous	**огро́мный**
enter	**входи́ть/войти́; въезжа́ть/ въе́хать в** (+ *acc*); *~ university* **поступа́ть/ поступи́ть в университе́т**
enterprise	**предприя́тие**
entertaining	**развлека́тельный**
enthusiasm	**энтузиа́зм**
entrance	**вход**
entrepreneur	**предпринима́тель** (*m*)
envelope	**конве́рт**
environment	**обстано́вка**
epidemic	**эпиде́мия**
equal	**ра́вный**
equality (of rights)	**равнопра́вие**
equipment	**обору́дование**
especially	**осо́бенно**
Europe	**Евро́па**
even	**да́же**
evening	**ве́чер;** *in the ~* **ве́чером**
(for) ever	**навсегда́**
event	**собы́тие**
every	**ка́ждый**
examine	**осма́тривать/ осмотре́ть; рассма́тривать/ рассмотре́ть**
example	**приме́р;** *for ~* **наприме́р**
excellent	**отли́чный**
excite	**волнова́ть/вз-**
excursion	**экску́рсия**
excuse	**извиня́ть/ извини́ть**
exile	**ссы́лка;** *to ~* **ссыла́ть/ сосла́ть**
exist	**существова́ть/ про-;** *~ence* **существова́ние**
exit	**вы́ход**
expensive	**дорого́й**
experience	**о́пыт;** *to ~* **испы́тыва́ть/ испыта́ть;** *~ed* **о́пытный**
explain	**объясня́ть/ объясни́ть**
export	**вы́воз;** *to ~* **вывози́ть/ вы́везти**
extract	**добыва́ть/ добы́ть;** *~ion* **добы́ча**
fact	**факт**
factory	**фа́брика, заво́д**
faculty	**факульте́т**

fair (just)	**справедли́вый**
fairytale	**ска́зка**
familiar	**знако́мый**
family	**семья́**
famous	**знамени́тый**
fancy dress	**маскара́дный костю́м**
fantasy	**фанта́зия**
far	**далеко́**
fast	**бы́стрый, ско́рый**
fate	**судьба́**
father	**оте́ц**
favourable	**льго́тный**
favourite	**люби́мый**
feel (oneself)	**чу́вствовать (себя́)**; ~ *like* **хоте́ться**
fellow traveller	**попу́тчик**
felt tip pen	**флома́стер**
festival	**пра́здник**
few	**ма́ло**
fill	**заполня́ть/запо́лнить**
film	**фильм**
finally	**наконе́ц**
financial	**фина́нсовый**
find	**находи́ть/найти́**
finish	**конча́ть(ся)/ко́нчить(ся)**
firm	**фи́рма**
first	**пе́рвый**; *at* ~ **снача́ла**; ~ *of all* **пре́жде всего́**
fish	**ры́ба**; *to* ~ **лови́ть ры́бу**; ~*ing* **ры́бная ло́вля**
fisherman	**рыба́к**
flat	**кварти́ра**; (*adj*) **ро́вный**
flight	**рейс**
floor	**эта́ж**
flow into	**впада́ть в** (+ *acc*)
flower	**цвето́к**, (*pl*) **цветы́**
flu	**грипп**
fly	**лета́ть, лете́ть**
(be) fond of	**увлека́ться/увле́чься** (+ *inst*)
food	**проду́кты**
foot	**нога́**; *on* ~ **пешко́м**
football	**футбо́л**; ~*er* **футболи́ст**
for	**для** (+ *gen*); **за** (+ *acc*)
forecast	**прогно́з**
foreign	**иностра́нный**
forget	**забыва́ть/забы́ть**
fork	**ви́лка**
fortress	**кре́пость** (*f*)
form	**бланк; анке́та**
former	**бы́вший**
fortunately	**к сча́стью**
found	**осно́вывать/основа́ть**; ~*ation* **основа́ние**
France	**Фра́нция**
free	**свобо́дный**
French	**францу́зский**
Frenchman/woman	**францу́з, францу́женка;**
fresco	**фре́ска**
fresh	**све́жий**
friend	**друг**; (*girl*) **подру́га**
fridge	**холоди́льник**
from	**из, с, от** (+ *gen*); ~*here* **отсю́да**; ~*there* **отту́да**
(in) front of	**пе́ред** (+ *inst*)
frost	**моро́з**; *light* ~ **за́морозки**
fruit	**фрукт**

full	**по́лный**
furniture	**ме́бель** (*f*)
further	**да́льше**
future	**бу́дущее;** (*adj*) **бу́дущий**
gas	**газ**
German	**не́мец, не́мка;** (*adj*) **неме́цкий**
Germany	**Герма́ния**
get	**достава́ть/доста́ть;** *~ out* **выходи́ть, уходи́ть; выезжа́ть, уезжа́ть;** *~ to* **доезжа́ть; доходи́ть;** *~ up* **встава́ть/встать;** *~ used to* **привыка́ть/привы́кнуть к** (+ *dat*)
give	**дава́ть/дать;** *~ a present* **дари́ть/по-**
glass	**стака́н**
go	**ходи́ть, идти́/пойти́; е́здить, е́хать/по-**
goal	**гол;** *~keeper* **врата́рь** (*m*)
good	**хоро́ший;** *~ morning!* **до́брое у́тро!;** *~bye* **до свида́ния;** *~s* **това́р**
gramme	**грамм**
grandfather	**де́душка, дед;** *great ~* **пра́дед**
grandmother	**ба́бушка**
grapes	**виногра́д**
great	**вели́кий**
green	**зелёный**
guest	**гость** (*m*)
guitar	**гита́ра**
gymnastics	**гимна́стика**
half	**полови́на**
hall	**зал**
happen	**происходи́ть/произойти́**
happiness	**сча́стье**
happy	**счастли́вый**
hard	**тру́дный, тяжёлый;** *~ly* **едва́;** *~ship* **тру́дность** (*f*), **тя́жесть** (*f*)
harmful	**вре́дный**
have	**име́ть;** *~ to* **до́лжен, приходи́ться/прийти́сь** (+ *dat*)
head	**голова́;** *~ ache* **головна́я боль** (*f*)
health	**здоро́вье;** *~care* **здравоохране́ние**
hear	**слы́шать/у-**
heart	**се́рдце**
hello!	**здра́вствуй(те)!**
help	**по́мощь** (*f*); *to ~* **помога́ть/помо́чь** (+ *dat*)
here	**здесь; сюда́; вот**
high	**высо́кий**
hiking trip	**турпохо́д**
historian	**исто́рик**
history	**исто́рия**
hobby	**хо́бби** (*neut*)
holiday	**пра́здник; о́тдых; о́тпуск;** *~s* **кани́кулы**

home **дом;** *at ~* **дóма;** *~wards* **домóй**
hope **надéяться/по-**
hospital **больни́ца**
hostel **общежи́тие**
hostess **хозя́йка**
hot (of weather) **жáркий**
hotel **гости́ница**
hour **час**
house **дом;** *~warming* **новосéлье;** *~ wife* **домáшняя хозя́йка;** *~ work* **домáшняя рабóта**
how **как;** *~ever* **однáко**
huge **огрóмный**
hunger **гóлод**
hungry **голóдный**
hurt **болéть II;** *It ~s* **боли́т, бóльно**
ice cream **морóженое**
if **éсли**
ill **больнóй;** *to be ~* **болéть I;** *~ness* **болéзнь** (*f*)
imagine (to oneself) **представля́ть/ предстáвить (себé)**
impossible **невозмóжно, нельзя́**
import **ввоз;** *to ~* **ввози́ть/ввезти́**
improve **улучшáть/ улу́чшить**
independent **незави́симый**
industrial **промы́шленный**
industry **промы́шленность** (*f*)
influence **влия́ние;** *to ~* **влия́ть/по- (на** + *acc*)
information **информáция**
initiative **инициати́ва**
inhabitant **жи́тель** (*m*)
insert (a coin) **опускáть/ опусти́ть (монéту)**
intelligent **у́мный**
interest **интерéс;** to ~ **интересовáть/за-**
to be ~ed **интересовáться/ за-** (+ *inst*); *~ing* **интерéсный**
invitation **приглашéние**
invite **приглашáть/ пригласи́ть**
island **óстров**
Italy **Итáлия**
jeans **джи́нсы**
joint venture **совмéстное предприя́тие**
juice **сок**
journal **журнáл**
journey **путешéствие**
July **ию́ль**
just **тóлько (что)**
(be) keen on **увлекáться/ увлéчься** (+ *inst*)
kindergarten **дéтский сад**
kiss **целовáть/по-**
kitchen **ку́хня**
knife **нож**
know **знать;** *~ledge* **знáние**
(well) known **извéстный**
Kremlin **Кремль** (*m*)
labour **труд**
lack **не хватáть** (+ *gen*)
lake **óзеро**

lamp **ла́мпа**
language **язы́к**
large **большо́й, кру́пный**
last **продолжа́ться**
last **после́дний; про́шлый** ~ *year* **в про́шлом году́**
late **по́здно;** *to be* ~ **опа́здывать/опозда́ть**
law **зако́н**
lead **води́ть, вести́/по-**
learn **учи́ться** (+ *dat*)
leave **о́тпуск;** *to* ~ **уходи́ть/уйти́; уезжа́ть/уе́хать**
(to the) left **нале́во**
lecture **ле́кция**
less **ме́ньше**
lesson **уро́к**
letter **письмо́**
library **библиоте́ка**
licence **лице́нзия**
lie **лежа́ть**
life **жизнь** (*f*)
light **све́тлый**
like **нра́виться** (+ *dat*)
link **свя́зывать/связа́ть**
listen **слу́шать/по-**
little **немно́го, ма́ло**
live **жить**
livelihood **сре́дства к существова́нию**
local **ме́стный**
long **дли́нный;** ~ *way from* **далеко́ от;** ~ *ago* **давно́**
look **смотре́ть/по-; вы́глядеть;** ~ *round* **осма́тривать/осмотре́ть** ~ *through* **просма́тривать/просмотре́ть**
lose **теря́ть/по-**
(a) lot **мно́го**
love **люби́ть/по-**
low **ни́зкий**
lunch **обе́д;** *to have* ~ **обе́дать/по-**
lung(s) **лёгкое (~ие)**
(go) mad **сходи́ть/сойти́ с ума́**
magazine **журна́л**
magnificent **замеча́тельный**
majority **большинство́**
main **гла́вный**
man **челове́к; мужчи́на;** ~*'s* **мужско́й**
management **управле́ние**
many **мно́го, мно́гие**
market **ры́нок**
marvellous **замеча́тельный**
marry **жени́ться на** (+ *prep*) (*for a man*); **выходи́ть за́муж за** (+ *acc*) (*for a woman*)
material **материа́л**
match **матч**
mathematics **матема́тика**
matter **де́ло**
mean **зна́чить**
means **сре́дство**
measles **корь** (*f*)
measure **измеря́ть/**

	измéрить
meat	**мя́со;** (*adj*) **мяснóй**
medicine	**лекáрство**
medical	**медици́нский**
meet	**встречáть/ встрéтить;** *~ one another* **встречáться/ встрéтиться** *~ing* **встрéча**
menu	**меню́** (*neut*)
metro	**метрó**
(in) the middle	**посреди́** (+ *gen*)
midnight	**пóлночь** (*f*)
milk	**молокó**
minute	**мину́та**
modern	**совремéнный**
Monday	**понедéльник**
money	**дéньги**
monotonous	**однообрáзный**
month	**мéсяц**
monthly	**ежемéсячник;** (*adj*) **ежемéсячный**
monument	**пáмятник**
mood	**настроéние**
more	**бóльше**
morning	**у́тро;** *in the ~* **у́тром**
most	**большинствó**
mother	**мать** (*f*)
mouth	**рот**
move back	**переезжáть/ переéхать**
movement	**движéние**
much	**мнóго**
multistorey	**многоэтáжный**
Muscovite	**москви́ч, -ка**
museum	**музéй**
mushroom	**гриб**
music	**му́зыка;** *~al* (*show*) **мю́зикл;** *~ian* **музыкáнт**
name	**и́мя; назвáние** (*material object*)
nationality	**национáльность** (*f*)
nature	**прирóда**
near	**óколо, у** (+ *gen*); (*adj*) **бли́зкий**
necessary	**ну́жный, необходи́мый;** *it is necessary* **нáдо, ну́жно**
need	**нуждáться в** (+ *prep*), **ну́жен, нужнá** *etc.*, (+ *dat*)
neighbouring	**сосéдний**
neither ... nor	**ни ... ни**
never	**никогдá**
new	**нóвый**
news	**нóвости;** *~paper* **газéта**
next	**слéдующий;** *next year* **в бу́дущем году́**
nice	**хорóший, прия́тный**
night	**ночь;** (*adj*) **ночнóй;** *at ~* **нóчью**
noone	**никтó**
norm	**нóрма;** *~al* **нормáльный**
north	**сéвер;** *~ern* **сéверный**
nothing	**ничтó, ничегó**
novel	**ромáн**
now	**тепéрь, сейчáс**
nowhere	**нигдé, никудá**
number	**нóмер; числó**

occupation **заня́тие**

occupy **занима́ть/заня́ть**; *to be occupied* **занима́ться/заня́ться** (+ *inst*)

offer **предлага́ть/предложи́ть**

often **ча́сто**

oil **нефть** (*f*)

old **ста́рый**; ~ *man* **стари́к**

omelette **омле́т**

once **одна́жды**; *at ~* **сра́зу**

only **то́лько**

open **открыва́ть(ся)/откры́ть(ся)**; *~ing* **откры́тие**

opinion **мне́ние**

opportunity **возмо́жность** (*f*)

optimism **оптими́зм**

or **и́ли**

Orthodox **Правосла́вный**

outing **прогу́лка**

outlet **вы́ход**

outside **на у́лице**

packet **па́чка**

paid **пла́тный**

painting **жи́вопись** (*f*); **карти́на**

palace **дворе́ц**

paper **бума́га**

paradise **рай**

parent **роди́тель** (*m*)

park **парк**

part (*theat*) **роль** (*f*), **па́ртия**

participant **уча́стник**

participate **уча́ствовать**

partner **партнёр**

party **ве́чер, вечери́нка**

passenger **пассажи́р, -ка**

passport **па́спорт**

past **про́шлый**

patronymic **о́тчество**

pay **плати́ть/за-**

peace **мир**

pear **гру́ша**

peasant **крестья́н||ин, -ка**

pedestrian zone **пешехо́дная зо́на**

pencil **каранда́ш**

penicillin **пеницилли́н**

people **лю́ди, наро́д**; (*adj*) **наро́дный**

perform (*theat*) **исполня́ть/испо́лнить**

perhaps **мо́жет быть**

periodicals **перио́дика**

phenomenon **явле́ние**

photograph **фотогра́фия**; *to ~* **фотографи́ровать/с-**; *~er* **фото́граф**

physical **физи́ческий**

pick **собира́ть/собра́ть**

picture **карти́на**; *~sque* **живопи́сный**

pill **табле́тка**

place **ме́сто**

plain **равни́на**

plan **план**

pleasant **прия́тный**

please **пожа́луйста**

pleasure **удово́льствие**

play **игра́ть (в** + *acc*), **(на** + *prep*); *~er* **игро́к**

poet **поэ́т**; *~ry* **поэ́зия, стихи́**

point (out) **указывать/ указать**
politics **политика**
pollute **загрязнять/ загрязнить**
pool **бассейн**
popular **популярный**
possibility **возможность** (*f*)
possible **можно**
postcard **открытка**
poster **афиша**
post office **почта**
practice **практика**
precisely **точно**
prefer **предпочитать/ предпочесть**
prepare **готовить/при-**
prescribe **выписывать/ выписать**
prescription **рецепт**
present **подарок;** *to be ~* **присутствовать**
preserve **сохранять/ сохранить**
press **пресса**
price **цена**
primitive **примитивный**
private **частный**
prize **приз**
probably **возможно**
problem **проблема**
producer (*theat*) **режиссёр**
production **производство;** (*theat*) **постановка**
profession **профессия**
profit **прибыль** (*f*)
programme **программа**
progress **прогресс**
project **проект**
property **собственность** (*f*)
protect **охранять;** *~ion* **охрана**
provincial **областной**
publication **публикация**
pudding **пудинг**
pupil **учен||ик, -ица**
puppet **марионетка**
put (lay) **класть/ положить;** ~(*upright*) **ставить/по-;** *~ on* **надевать/ надеть**

quality **качество**
quarter **четверть** (*f*)
question **вопрос**
queue **очередь** (*f*)
quick **быстрый**
quiet **тихий**
quite **довольно**

radio **радио**
railway **железная дорога**
rain **дождь** (*m*) *it ~s* **идёт дождь**
rare **редкий**
read **читать/про-;** *~er* **читатель** (*m*)
ready **готовый**
real **настоящий**
reason **причина**
recall **вспоминать/ вспомнить**
receive **получать/ получить;** *~ patients* **принимать/ принять больных**
recently **недавно**
reception **приём**
recipe **рецепт**
recognize **узнавать/узнать**
recommend **рекомендовать/ по-**

recover (health) **выздора́вливать/ вы́здороветь**
red **кра́сный**
reform **рефо́рма**
regards **приве́т**
regime **режи́м**
region **о́бласть** (*f*)
regional **областно́й**
register **регистри́ровать/ за-**
relation **ро́дственник**
remain **остава́ться/ оста́ться**
remember **по́мнить**
remind **напомина́ть/ напо́мнить** (+ *dat*)
rent a flat **снима́ть/снять кварти́ру**
repertoire **репертуа́р**
resettle **переселя́ться/ пересели́ться**
resources **ресу́рсы**
respect **уваже́ние;** *~ed* **уважа́емый**
rest **о́тдых;** to ~ **отдыха́ть/ отдохну́ть**
restaurant **рестора́н**
result **результа́т;** *as a* ~ **в результа́те**
return **возвраще́ние;** *to* ~ **возвраща́ться/ верну́ться;** ~ *ticket* **обра́тный биле́т**
review **обзо́р**
revolution **револю́ция**
right **пра́во;** (*adj*) **пра́вый;** *to the* ~ **напра́во**
river **река́**
road **доро́га**
role **роль** (*f*)
room **ко́мната**
rouble **рубль** (*m*)
route **маршру́т**
row **ряд**
rule **пра́вило**
run **бе́гать, бежа́ть**
Russia **Росси́я**
Russian **ру́сск||ий, -ая**

sad **гру́стный**
salad **сала́т**
sale *to be on ~* **продава́ться**
sandwich **бутербро́д**
sausage **колбаса́**
say **говори́ть/ сказа́ть**
scarlet fever **скарлати́на**
science **нау́ка**
scientific **нау́чный**
school **шко́ла;** (*adj*) **шко́льный**
sea **мо́ре;** (*adj*) **морско́й**
search **по́иск**
secondary school **сре́дняя шко́ла**
section **отде́л**
see **ви́деть/у-**
seem **каза́ться/по-**
sell **продава́ть/ прода́ть;** *~er* **продаве́ц**
send **посыла́ть/ посла́ть**
separate **отде́льный**
serial **сериа́л**
series **се́рия**
serious **серьёзный**
set off **отправля́ться/ отпра́виться**

settle	**поселя́ться/посели́ться**
several	**не́сколько**
severe	**суро́вый**
ship	**теплохо́д**
shirt	**руба́шка**
shoe	**ту́фля**
shop	**магази́н;** *to ~* **де́лать поку́пки**
shore	**бе́рег**
short	**коро́ткий**
show	**спекта́кль** (*m*) *to ~* **пока́зывать/показа́ть**
shower	**душ;** *take a ~* **принима́ть душ**
Siberia	**Сиби́рь** (*f*) *~n* **сиби́рский**
side	**сторона́**
sing	**петь/с-**
sleep	**спать**
slowly	**ме́дленно**
small	**ма́ленький**
smile	**улыба́ться/улыбну́ться**
smoke	**кури́ть**
snack	**заку́ска;** *~bar* **буфе́т**
snow	**снег;** *it ~s* **идёт снег**
so	**так; тако́й; ита́к**
solve	**реша́ть/реши́ть**
some	**не́которые;** *~ ... others* **одни́ ... други́е;** *~times* **иногда́;** *~thing* **что́-нибудь, что́-то**
song	**пе́сня**
soon	**ско́ро, вско́ре**
sort	**сорт**
soup	**суп**
south	**юг;** *~ern* **ю́жный**
Soviet	**сове́тский**
Spain	**Испа́ния**
Spaniard (man, woman)	**испа́н||ец, -ка**
Spanish	**испа́нский**
spare	**ли́шний**
speak	**говори́ть/по-**
special	**специа́льный;** *~ist* **специали́ст, -ка**
spectator	**зри́тель** (*m*)
speed	**ско́рость** (*f*)
spend (time)	**проводи́ть/провести́;** (*money*) **тра́тить/ис-**
sport	**спорт;** (*adj*) **спорти́вный;** *~sman* **спортсме́н, -ка**
spoon	**ло́жка**
spread	**распростране́ние;** *to ~* **распространя́ться/распространи́ться**
spring	**весна́;** *in ~* **весно́й**
square	**пло́щадь** (*f*)
stadium	**стадио́н**
stamp	**ма́рка**
stand	**стоя́ть/по-**
start	**начина́ть(ся)/нача́ть(ся)**
station (railway)	**вокза́л**
statistics	**стати́стика**
status	**ста́тус**
stay	**остава́ться/**

	оста́ться; жить (*stay at*)
steak	**бифште́кс**
stereotype	**стереоти́п**
still	**(всё) ещё**
stop	**остано́вка;** *to ~* **остана́вливать(ся)/останови́ть(ся)**
story	**расска́з**
straight	**прямо́й**
stroll	**гуля́ть/по-**
strong	**си́льный**
student	**студе́нт, -ка**
study	**изуча́ть/изучи́ть; учи́ться** (+ *dat*)
subject	**предме́т**
subscribe	**выпи́сывать/вы́писать**
suburb	**при́город**
success	**успе́х**
such	**тако́й**
suddenly	**вдруг**
suffer	**пережива́ть**
sugar	**са́хар**
suit	**костю́м**
summer	**ле́то;** *in ~* **ле́том**
Sunday	**воскресе́нье;** (*adj*) **воскре́сный**
supper	**у́жин;** *to have ~* **у́жинать/по-**
supply and demand	**спро́с и предложе́ние**
support (sport)	**боле́ть I за** (+ *acc*); *~er* **боле́льщик**
surname	**фами́лия**
surprise	**сюрпри́з**
survive	**выжива́ть/вы́жить**
sweater	**сви́тер**
sweet	**конфе́та;** (*adj*) **сла́дкий**
swim	**пла́вать;** *~ming* **пла́вание;** *~pool* **бассе́йн**
system	**систе́ма**
take	**брать/взять;** *~ place* **состоя́ться**
talk	**говори́ть/по-; разгова́ривать**
tall	**высо́кий**
tap	**кран**
taste	**вкус**
tasty	**вку́сный**
tea	**чай**
teach	**преподава́ть;** *~er* **учи́тель, преподава́тель**
team	**кома́нда**
technology	**техноло́гия**
telegram	**телегра́мма**
telephone	**телефо́н;** *to ~* **зво́нить/по-**
television	**телеви́зор, телеви́дение**
tell	**говори́ть/сказа́ть; расска́зывать/рассказа́ть**
temperature	**температу́ра**
tennis	**те́ннис;** *~ court* **те́ннисный корт**
terrible	**ужа́сный**
territory	**террито́рия**
that	**что**
theatre	**теа́тр**
theme	**те́ма**
there	**там, туда́**
therefore	**поэ́тому**
thing	**вещь** (*f*)
think	**ду́мать/по-**

this **э́тот**
thousand **ты́сяча**
throat **го́рло**
through **че́рез** (+ *acc*)
ticket **биле́т**
tie **га́лстук**
time **вре́мя; раз;** *it's ~* **пора́;** *~table* **расписа́ние**
tinned food **консе́рвы** (*pl*)
today **сего́дня**
together **вме́сте**
tonsillitis **анги́на**
tomorrow **за́втра**
tourist **тури́ст, -ка**
town **го́род**
towards **к** (+ *dat*)
trade **торго́вля**
tradition **тради́ция;** *~al* **традицио́нный**
traffic **движе́ние**
train **по́езд**
train (oneself) **тренирова́ться**
trainers **кроссо́вки**
transport **тра́нспорт;** *to ~* **перевози́ть/перевезти́**
Trans-Siberian **Транссиби́рский**
travel **путеше́ствие;** *to ~* **путеше́ствовать; е́здить, е́хать/по-;** *~er* **путеше́ственник**
treat **лечи́ть/вы́-;** *~ment* **лече́ние**
tree **де́рево**
trip **пое́здка**
true, truth **пра́вда**
try **пыта́ться/по- стара́ться/по-**
turn down (reject) **отка́зываться/отказа́ться**
turn out to be **ока́зываться/оказа́ться** (+ *inst*)
twice **два ра́за**
typical **типи́чный**
under **под** (+ *inst*) or (+ *acc*)
understand **понима́ть/поня́ть**
unfortunately **к сожале́нию**
university **университе́т**
Ukraine **Украи́на**
until **пока́**
uprising **восста́ние**
urban **городско́й**
use **испо́льзование;** *to ~* **испо́льзовать;** *~ful* **поле́зный**
usual **обы́чный;** *~ly* **обы́чно**
vegetables **о́вощи**
vegetarian **вегетариа́н||ец, -ка**
very **о́чень**
video **ви́део;** *~camera* **видеока́мера**
view **вид**
village **дере́вня**
violate **наруша́ть/нару́шить**
violin **скри́пка**
visa **ви́за**
visit **визи́т, посеще́ние;** *to ~* **посеща́ть/посети́ть; идти́ в го́сти к** (+ *dat*)
wage **зарпла́та**
wait **ждать/подо-** (+ *acc*) or (+ *gen*)

waiter, waitress	**официа́нт, -ка**
walk	**прогу́лка;** *to ~* **гуля́ть; ходи́ть, идти́**
want	**хоте́ть/за-**
war	**война́**
warm	**тёплый**
wash (oneself)	**умыва́ть(ся)/ умы́ть(ся);** *~ing dishes* **мытьё посу́ды**
watch	**часы́** (*pl*); *to ~* **смотре́ть/по-**
water	**вода́**
way	**доро́га, путь** (*m*); *~ of life* **о́браз жи́зни**
weather	**пого́да**
week	**неде́ля;** *~ly* **еженеде́льник;** (*adj*) **еженеде́льный**
well	**хорошо́**
west	**за́пад;** *~ern* **за́падный**
what	**что; како́й**
when	**когда́**
where	**где, куда́;** *~ from* **отку́да**
which	**кото́рый**
while	**когда́, тогда́ как**
white	**бе́лый**
who	**кто**
whole	**весь, вся, всё, все**
whose	**чей, чья, чьё, чьи**
why	**почему́**
wide	**широ́кий**
wife	**жена́**
wild	**ди́кий**
window	**окно́**
wine	**вино́**
winter	**зима́;** *in ~* **зимо́й**
wish	**жела́ть/по-**
without	**без** (+ *gen*); *~ fail* **обяза́тельно**
woman	**же́нщина;** (*adj*) **же́нский**
wonderful	**чуде́сный**
wood	**лес**
word	**сло́во**
work	**рабо́та;** *to ~* **рабо́тать;** *to ~ out* **разраба́тывать/ разрабо́тать;** *~man* **ма́стер**
world	**мир**
worry	**беспоко́ить(ся)/ по-**
write	**писа́ть/на-;** *~ down* **запи́сывать/ записа́ть**
writer	**писа́тель** (m)
year	**год**
yellow	**жёлтый**
yesterday	**вчера́**
yet	**ещё;** *not ~* **ещё не**
young	**молодо́й;** *~er* **мла́дший** *~ people* **молодёжь** (*f*)

Russian–English vocabulary

авиаписьмо́ airmail letter
агроно́м agriculturist
актёр, актри́са actor, actress
акти́вный active
анги́на tonsillitis
англи́йский English
англича́н||ин, -ка English (man, woman)
А́нглия England
апте́ка chemist's shop
аре́ст arrest; **~ова́ть** to arrest
архите́ктор architect
архитекту́ра architecture
атмосфе́ра atmosphere
афи́ша poster
аэропо́рт airport

ба́бушка grandmother
бал ball
балко́н balcony
ба́нка tin, jar
бассе́йн pool
бе́гать, бежа́ть (бегу́, бежи́шь, бегу́т) to run
без (+ *gen*) without
бе́лый white
бе́рег (*pl*, **берега́**) bank, shore
беспла́тный free (of charge)
беспоко́ить(ся)/по- to worry
библиоте́ка library
би́знес business; **~ме́н** businessman
биле́т ticket
бланк form
бли́зкий (*comp*, **бли́же**) near, close
блю́до dish
боле́знь (*f*) illness
боле́льщик supporter (in sport)
боле́ть I to be ill; **~за** to support
боле́ть II (боли́т, боля́т) hurt, ache
больни́ца hospital
больно́й ill (*adj*); patient (*n*)
бо́льше more; **бо́льше всего́** most of all
большинство́ majority
большо́й big
борода́ beard
брат (*pl*, **бра́тья**) brother
брать (бер||у́, -ёшь)/взять (возьм||у́, -ёшь) to take
бу́дущ||ее future (*n*) **~ий** next
бума́га paper
бутербро́д sandwich
буты́лка bottle
буфе́т snack bar
быва́ть to be
бы́вший former

бы́стрый	quick	**во́зраст**	age
быть (бу́д‖у, -ешь)	to be	**война́**	war
		вокза́л	(railway) station
валю́та	currency	**вокру́г**	around
ва́нна	bath; **~я** bathroom	**волнова́ть(ся)/вз-**	to worry, excite
ввоз	import	**вон**	there, over there
вдоль (+ *gen*)	along	**воскресе́нье, воскре́сный** (*adj*)	Sunday
вдруг	suddenly	**восстана́вливать/восстанови́ть**	to restore
вегетариа́н‖ец, -ка	vegetarian	**восста́ние**	uprising
ведь	you know, indeed	**восто́к**	east
везде́	everywhere	**восто́чный**	eastern
век	century	**вот**	here
вели́кий	great	**впада́ть в** (+ *acc*)	to flow into
велосипе́д	bicycle	**врата́рь** (*m*)	goalkeeper
весёлый, ве́село	cheerful	**врач**	doctor
весна́	spring; **весно́й** in spring	**вре́дный**	harmful, dangerous
весь, вся, всё, все	all	**вре́мя** (*pl*, **времена́**)	time
ве́чер (*pl*, **вечера́**)	evening, party	**все**	everybody
вещь (*f*)	thing	**всё**	everything; ~ **ещё** still; ~ **равно́** all the same
вид	view	**всегда́**	always
ви́деть/у-	to see	**вско́ре**	soon
ви́лка	fork	**вспомина́ть/вспо́мнить**	to recall, remember
вино́	wine	**встава́ть/встать**	to get up
виногра́д	grapes	**встре́ча**	meeting
вкус	taste; **~ный** tasty	**встреча́ть/встре́тить**	to meet; **~ся** to meet one another
влия́ние	influence	**вчера́**	yesterday
влия́ть/по- (на + *acc*)	to influence	**вход**	entrance
вме́сте	together	**входи́ть/войти́**	to enter
во вре́мя (+ *gen*)	during	**въезжа́ть/въе́хать**	to enter, ride in (to)
вода́	water	**выбира́ть/вы́брать**	to choose
води́ть, вести́ (вед‖у, -ёшь)	to lead; drive		
возвраща́ться/верну́ться	to return		
во́здух	air		
вози́ть, везти́ (вез‖у, -ёшь)	to take (by transport)		
возмо́жность (*f*)	possibility, opportunity		

вы́бор choice
вы́воз export
вы́глядеть (+ *inst*) to look (like)
выезжа́ть/вы́ехать to depart
выжива́ть/вы́жить to survive
выздора́вливать/вы́здороветь to recover
вызыва́ть/вы́звать to call, summon
вылета́ть/вы́лететь to leave (by air)
выпи́сывать/вы́писать to subscribe; prescribe
высо́кий (*comp*, **вы́ше**) high
вы́ход exit
выходи́ть/вы́йти to go out; ~ **за́муж за** (+ *acc*) to marry (for a woman)

газе́та newspaper
га́лстук tie
где where
гимна́стика gymnastics
гита́ра guitar
гла́вный main, chief
гна́ться/по- (за + *inst*) to chase after
говори́ть/по- to talk
говори́ть/сказа́ть to say, tell
год year
голова́ head
головна́я боль headache
го́лод hunger; **~ный** hungry
голубо́й sky blue
гора́здо (+ *comp*) much more
го́рло throat
го́род (*pl*, **города́**) town, city; **~ской** urban, city
горожа́н||ин, -ка town-dweller
гости́ница hotel
гость (*m*) guest
госуда́рство state
гото́вить/при́- to prepare; cook
гото́вый ready
грани́ца border; **за грани́цей, за гра́ницу** abroad
гриб mushroom
грипп influenza
гру́стный sad
гру́ша pear
гудо́к (dialing) tone
гуля́ть/по- to stroll

дава́ть/дать (дам, дашь, даст, дади́м, дади́те, даду́т) to give
давно́ long ago
да́же even
далёкий, далеко́ (*comp*, **да́льше)** distant, far
дари́ть/по- to give (a present)
да́ча country house
дверь (*f*) door
движе́ние movement; traffic
дворе́ц palace
де́вушка girl
де́душка grandfather
дежу́рная concierge
де́йствовать to act
де́лать/с- to do
деле́ние division
де́ло matter, business
делово́й business (like)
день (*m*) day; **день рожде́ния** birthday
де́ньги (*pl*) money
дере́вня, village, country

дереве́нский (*adj*)

де́рево (*pl*, **дере́вья**) tree

деся́ток ten

де́тский сад kindergarten

де́тство childhood

дешёвый, дёшево (*comp*, **деше́вле**) cheap

джи́нсы jeans

диа́гноз diagnosis

ди́кий wild

диску́ссия discussion

дли́нный long

для (+ *gen*) for

днём in the daytime

до (+ *gen*) up to, as far as; until

до́брый good; kind

добыва́ть/добы́ть to extract

добы́ча extraction

довози́ть/довезти́ to take as far as

дово́льно quite; enough

доезжа́ть/дое́хать to go as far as

дождь (*m*) rain; **идёт** ~ it rains

до́лго for a long time

до́лжен, должна́, должно́, должны must, have to

дом (*pl*, **дома́**) house; **до́ма** at home; **домо́й** homewards

дома́шнее хозя́йство housework

дома́шняя хозя́йка housewife

доро́га road

дорого́й, до́рого (*comp*, **доро́же**) dear, expensive

достава́ть/доста́ть (**доста́н||у, -ешь**) to get

достиже́ние achievement

досто́инство dignity

дочь (*f*) (*pl*, **до́чери**) daughter

дре́вний ancient

друг (*pl*, **друзья́**) friend; ~ **дру́га** each other

друго́й another

ду́мать/по- to think

душ shower

ежедне́вный daily

ежеме́сячник, ежеме́сячный (*adj*) monthly

еженеде́льник, еженеде́льный (*adj*) weekly

е́здить, е́хать (**е́д||у, -ешь**) to go, travel

ёлка Christmas tree; Christmas party

е́сли if

есть (**ем, ешь, ест, еди́м, еди́те, едя́т**) to eat

ещё yet, still; ~ **не** not yet

жа́ловаться/по- to complain

жаль (**мне жаль**) (I) feel sorry

жа́ркий, жа́рко (*comp*, **жа́рче**) hot

ждать/подо- (+ *acc* or *gen*) to wait

жела́ть/по- to wish

желе́зная доро́га railway

жёлтый yellow

жена́ wife

жени́ться на (+ *prep*) to marry (for a man)

же́нщина, же́нский woman, woman's

живопи́сный picturesque

жи́вопись (*f*) painting

жизнь (*f*) life

жи́тель (*m*) inhabitant

жить/про- to live, stay

за (+ *acc*) for (+ *inst*) behind, beyond

забо́та care

забыва́ть/забы́ть to forget

зави́сеть от (+ *gen*) to depend on

за́втра tomorrow

за́втрак breakfast; **~ать** to have breakfast

загрязня́ть/загрязни́ть to pollute

заезжа́ть/зае́хать к (+ *dat*) to call in on

зака́зывать/заказа́ть to book, order

зако́н law

зал hall, auditorium

замеча́тельный magnificent

за́морозки (*pl*) (light) frosts

занима́ться/заня́ться (займ||у́сь, -ёшься) (+ *inst*) to occupy oneself with

заня́тие occupation

за́нятый occupied, busy

за́пад west; **~ный** western

запи́сывать/записа́ть to write down

заполня́ть/запо́лнить to fill

запреща́ть/запрети́ть to ban

зарпла́та wage

зато́ on the other hand

защища́ть/защити́ть to defend

звать/по-/на- to call

звони́ть/по- to ring, telephone

зда́ние building

здесь here

здоро́вье health

здравоохране́ние (public) health care

зелёный green

зима́ winter; **зимо́й** in winter

зи́мний winter (*adj*)

знако́миться/по- (**с** + *inst*) to get acquainted with

знако́мый familiar; acquaintance, friend

знамени́тый famous

зна́ние knowledge

знать to know

зна́чить to mean

зри́тель (*m*) spectator

игра́ game; acting

игра́ть/по-; сыгра́ть to play; act

игро́к player

идти́/по- to go, come (on foot)

из (+ *gen*) out of, from

избира́ть/избра́ть to elect

изве́стный well known

извиня́ть/извини́ть to forgive, excuse

изда́ние publication, edition

из-за (+ *gen*) because of

измене́ние change

изменя́ть(ся)/измени́ть(ся) to change

измеря́ть/изме́рить to measure

изоби́лие abundance

изуча́ть/изучи́ть to study

и́ли	or
име́ть	to have; ~ **де́ло с** (+ *inst*) to deal with
и́мя (*n*) (*pl*, **имена́**)	name
иногда́	sometimes
иностра́нный	foreign
интере́с	interest; **~ный** interesting
интересова́ть/за-	to interest; **~ся** (+ *inst*) to be interested in
иску́сство	art
испо́льзование	use
испо́льзовать	to use
испы́тывать/ испыта́ть	to experience
исто́рик	historian
к (+ *dat*)	towards, to
ка́ждый	each, every
каза́ться/по- (мне ка́жется)	to seem (it seems to me)
как	how, as; ~ ... **так и** both ... and
како́й	what, which; **како́й-то** some
кани́кулы (*pl*)	vacation
каранда́ш	pencil
карти́на	picture
ката́ться на лыжах	to ski
ка́чество	quality
ка́шель (*m*)	cough
кварти́ра	flat
кино́, кинотеа́тр	cinema
класть (клад||у́, -ёшь)/ положи́ть II	to put (lay)
кни́га	book
когда́	when
колбаса́	sausage (salami)
кома́нда	team
кома́ндно-админи-страти́вный	command-administrative
ко́мната	room
компле́кт	set
конве́рт	envelope
конди́терский магази́н	confectioner's
коне́чно	of course
ко́нкурс	competition
консе́рвы (*pl*)	tinned goods
конститу́ция	constitution
консульта́ция	consultation
контро́ль (*m*)	control
конфе́та	sweet
конфискова́ть	to confiscate
конце́рт	concert
конча́ть(ся)/ ко́нчить(ся)	to finish, end
коне́ц	finish, end
коро́бка	box
коро́ткий (*comp*, **коро́че**)	short
корь (*f*)	measles
костю́м	suit; costume
кот	cat
кото́рый	which, who
ко́шка	cat
кран	tap
краси́вый	beautiful
кра́сный	red
кре́пость (*f*)	fortress
кре́сло	armchair
крестья́н||ин, -ка	peasant (man, woman)
крова́ть (*f*)	bed
кро́ме (+ *gen*)	except
кроссо́вки (*pl*)	trainers
круго́м	around
кру́пный	major, large
к сожале́нию	unfortunately
к сча́стью	fortunately

кто	who
куда́	where
купа́ться/ис-	to bathe
кури́ть	to smoke
ку́ртка	anorak
ку́хня	kitchen
лёгкие (*pl*)	lungs
лёгкий, легко́ (*comp,* **ле́гче**)	easy, light
лежа́ть/по-II	to lie
лека́рство	medicine
ле́кция	lecture
лес (*pl,* **леса́**)	forest
лета́ть, лете́ть	to fly
ле́то	summer; **ле́том** in summer
лече́ние	treatment
лечи́ть/вы́-	to treat, cure
лице́нзия	licence
лиша́ть/лиши́ть	to deprive
ли́шний	spare
лови́ть/пойма́ть	to catch
ло́дка	boat
ложи́ться/лечь (**ля́гу, ля́жешь, ля́гут;** *past,* **лёг, легла́**)	to lie down
ло́жка	spoon
лу́чше, лу́чший	better
льго́тный	favourable
люби́мый	favourite
люби́ть/по-	to love
любова́ться/по- (+ *inst*)	to admire
любо́й	any
любопы́тный	curious
магази́н	shop
ма́ленький	small
ма́ло	little, few
ма́льчик	boy
марионе́тка	puppet
ма́рка	stamp
маршру́т	route
маскара́дный, костю́м	fancy dress
ма́сло	butter
ма́сса, ма́ссовый (*adj*)	mass
матема́тика	mathematics
мать (*pl,* **ма́тери**)	mother
маши́на	car
ме́бель (*f*)	furniture
медици́нский	medical
ме́лочь (*f*)	small change
меня́ть(ся)	to change
ме́ньше	less; fewer
ме́стный	local
ме́сто	place, room
ме́сяц	month
мечта́	dream; **~ть** to dream
микрорайо́н	housing estate
мину́та	minute
мир	world; peace
мла́дший	younger
мне́ние	opinion
мно́го	a lot, much, many
многоэта́жный	multistorey
мо́жно	(it is) possible
молодёжь (*f*)	young people
молодо́й (*comp,* **моло́же**)	young
молоко́	milk
моло́чный магази́н	dairy shop
мольбе́рт	easel
моне́та	coin
мо́ре, морско́й (*adj*)	sea
моро́женое	ice cream
моро́з	frost
москви́ч, -ка	Muscovite

мост	bridge
мочь (могу́, мо́жешь, мо́гут; past, **мог, могла́)**	to be able
муж	husband
мужчи́на, мужско́й	man, man's
мытьё (посу́ды)	washing (dishes)
мя́со, мясно́й (*adj*)	meat
мяч	ball
на́бережная	embankment
набира́ть/набра́ть	to dial
наве́рно	probably
навсегда́	for ever
надева́ть/наде́ть (наде́н||у, -ешь)	to put on
наде́яться/по- (на + *acc*)	to hope for
на́до	it is necessary
назва́ние	name
наза́д	ago
называ́ть(ся)/назва́ть(ся)	to call (be called)
наконе́ц	finally
нале́во	to be left
нало́говый	tax
наноси́ть/нанести́ (уще́рб)	to cause (damage)
напомина́ть/напо́мнить (+ *dat*)	to remind
напра́во	to the right
наприме́р	for example
напро́тив (+ *gen*)	opposite
наро́д, наро́дный	people's
наруша́ть/нару́шить	to break, violate
наруше́ние	breach
настоя́щий	real
настрое́ние	mood
нау́ка	science
нау́чно-техни́ческий	scientific and technical
находи́ть/найти́	to find; **~ся** to be situated
нача́ло	beginning
начина́ть(ся)/нача́ть(ся)	to begin
не́бо	sky
неда́вно	recently
недалеко́	not far
неде́ля	week
незави́симый	independent
неизве́стный	unknown
не́который	some
нельзя́	it is impossible, not allowed
немно́го	a little
не́сколько	several
неуже́ли	really? is it possible?
нефть (*f*)	oil
ни ... ни	neither ... nor
ни́зкий (*comp*, **ни́же)**	low
никако́й	no, none
никогда́	never
никуда́	nowhere
ничего́	nothing; all right, never mind
но	but
нового́дний	New Year's
новосе́лье	house-warming
но́вость (*f*)	news
но́вый	new
нога́	foot
нож	knife
но́мер	number; hotel room
норма́льный	normal
носи́ть, нести́/по-	to carry

ночно́й	night (*adj*)
ночь (*f*)	night; **но́чью** at night
нра́виться/по-	to like
нужда́ться в (+ *prep*)	to require, need
ну́жный	necessary
обвиня́ть/ обвини́ть	to accuse
обе́д	lunch, dinner; **~ать** to dine
обзо́р	review
областно́й	regional
о́бласть (*f*)	region; field
обору́дование	equipment
о́браз жи́зни	way of life
образова́ние	education
обра́тно	back
обстано́вка	environment
обсужда́ть/ обсуди́ть	to discuss
обходи́ть/ обойти́	to go round
общежи́тие	hostel
объявля́ть/ объяви́ть	to declare, announce
объясня́ть/ объясни́ть	to explain
обя́занность	duty
обяза́тельно	without fail, certainly
обы́чный	usual
о́вощ, ~но́й (*adj*)	vegetable
огро́мный	huge
одева́ться/ оде́ться (оде́н||усь, -ешься)	to get dressed
оде́жда	clothes
одна́жды	once
одни́ ... други́е	some ... others
однообра́зный	monotonous
однора́зовый шприц	disposable syringe
одобря́ть/ одо́брить	to approve
о́зеро	lake
ока́зываться/ оказа́ться (+ *inst*)	to turn out to be
окно́	window
о́коло (+ *gen*)	near
опа́здывать/ опозда́ть	to be late
опа́сный	dangerous
описа́ние	description
опи́сывать/ описа́ть	to describe
опуска́ть/ опусти́ть	to insert
опя́ть	again
о́пытный	experienced
осе́нний	autumnal
о́сень (*f*)	autumn; **о́сенью** in autumn
осма́тривать/ осмотре́ть	to look round; examine
основа́ние	foundation
осно́вывать/ основа́ть	to found, base
осо́бенно	especially
острава́ться/ оста́ться	to remain, stay
остана́вливаться/ останови́ться	to stop
остано́вка	stop
о́стров	island
от (+ *gen*)	from
отве́т	answer
отвеча́ть/ отве́тить	to answer
отде́л	section
отде́льный	separate

о́тдых rest, holiday
отдыха́ть/отдохну́ть to rest; have a holiday
оте́ц father
отка́зываться/отказа́ться to refuse, turn down
открыва́ть(ся)/откры́ть(ся) to open
откры́тие opening
откры́тка postcard
отку́да where from
отли́чный excellent
отправля́ться/отпра́виться to set off
о́тпуск leave
отстава́ть/отста́ть to lag behind
отсу́тствие absence
отсю́да from here
отту́да from there
о́тчество patronymic
охра́на protection
охраня́ть to protect
о́чень very
о́чередь (*f*) queue

па́мятник monument
па́чка packet
перевози́ть/перевезти́ to transport
пе́ред (+ *inst*) in front of
передава́ть/переда́ть (приве́т) to pass, to send (one's regards)
переда́ча broadcast
пережива́ть/пережи́ть (кри́зис) to go through (a crisis)
переме́на change
переселя́ться/пересели́ться to resettle, to move (house)
перио́дика periodicals
пе́сня song
петь/с- to sing
пешехо́дная зо́на pedestrian zone
пешко́м on foot
писа́ть/на- to write
письмо́ letter
пить/вы́- to drink
пла́вание swimming
пла́вать to swim
плати́ть/за- to pay
пла́тный paid
плохо́й, пло́хо (*comp,* **ху́же**) bad
пло́щадь (*f*) square
по (+ *dat*) along
побере́жье coast
пого́да weather
под (+ *inst*); (+ *acc*) under
пода́рок present
подвози́ть/подвезти́ to give a lift
подру́га friend (female)
подъезжа́ть/подъе́хать to approach (by transport)
по́езд (*pl,* **по́езда́**) train
пое́здка trip
по́здний, по́здно (*comp,* **по́зже**) late
поздравля́ть/поздра́вить to congratulate
по́иск search
пока́ until; for the time being
поку́пка shopping
покупа́ть/купи́ть to buy
поле́зный useful
по́лночь (*f*) midnight
по́лный full
полови́на half
положе́ние situation
получа́ть/ to receive

получи́ть	
по́мнить	to remember
помога́ть/ помо́чь (+ *dat*)	to help
по-мо́ему	in my opinion
по́мощь (*f*)	help
понима́ть/поня́ть (пойм‖у́, -ёшь)	to understand
поня́тный	clear, understandable
попада́ть/ попа́сть в, на (+ *acc*)	to get to
по-пре́жнему	as before
попу́тчик	fellow traveller
пора́ (+ *inf*)	it is time to
портфе́ль (*m*)	briefcase
поселя́ться/ посели́ться	to settle
посеща́ть/ посети́ть	to visit
по́сле (+ *gen*)	after; ~ **того́ как** (*conj*) after
после́дний	last
после́дствие	consequence
посреди́ (+ *gen*)	in the middle of
постано́вка	production (*theat*)
постоя́нно	constantly
поступа́ть/ поступи́ть в (+ *acc*)	to enter
посыла́ть/ посла́ть (пошл‖ю́, -ёшь)	to send
пото́м	then, afterwards
пото́мок	descendant
потому́ что	because
почему́	why
по́чта	post, post office
почти́	almost
поэ́зия	poetry
поэ́тому	therefore
пра́вда	truth; it is true
пра́вило	rule
пра́во, пра́вый (*adj*)	right
Правосла́вный	Orthodox
пра́дед	great-grandfather
пра́здник	holiday, festival
пра́здновать/от-	to celebrate
предлага́ть/ предложи́ть	to offer
предме́т	subject
пре́док	ancestor
предпочита́ть/ предпоче́сть (предпочт‖у́, -ёшь)	to prefer
предпринима́тель (*m*)	entrepreneur
предприя́тие	enterprise
представля́ть/ предста́вить (себе́)	to imagine (oneself)
пре́жде	before; ~ **всего́** first of all
прекра́сный	superb
преподава́ние	teaching
преподава́ть	to teach
при́быль (*f*)	profit
привлека́ть/ привле́чь внима́ние (привлеку́, привлечёшь, привлеку́т; *past,* **привлёк, привлекла́)**	to attract attention
привыка́ть/ привы́кнуть к (+ *dat*)	to get used to
приглаша́ть/ пригласи́ть	to invite
приглаше́ние	invitation

при́город	suburb
прие́зд	arrival
приезжа́ть/ прие́хать	to arrive
приём	reception
прила́вок	counter
прилета́ть/ прилете́ть	to arrive by air
применя́ть/ примени́ть	to employ
приме́р	example
принима́ть/ приня́ть (прим‖у́, -ешь)	to receive; **~ лека́рство** to take medicine
приро́да	nature, countryside
прису́тствовать	to be present
приходи́ть/ прийти́	to come, arrive
приходи́ться/ прийти́сь (+ *dat*)	to have to
причи́на	reason
прия́тный	pleasant
проводи́ть/ провести́	to spend
прогу́лка	outing
продава́ть/ прода́ть	to sell
продаве́ц	seller
продолжа́ть(ся)/ продо́лжить(ся)	to continue
проду́кты (*pl*)	food (products)
проезжа́ть/ прое́хать	to drive past
прожи́ть	survive
произво́дство	production
происходи́ть/ произойти́	to happen
промы́шленность (*f*)	industry
проси́ть/по- (+ *acc*)	to ask
просма́тривать/ просмотре́ть	to look through
просто́й, про́сто (*adv*) (*comp*, **про́ще**)	simple
простужа́ться/ простуди́ться	to catch cold
про́тив (+ *gen*)	against
прохла́дный	cool
про́шлый	past, last
прямо́й, пря́мо (*adv*)	direct, straight
публика́ция	publication
пусть	let
путёвка (в дом о́тдыха)	place (in a holiday home)
путеше́ствие	travel, journey
путеше́ствовать	to travel
пыта́ться/по-	to try
пье́са	play
рабо́та	work; **~ть** to work
равни́на	plain
равнопра́вие	equality (of rights)
ра́вный	equal
рад	glad
раз (*gen pl*, **раз**)	time
ра́зве?	really?
разви́тие	development
развито́й	developed
развлека́тельный	entertaining
разговори́ться	to get into conversation
раздева́ться/ разде́ться	to undress; **~до по́яса** strip to the waist
ра́зный	different
разраба́тывать/ разрабо́тать	to work out
разреша́ть/ разреши́ть	to solve
рай	paradise
райо́н	area, district
ра́но	early
ра́ньше	earlier

расписа́ние timetable
располо́женный situated
распростране́ние spread
распространя́ться/распространи́ться to spread
расска́з tale, story
расска́зывать/рассказа́ть to tell
рассма́тривать/рассмотре́ть to examine
ребёнок (*pl* **де́ти**) child
регистри́ровать/за- to register
ре́дкий, ре́дко (*comp*, **ре́же**) rare
режи́м regime
рейс flight
река́ river
рекла́ма advertisement
рекомендова́ть/по- to recommend
ресу́рсы resources
рефо́рма reform
реце́пт recipe; prescription
реша́ть/реши́ть to decide, solve
рисова́ть/на- to draw
рису́нок drawing
ро́вный flat (*adj*)
роди́тель (*m*) parent
ро́дственник relative, relation
рожда́ться/роди́ться to be born
рожде́ственский Christmas (*adj*)
Рождество́ Christmas
Росси́я Russia
рот mouth
руба́шка shirt
рубе́ж border, **за рубежо́м** abroad
рубль (*m*) rouble
русский Russian
ры́ба fish; **~к** fisherman
ры́бная ло́вля fishing
ры́нок market
ря́дом nearby; **~ с** (+ *inst*) next to

с (+ *inst*) with; (+ *gen*) from; **с тех пор** since then
сад garden
сади́ться/сесть (**ся́д||у, -ешь**) to sit down
сам, сама́, са́ми (one)self
самолёт aeroplane
са́хар sugar
све́жий fresh
све́тлый light
сви́тер sweater
свобо́дный free
свой (one's) own
свя́зывать/связа́ть to link, connect
сда́ча change (money)
се́вер north; **~ный** northern
сего́дня today
сейча́с now
се́льское хозя́йство agriculture
семья́ family
се́рдце heart
сериа́л serial
се́рия series
серьёзный serious
сестра́ (*pl* **сёстры**) sister
сиде́ть/по- to sit
си́льный strong
симпати́чный nice
ситуа́ция situation
ска́зка fairy tale

скарлати́на	scarlet fever
ско́лько	how much, how many
ско́ро, ско́рый	fast
ско́рость (*f*)	speed
скри́пка	violin
ску́чный	boring
сле́дующий	next
сли́шком	too
сло́во	word
слу́чай	case
слу́шать/по-	to listen
слы́шать/у-	to hear
смерть (*f*)	death
смотре́ть/по-	to watch; look at
снача́ла	at first
снег	snow; **идёт** ~ it snows
сно́ва	again
снима́ть/снять (+ *inst*)	to take photographs; ~ **кварти́ру** to rent a flat
соба́ка	dog
собира́ть/ собра́ть	to pick, gather
собира́ться/ собра́ться	to be going to, intend
собо́р	cathedral
со́бственность (*f*)	property
собы́тие	event
соверша́ть/ соверши́ть	to accomplish
сове́т	advice; Council; **~овать** to advise (+ *dat*)
сове́тский	Soviet
совме́стный	joint
совреме́нный	modern
совсе́м	quite, entirely
согла́сно (+ *dat*)	according (to)
создава́ть/ созда́ть	to create
сок	juice
сосе́дний	neighbouring
составля́ть/ соста́вить	to compile; constitute
состоя́ться	to take place
сохраня́ть/ сохрани́ть	to preserve, keep
спать/по-	to sleep
спекта́кль (*m*)	show
СПИД	AIDS
споко́йный	calm
спор	argument; **~ить** to argue
справедли́вый	fair, just
спра́шивать/ спроси́ть	to ask
спосо́бный	talented
спрос и предложе́ние	supply and demand
сравне́ние	comparison
сра́зу	at once
Сре́дняя Азия	Central Asia
сре́дняя шко́ла	secondary school
сре́дство	means; **сре́дства к существова́нию** livelihood
ссыла́ть/ сосла́ть	to exile
ссы́лка	exile
ста́вить/по-	to put (upright)
стака́н	glass
станови́ться/ стать (ста́н‖у, -ешь) (+ *inst*)	to become
стара́ться/по-	to try
стари́к	old man
ста́рший	elder, eldest
ста́рый	old
стати́стика	statistics
статья́	article
стереоти́п	stereotype
стихи́	poetry, verses
сто́ить	to cost; to be worth

стол table; **~ик** little table
столи́ца capital
сторона́ side
стоя́ть to stand
страна́ country
страни́ца page
стра́стный keen
стро́йка building site
стро́ить/по- to build
судьба́ fate
суро́вый severe
существова́ть/про- to exist
сходи́ть/сойти́ с ума́ to go mad
счастли́вый happy
счита́ть to consider
сын (*pl*, **сыновья́**) son
сыр cheese
съезд congress
сюда́ here
сюрпри́з surprise

табле́тка pill
так so
та́кже also
тако́й such
там there
танцева́ть/с- to dance
таре́лка plate
теа́тр theatre
телеви́дение, телеви́зор television (service, set)
телегра́ф telegraph
телефо́н-(автома́т) telephone (box)
те́ма theme
тепе́рь now
теплохо́д (motor) ship
тёплый warm
террито́рия territory
теря́ть/по- to lose
те́сно closely
техноло́гия technology
ти́хий quiet
това́р goods
тогда́ then
то́же also
то́лько only; ~ **что** only just
торго́вля trade
торт cake
то́чный accurate
тради́ция tradition
тра́тить/по- to spend
тре́нер (sports) coach; **~ова́ться** to train (oneself)
труд labour
тру́дный difficult
трудово́й labour (*adj*)
туда́ there
турпохо́д hiking trip
ту́фля shoe
тяжёлый hard, heavy
тя́жесть (*f*) hardship

у (+ *gen*) near, at; at the house of
увлека́ться/увле́чься (увлеку́сь, увлечёшься, увлеку́тся; *past*, **увлёкся, увлекла́сь)** (+ *inst*) to be carried away (by)
у́гол corner
удо́бный comfortable; convenient
удово́льствие pleasure
ужа́сный terrible
уже́ already
у́жин supper; **~ать** to have supper
узнава́ть/узна́ть to find out; recognize

ука́зывать/ указа́ть	to point out
украша́ть/ укра́сить	to decorate
у́лица	street **на у́лице** outside
улучша́ть/ улу́чшить	to improve
улыба́ться/ улыбну́ться	to smile
умира́ть/умере́ть (умр||у́, -ёшь; *past,* **у́мер, умерла́)**	to die
у́мный	clever
умыва́ться/ умы́ться	to wash oneself
универма́г	department store
унижа́ть/уни́зить	to demean
уничтожа́ть/ уничто́жить	to destroy
управле́ние	management
уро́к	lesson
усло́вие	condition
успе́х	success
устра́ивать/ устро́ить	to arrange
у́тро	morning
уча́стник	participant
учени́||к, -ца	pupil
учи́тель, -ница	teacher
учи́ться (+ *dat*)	to learn; study
ую́тный	cosy
фа́брика	factory
фами́лия	surname
фанта́зия	fantasy
физи́ческий труд	physical labour
филиа́л	branch (of institution)
фина́нсовый	financial
фи́рма	firm
флома́стер	felt tip pen
фото́граф	photographer; **~и́ровать** to photograph
фотогра́фия	photograph
фрукт, фрукто́вый (*adj*)	fruit
характе́рный	characteristic
хвата́ть (+ *gen*)	to suffice
хлеб	bread
ходи́ть	to go
хозя́йка	hostess
хо́лод, ~ный	cold
холоди́льник	fridge
хоро́ший, хорошо́ (*comp* **лу́чше)**	good
хоте́ть/за- (хочу́, хо́чешь, хо́чет, хоти́м, хоти́те, хотя́т)	to want
хоте́ться/за- (+ *dat*)	to feel like
худо́жник	artist
цвето́к (*pl* **цветы́)**	flower
цена́	price
центр	centre
цивилиза́ция	civilization
чай	tea
час	hour
ча́стный	private
ча́сто (*comp,* **ча́ще)**	often
часы́ (*pl*)	clock; watch
ча́шка	cup
чей, чья, чьё, чьи	whose
челове́к (*pl,* **лю́ди)**	person, man

чем	than
че́рез (+ *acc*)	through, across; in (time)
чёрный	black
че́тверть (*f*)	quarter
число́	number; date
чи́стый (*comp*, **чи́ще**)	clean, pure
чита́тель (*m*)	reader
чита́ть/про-	to read
что	what; that; **~нибудь** something, anything; **~то** something
что́бы	to, in order
чу́вствовать/по-	to feel
чуде́сный	wonderful
чуть не	very nearly, almost
шампа́нское	champagne
ша́хматы (*pl*)	chess
широ́кий (*comp* **ши́ре**)	wide
шкаф	cupboard
шко́ла, шко́льный (*adj*)	school
шокола́дная конфе́та	chocolate
экологи́ческий	ecological
экску́рсия	excursion
эпиде́мия	epidemic
эстра́да	light entertainment
эта́ж	floor
юг	south
ю́жный	southern
я́блоко	apple
явле́ние	phenomenon
явля́ться (+ *inst*)	to be
язы́к	language
яйцо́	egg
я́ркий (*comp* **я́рче**)	bright

Grammar index

Russian Index